2018中国新媒体大会

增强"四力"　守正创新

中国记协新媒体专业委员会 编

学习出版社

图书在版编目（CIP）数据

2018中国新媒体大会 / 中国记协新媒体专业委员会编. --北京 : 学习出版社, 2019.4

ISBN 978-7-5147-0898-1

Ⅰ. ①2… Ⅱ. ①中… Ⅲ. ①传播媒介—发展—中国—文集 Ⅳ. ①G219.2-53

中国版本图书馆CIP数据核字(2019)第068710号

2018中国新媒体大会

2018 Zhōngguó xīnméitǐ dàhuì

中国记协新媒体专业委员会 编

责任编辑：宋 飞

技术编辑：刘 硕

出版发行：学习出版社

北京市崇外大街11号新成文化大厦B座11层（100062）

010-66063020 010-66061634 010-66061646

网 址：http://www.xuexiph.cn

经 销：新华书店

印 刷：北京盛通印刷股份有限公司

开 本：710毫米×1000毫米 1/16

印 张：22.75

字 数：262千字

版次印次：2019年4月第1版 2019年4月第1次印刷

书 号：ISBN 978-7-5147-0898-1

定 价：71.00元

编 委 会

中国记协成功举办2018中国新媒体大会　按照“四力”要求引领媒体融合精品创作

中华全国新闻工作者协会

经中宣部批准，中国记协于12月24日在京举办2018中国新媒体大会，主题为：增强“四力”，守正创新，多出群众喜爱的融合精品。大会由中国记协新媒体专业委员会和人民日报社、新华社、中央广播电视台等新媒体部门共同承办，宣传管理部门有关领导、中央新闻单位分管领导、中国记协主席和书记处书记、中国记协新媒体专业委员会委员、中国新闻奖首届媒体融合奖项评委代表及获奖团队代表等参加大会。

中宣部、中央网信办、国家广电总局、中国记协负责同志出席会议并致辞。中宣部部务委员、国新办副主任郭卫民表示，中国记协举办中国新媒体大会，以改革创新精神拓展工作领域，团结引领广大新闻工作者不断增强“四力”，对加快推进媒体融合，进一步做好新闻宣传工作，具有重要意义和促进

2018 年 12 月 24—25 日，2018 中国新媒体大会在北京召开。100 多家新闻单位的新媒体负责人以及新闻院校、新闻研究机构专家学者汇聚一堂，以“增强‘四力’，守正创新，多出群众喜爱的融合精品”为主题，交流媒体融合经验，分享优秀作品创作体会，为开拓新媒体事业献计献策。本次大会由中华全国新闻工作者协会主办，中国记协新媒体专业委员会、人民日报新媒体中心、新华社新媒体中心、央视网共同承办。图为 2018 中国新媒体大会现场。

作用。要坚持思想领先，坚持精品主导，坚持用户导向，坚持技术引领，坚持以人为本，加快推进媒体深度融合，促进新媒体行业健康发展，把中国新媒体大会办成共话行业前景、促进行业交流、推动行业发展的品牌活动。国家广播电视总局副局长高建民同志在致辞中提出，新媒体工作者要始终旗帜鲜明讲政治，把党的领导体现到新媒体各领域、各环节；要发挥特色优势，使新媒体成为党开展宣传思想工作的重要增量；要着力提升新媒体内容的思想内涵和审美价值，更好地传播主流价值观；要守正创新，努力做新业态新服务开拓者，始终走在时代前沿、引领风气之先。中国记协党组书记、中国记协新媒体专业委员会主任胡孝汉同志在致辞中提出，中国记协举办中国新媒体大会，突出政治引领、内容建设和队伍建设，致力于搭建新媒体新闻信息传播工作者交流平台，树立媒体融合内容建设标杆。中国记协及其新媒体专委会将抓好培训教育，加强政治引领；做好奖项评选，立好范本标杆；建好评价体系，推进行业自律；开展品牌活动，践行“四力”要求，更好地服务新媒体事业发展和队伍建设。中央网信办网络新闻信息传播局副局长符雷提出，信息技术的迅猛发展迫切需要加快提高网络内容从业人员的整体素质，迫切需要加大工作创新力度，用新思路、新政策、新手段解决新领域的问题，用更好更多的新媒体产品丰富网络空间。

人民日报社、新华社、中央广电总台分管新媒体工作的负责同志到会作了主题演讲。人民日报社副总编辑卢新宁提出：中国记协成立新媒体专业委员会，举办中国新媒体大会，积极推动主流媒体从“相加”到“相融”的转变，让新型主流媒体真正强起来。要坚持互联网化这个主攻方向，坚持把握互联网规律、树立互联网思维，对标互联网行业，重构媒体自身。要重视媒体的智能化、平台化趋势，把吸引更多用户作为新型主流媒体强起来的标志。要有效使用“内容优势”，既要有“内容定力”，更需要“内容魅力”，要把“有意义”的做得“有意思”，再把“有意思”的做得“有分量”，用“有谱”“有料”“有范儿”的内容吸引年轻人。新华社副社长刘思扬提出，新媒体守正创新，要在基础性工作上下功夫，聚焦新闻报道主业，回答好高举什么、反对什么的问题；要在关键要害处下功夫，解决好思想观念问题、体制机制问题、产品生产问题和技术引领问题；要在工作水平上下功夫，加强人才队伍建设，解决好增强“脚力、眼力、脑力、笔力”的问题。中央广电总台中央电视台副台长袁正明提出，本届中国新媒体大会的主题具体务实，总结出了新媒体精品创作的“方法论”：“守正创新”是融合发展的根本方向和路径指引，“增强‘四力’”是融合发展的根本保障，“多出精品”是融合发展的主要着力点和落脚点，而“群众喜爱”则是衡量精品的重要标准。中央广电总台以时政微视频为重点，探索新形态新表达；以大屏联动小屏，探索新媒体互动新体验；以用户为中心，探索新角度新观感；以新技术引领，探索新场景新应用，切实提升内容生产力、技术驱动力、平台竞争力和生态链接力。

光明日报社、解放日报社和中国新闻奖媒体融合奖项评委代表作专题发言。光明日报社副总编辑陆先高在发言中提出，做强时政评论是主流媒体主导新媒体内容生态的重要手段。需要把握历史大势，凝聚最大共识；需要嵌入事态发展全过程，形成全方位解读与连贯性的舆论引导；需要坚持专业话语，将公共讨论引入社会治理，引导社会共识与中央决策同频共振。解放日报社副总编辑马笑虹在发言中提出，解放日报推进传统媒体和新媒体深度融合，一是改架构，探索“一支队伍、两个平台”。二是改流程，实现“网络优先”。三是改机制，突出“采编为宝”，推动资源向采编人员集中，分配向优秀人才倾

中华全国新闻工作者协会主席张研农（右五）参加大会

斜。四是强技术，加大技术投入，加快新技术应用，加强技术队伍建设。中国记协新媒体专业委员会副主任委员、中国新闻奖评选委员会媒体融合奖项召集人曾祥敏在发言中提出，首届媒体融合奖项获奖作品关注重大主题、重大事件、重大活动，同时也关注民生重点、社会热点、基层难点问题，体现了主流媒体的舆论主导、价值引领作用。获奖作品体现了新媒体内容生产体制机制、平台渠道等方面的创新发展，体现出融合、可视、垂直、沉浸、社交、场景等业态特征，在坚守新媒体核心价值观的基础上，实现了对传统叙事、表达、传播等手法的创新突破和要素重组，许多作品成为“刷屏”之作、“爆款”产品，集中展示了媒体融合发展的最新成果。

当天下午，大会举办媒体融合精品创作系列访谈活动，首届媒体融合奖项分为短视频新闻和移动直播、新媒体创意互动和融合创新、新媒体品牌栏目和新媒体报道界面三个访谈小组，获奖团队代表分享创作经验，评委代表现场点评指导，人民日报社、新华社和中央广播电视总台新媒体部门通过客户端、网站、微信、微博等多种方式图文直播，鼓励社会公众参与网上互动。人民日报海外版“侠客岛”“岛叔”张远晴、国际广播电台“国际锐评”主编盛玉红、澎湃新闻插图主编李媛、人民日报新媒体中心统筹策划室副主编余荣华、中国搜索党委书记李俊、新华社总编室融合发展中心副主任郝方甲、中央电台新闻中心主持人王艺、央视网微视频工作室总监唐晓艳、上海广播电视台融媒体中心记者朱厚真、中央电视台综合频道策划吴双、中国日报新媒体中心视频总监张霄，清华大学教授彭兰，新媒体专业委员会顾问周锡生、汪文斌等，通过现场演示和生动讲述，同现场嘉宾和网上观众互动交流。据统计，仅新华社客户端、人民日报客户端、央视网 3 家参与直播的网友，就分别达到 55 万、18 万和 12 万人次，600 多家各级新媒体转发相关报道，形成了一轮新媒体内容建设学习热潮。

2018 年 12 月 30 日

目录

CONTENTS

领导致辞

主题演讲

● 代表发言

● 精品回顾

分享实录

附　录

领导致辞

把中国新媒体大会办成业界品牌

郭卫民 中宣部部务委员、国务院新闻办公室副主任

中国记协举办 2018 中国新媒体大会，认真贯彻落实习近平总书记“8·21”重要讲话精神和对记协工作的指示要求，以改革创新精神扩展工作领域，团结引领广大新闻工作者加快进军互联网主战场，对新媒体行业进一步做好新闻宣传工作，具有重要意义和促进作用。

当前，信息传播技术迅猛发展，带来媒体格局和传播环境的深刻变革。新技术新应用新业态不断涌现，传播方式和渠道载体日新月异，促使我国传媒形态丰富多样，除了报刊、通讯社、电台电视台等传统媒体，还有新闻网站、客户端等大量新媒体和商业网络传播平台，短视频、微博、微信、客户端日益成为信息传播的主渠道、主平台。习近平总书记深刻把握时代发展变化大势和社会信息化趋势，作出推进媒体深度融合、推动主力军进军主战场的重大战略部署，强调媒体融合是一场自我革命，要实现优化整合、深度融合，打造精锐传播力量，让分散在网下的力量尽快进军网上、深入网上，打造一批具有强大影响力、竞争力的主流媒体。习近平总书记的重要论述，为我们办好新媒体、占领主阵地指明了前进方向，提供了根本遵循。王沪宁同志、黄坤明同志，专门就推动媒体深度融合，加快主力向主阵地转移步伐，加强对新媒体及其从业人员的团结引领，作出指示批示和具体部署。

党的十八大以来，主流媒体认真贯彻落实习近平总书记指示精神和中央决策部署，积极投身融合发展实践，加快融合转型步伐，拓展融合传播渠道，初步形成了以中央媒体为龙头，省级媒体为骨干的融合传播格局。打造了一批有特色、有影响力的新媒体平台，推出了大量现象级新媒体产品，极大增强了主流舆论的传播力、引导力、影响力、公信力。随着新媒体行业快速发展，中国记协充分发挥桥梁纽带作用，将服务手臂和服务范围拓展到新媒体领域，为大家提供相互学习、研讨交流的平台，这一做法很有意义。

下面我就加快媒体深度融合，促进新媒体行业健康发展谈几点希望。

一是坚持思想领先。要深入学习贯彻习近平总书记关于党的新闻舆论工作的重要讲话精神，用习近平新时代中国特色社会主义思想武装头脑、指导实践、推动工作。要坚持政治家办报、办台、办网、办新媒体，把政治意识、导向要求和宣传纪律落实到各级各类传播平台，贯穿到新闻信息采编发布和转载推送全过程。要全面落实“两个所有”，坚持网上网下“一个标准、一把尺子”，建设良好网络生态，营造清朗网络空间。要广泛开展新闻职业道德建设，推动新媒体切实履行信息管理主体责任，引导从业人员遵守法律法规，恪守职业道德，强化社会责任，规范从业行为，不断提高新媒体从业人员的政治素质和业务本领。

二是坚持精品主导。从传统媒体到新媒体，无论传播形式怎么创新、媒体形态如何变化，内容为王、内容制胜是不会变的。推进媒体深度融合，大力发展新兴媒体，就是要坚持实践导向、效果导向，用新办法、新理念做新闻搞传播，以内容创新赢得受众，以内容优势赢得发展优势。要积极发挥内容引领优势，通过融合发展，加快内容生产的供给侧改革，让新闻报道新起来、快起来、优起来、活起来、动起来。希望广大新闻媒体工作者担当职责使命、顺应群众需求，遵循新闻传播规律和新媒体发展规律，不断推出更多符合主流媒体品格气质的融合精品。

三是坚持用户导向。今天，新闻舆论工作所面临的环境已大不一样，人们对新闻信息的需求越来越个性化，分众传播和互动传播已经成为主流趋势。要学习借鉴社交媒体的互动传播方式，加强与用户间的互动交流，吸引用户在互动中参与、在参与中传播，不断增强用户黏性。要精确定位，针对不同群体、不同受众的不同需求，提供更个性化、精细化服务。要充分运用专业评估、抽样调查等多种手段，建立导向正确、标准客观、评估专业的综合评价体系，牢牢掌握推动媒体深度融合、影响行业格局和发展方向的“指挥棒”。

四是坚持技术引领。当前，技术已经由媒体融合的支撑要素变为引领要素，云计算、大数据、物联网、区块链、人工智能等快速发展，推动新闻传播格局发生深刻改变。要密切关注前沿技术，始终保持技术敏感，不断提高运用和管理水平，要顺应移动化、社交化、视频化趋势，把新技术、新运用融入新闻信息生成传播全过程，使其更好地为新闻宣传服务。要加快建设技术团队，把内容优势和技术优势结合起来，摆脱技术上“受制于人”的困境。

五是坚持以人为本。新闻媒体的核心资源是人才，融合发展的关键因素也在人，要对从业人员进行摸底，详细掌握人才队伍的年龄梯队、知识结构、技能水平，有针对性地组织开展专题培训、观摩交流、业务研讨，实战演练，引导他们向全媒记者、全媒编辑、全媒管理人才转型。要发挥评选表彰激励机制引导作用，加大对优秀新媒体作品、优秀新媒体从业人员宣介力度，促进多出精品、多出人才。积极举办论坛、巡讲、展览、讲座等丰富多彩的活动，吸引更多新媒体从业人员参与，让新闻工作者更多地受到关爱和尊重。

同志们，推进媒体深度融合，打造新型主流媒体，是党中央交给我们的重大任务，也是时代赋予我们的重大责任。希望我们参会的同志们能够充分地交流，能够共享经验、共谋发展，也希望在新闻界的广泛支持和委员单位的共同努力下，把中国新媒体大会办成共话行业前景、促进行业交流、推动行业发展的品牌活动。

努力当好主流价值观的传播者 新业态新服务的开拓者

高建民 国家广播电视总局副局长

首届中国新媒体大会正好是我们庆祝改革开放40周年大会刚刚结束之际召开的，举办这样一次活动，共同回望我国新媒体发展的历程，展望未来，十分重要。

习近平总书记指出，当今世界，谁掌握了互联网，谁就把握住了时代的主导权；谁轻视互联网，谁就会被时代所抛弃。党的十八大以来，我国新媒体用户快速增长，产业规模不断扩大。据统计，中国网络视频用户规模已达6.09亿，手机网络视频用户规模达5.78亿；网络短视频呈爆发性增长，用户数量快速攀升，占网民总数的74%。如此庞大的用户规模和影响力，使得互联网日益成为意识形态斗争的主战场、最前沿，成为传播党的声音的重要阵地。特别是在重大主题宣传中，新媒体与传统主流媒体相辅相成、同频共振，作用日益凸显。同时，新媒体也已经成为传播主流价值观的重要渠道，成为社会主义文艺的重要力量。广大新媒体工作人员以习近平新时代中国特色社会主义思想为指引，以正确舆论凝心聚力，以先进文化塑造灵魂，创作出一大批具有传播力、引导力、影响力、公信力的优秀新闻作品和文艺作品，得到了人民群众的称赞。

近年来，广电总局按照中央精神，积极推动新媒体建设发展，鼓励原创精品节目制作传播，每年组织开展“网络视听节目精品创作传播工程”、“中国梦”主题征集推选和展播等工作，引导推动业界创作传播有温度、有高度、有态度的现实题材作品；推动广播电视与新媒体融合发展，提出打造广电智慧媒体、培育广电智慧生态的工作部署，促进荧屏声频与网络视听应用、广播电视终端与移动通信终端互动融通，实现内容创新、渠道拓展、平台运营、流程再造、组织重构、安全保障等各个环节的协同演进和一体化发展，从简单“相加”迈向深度“相融”。

我们广大新媒体工作者要强化政治责任，始终旗帜鲜明讲政治。筑牢“四个意识”，坚定“四个自信”，做到“两个维护”，把党的领导体现到新媒体各领域、各环节。要发挥特色优势，构建网上网下同心圆，使新媒体成为党开展宣传思想工作的重要增量。要着力提升新媒体内容的思想内涵和审美价值，传播主流价值观。要守正创新，努力做新业态新服务开拓者，在坚定方向、坚守正道的前提下，更加注重创新性发展，深度挖掘受众需求，强化专业运作模式，丰富内容服务样式，积极拥抱大数据、超级计算、人工智能等最新技术，寻找业务创新与技术创新的结合点，更好满足人民群众多样化的新期待，始终走在时代前沿、引领风气之先。

同志们、朋友们！

新时代的新媒体发展，肩负着新使命，更应当有新气象新作为。让我们更加紧密团结在以习近平同志为核心的党中央周围，不忘初心，牢记使命，凝心聚力、锐意进取，奋力开创新媒体繁荣发展的新局面，为实现中华民族伟大复兴的中国梦作出更大贡献！

增强“四力” 守正创新 多出群众喜爱的融合精品

胡孝汉 中国记协党组书记、新媒体专业委员会主任

今天，新闻战线各方代表济济一堂，共同举办2018中国新媒体大会。举办这次大会得到中宣部领导同志的关心指导，得到专委会成员单位的大力支持。我代表中国记协，代表新媒体专业委员会，对大家在百忙之中赶来参会表示诚挚的欢迎！对大家为开拓新媒体事业作出贡献表示由衷的敬意！

建立新媒体专业委员会，是党中央交给中国记协的一项重要政治任务、一个重大改革项目。对此，中央在相关文件、意见中作出了部署，中央领导同志在讲话、批示中作出了指示。中国记协新媒体专业委员会自 2018 年 7 月成立并运行以来，就逐步开展从业人员培训、媒体融合奖项评选、组织主题采访活动等，并把筹备本次大会提上议事日程。

举办中国新媒体大会，是中国记协贯彻中央精神、适应业界需求，加强新媒体服务工作的重要举措。本届大会主题为：增强“四力”，守正创新，多出群众喜爱的融合精品。这表明，专委会和本次大会就是要突出政治引领，突出内容建设，突出队伍建设，致力于搭建新媒体新闻信息传播工作者交流平台，树立媒体融合内容建设标杆。

中国记协及其新媒体专委会将落实中央领导指示要求和中宣部部署，服务新媒体建设，努力做好几项重点工作。

一是抓好培训教育，加强政治引领。开展马克思主义新闻观培训教育，是中国记协的一项重点工作。从 2018 年开始，我们牵头举办的各类培训中，比如全国经济媒体培训班、行业类媒体负责人培训班、新闻摄影记者培训班、晚报负责人培训班等，都把媒体融合作为重要课程，都把新媒体从业人员纳入培训范围。近期我们正在组织新媒体采编骨干培训班，今天参加大会的就有培训班学员。今后，我们将继续加强新媒体从业人员培训教育，拓展渠道、创新方法，使这项工作常态化、规范化、科学化，引导新媒体工作者坚定“四个自信”，树立“四个意识”，提高政治素质，提升业务本领，锐意创新创造，锤炼优良作风，自觉把增强“四力”、“四向四做”的要求贯穿到工作的各个环节。

二是做好奖项评选，立好范本标杆。中国记协重视树立评奖导向，引领新媒体发展。从 2006 年开始，中国新闻奖设立网络新闻奖项。10 多年来，评选出了一大批优秀网络作品。经中央有关部门批准，2018 年中国新闻奖增设“媒体融合”奖项，评选名额达 50 个，增幅达到 16.7%。同时，强化示范引领，在评选标准中增加“践行‘四向四做’”“增强脚力、眼力、脑力、笔力”等要求。第二十八届中国新闻奖媒体融合奖项获奖作品中，既突出党的十九大胜利召开、建军 90 周年、香港回归 20 周年等主题宣传，又突出追寻红色足迹、记录公仆之路、展示领袖形象等专题报道，题材丰富，形式多样，许多都是“刷屏”之作、“爆款”产品，集中体现了媒体融合发展的进展成效。在稍后的主题演讲中，新媒体委员会副主任委员、中国新闻奖媒体融合奖项评选小组召集人曾祥敏同志，将全面介绍中国新闻奖第一届媒体融合奖项评选情况。下午，媒体融合奖项一等奖采编团队代表还将和大家共同分享创作经验，评委代表还将现场点评总结，也欢迎大家一起互动交流。希望通过赏析、点评、分享，让大家更多了解好新闻背后的好故事，共同创作更多正能量充沛、传播效果良好的优秀作品。

三是建好评价体系，推进行业自律。中国记协新媒体专业委员会依靠委员、顾问的主动作为，积极探索完善扁平化、垂直化、项目化的服务协调机制，逐步融入中国记协各项事业。中国记协新闻道德委员会把媒体社会责任报告制度推广到新媒体领域，对加强新媒体诚信建设起到积极作用。专委会启动新媒体传播实效评价体系建设，将依托主流媒体自主平台数据资源，运用人工智能、区块链等技术手段，逐步建立导向正确、标准客观、评估专业，体现公益性，体现融合发展科学化水平的综合评价体系，把主管部门指导和受众感受、同行评议统一起来，把符合“四力”标准的新媒体新秀选出来，当好引领新媒体内容建设的“指挥棒”。

四是开展品牌活动，践行“四力”要求。中国记协新媒体专业委员会成立以来，以践行“四力”为主线，组织新媒体参与中国记协品牌活动。比如，在2018年中国记者节特别节目“好记者讲好故事”中，山东广播电视台融媒体中心记者崔真真通过“三双鞋子”的故事，讲述了自己作为新媒体记者增强“四力”的转型历程，受到新媒体同行关注。在中国新闻奖、长江韬奋奖颁奖报告会上，广西日报记者谌贻照作为媒体融合奖项获奖者代表，介绍了自己用好新媒体，在突发事件中做好应急报道的经历，受到中央领导肯定。比如，中国记协组织新媒体参加庆祝改革开放40周年系列主题采访，走进广州、珠海、深圳等开放前沿，寻访山东临沂等革命老区，深入江苏、河南等发展热土，用脚力丈量改革足迹，用眼力发现闪光事例，用脑力感受时代脉搏，用笔力展现发展成就。前不久，中国记协组织的新媒体“强四力　助攻坚”甘肃陇南扶贫集中采访，运用网站、客户端、微博、微信、微视频等各种渠道，采取现场直播、无人机拍摄、交互式游戏等多种方法，一路走一路发，发稿量、点击量、转载评论数都颇可观。

各位委员、各位代表！

中国新媒体大会是新型主流媒体研讨内容建设的平台，以研讨媒体融合奖项优秀作品为特色，突出内容建设和队伍建设。由于我们是首次主办，加上筹备时间和条件所限，还存在许多不足之处，有待今后改进和提高。希望大家共同努力，把一年一度的中国新媒体大会办成专委会委员碰头会、媒体融合工作推进会，办成融合精品“博览会”、新媒体同行的“研讨会”。

最后，祝媒体融合之路越走越宽！祝媒体融合精品越来越多！祝中国新媒体大会越办越好！

面向时代面向未来的创新性举措

符　雷　中央网信办网络新闻信息传播局副局长

今天我们聚集在这里，亲历、见证、参与 2018 中国新媒体大会，借此机会和大家分享 3 点感受。

第一点感受，中国记协着眼于团结引领新媒体及其从业人员，积极践行习近平总书记的“四力”要求，坚持守正创新，生产更好更多的融媒体产品，并专门成立新媒体专业委员会推动这项工作，这是中国记协面向时代、面向未来的创新性举措，具有十分重要的意义。习近平总书记指出，网信事业代表新的生产力和新的发展方向。从国际视野来看，互联网诞生仅50年，进入中国20多年，已经在促进新的生产力发展、构建新兴生产关系上发挥越来越重要的作用，客观上挑战传统的政治治理体系、经济发展体系、社会管理体系以及舆论传播体系。从国内传播格局来看，互联网已成为我国正面宣传和舆论引导的主阵地，不断加大人力物力财力的政策支持力度，这是历史大趋势。积极适应这种大趋势，不断夯实新媒体平台建设、引领新媒体及其从业人员切实践行“四力”要求，生产更好更多优质内容产品是时代赋予的使命。

第二点感受，我们应充分认识到信息技术迅猛发展给互联网内容建设提出的新要求，迫切需要加快提高网络内容从业人员的整体素质，积极锻造更多高传播力和高影响力的新媒体平台，用更好更多的新媒体产品丰富网络空间。习近平总书记明确提出建设网络强国的“五个要强”，“内容要强”是其中的核心构成。当前互联网已经成为老百姓的主要生活方式和精神生活的重要来源，网络新闻、网络视频、网络音乐、网络文学等用户规模已分别超过了6.5亿、5.7亿、5.5亿、3.7亿，但网络优质内容的供给却不平衡不充分，内容的粗浅化同质化现象严重，不少无价值、无营养甚至低俗、庸俗的内容充斥其中，迫切需要引领新媒体及其从业人员秉持服务国家、服务社会、服务人民的价值理性和精神追求，提高内容产品质量，加强网上正面宣传，扩大网上正能量的辐射范围。从这个意义上讲，引领新媒体及其从业人员切实践行“四力”要求，生产更好更多的优质内容产品是优化网络内容供给的迫切要求。

第三点感受，认真贯彻落实习近平总书记提出的“四力”要求，切实抓好网络新闻信息从业人员队伍的建设，大力传播时代强音，迫切需要加大工作创新力度。习近平总书记讲“新领域要有新政策，新事物要有新手段”，近两年来，中央网信办以项目为依托，推动深入基层，既突出主题宣传，又着力锻炼队伍，每年网络新闻采编人员不少于5000 人次深入基层深入一线；以精品为导向，提升政治素质，网络精品生产既激发队伍创造热情，也提高队伍政治素质，积极探索生产坚持正确政治方向、舆论导向和价值取向有机结合的网络产品；以培训为牵引，增强专业素养，组织全国网信系统加强对网络新闻采编人员教育培训工作，每年培训不少于 6000 人；以管理促规范，推进完善机制，积极探索互联网新闻信息服务从业人员管理途径。在这一进程中，也特别期待相关部门和媒体平台在发挥各自优势、加强队伍建设、完善体制机制等方面更加深入地协同发力，为提高网络新闻信息从业人员队伍的整体素质、营造积极健康向上的网络空间发挥更具建设性的作用！

主题演讲

守正创新，让新型主流媒体强起来

卢新宁 人民日报社副总编辑

很高兴受邀参加首届中国新媒体大会，如此鲜明地将新媒体列为主题，再次表明了主流媒体改革创新的壮志雄心。

这次会议的主题也是新媒体，自 2014 年中央提出推进传统媒体与新兴媒体融合发展以来，主流媒体获得最大发展的板块也是新媒体。以人民日报为例，人民日报的新闻客户端是 2014 年 6 月 12 日上线的，现在的下载量已经超过 2.5 亿。央视、新华社等兄弟媒体的新媒体发力也是在这几年。可以说正是在融合发展国家战略的推动下，我们用旋风般的集体崛起，重构了新媒体舆论版图，改变着中国的新媒体生态。4 年甚至更长的时间里，我们用共同的努力证明了我们这些做传统媒体的人、这些有传统基因的人，也可以在新媒体的战场上开疆拓土、英勇厮杀。

但我今天还是想让交流的主题聚焦在融合发展上。因为这是主流媒体面临的最大难题，也是党中央交给我们的时代课题。在2018年全国宣传思想工作会议上，习近平总书记再次提到融合发展，并要求推动宣传思想工作不断强起来。如何让传统媒体和新兴媒体不再是“左手一只鸡右手一只鸭”？如何让我们做出新意、做出光彩的新媒体更好赋能我们的舆论引导能力？如何在全媒体舆论场多出精品提升主流媒体影响力？立足新方位，主流媒体也需要跨过“相加”到“相融”，变“惊险的跳跃”成为“光荣的跳跃”，让新型主流媒体真正强起来。

如今看来，这关系未来的关键一跃还有不少挑战，至少有4个课题等待我们一起破解。

第一，媒体融合向纵深推进，下一步主攻方向是什么

推进融合的最大背景是什么？这一点大家有共识，就是移动互联网日益成为信息传播的主渠道，成为新闻热点生成、舆论发酵的主要策源地。当下互联网就像水和电一样，是基础设施，各行各业都离不开。既然这样，融合必然要围绕着互联网来进行，而不是围绕着其他什么来进行。

有人会说，这个还需要说吗，这是最基本的道理。但从当前融合实际来看，这个道理还需要认真、仔细、彻底地说一说，因为我们需要真材实料的互联网化，而不是敷衍的、表面的、“看起来很美”的互联网化。前几天，我的同事去一家媒体调研，听到一位新媒体部门负责人

感叹，采编部门搞考核，有一些记者编辑在部门里排名靠后，部门主任说再这么下去，你只能去新媒体了。传统业务和新媒体业务割裂，传统业务干不好去干新媒体，这是我们要的融合吗？这样的互联网化有出路吗？恐怕没有。

几年来，我们不敢说对该怎么做弄清楚了，至少对怎么做不行有了更深刻的认识。融合是化学、生物学的重构与演进，不是简单的物理搬家，带着原先的锅碗瓢盆换个地方另开张；融合是在互联网上找差异化发展空间，不是“村村点火、户户冒烟”的重复建设、盲目跟风；融合是全面的，而不只是单兵突进，即使是传统业务的部分，也不应当与互联网隔绝；融合是全员的，而不是少数人转场分灶，多数人“涛声依旧”。记得前不久，主管部门一位领导说，看一家媒体是否真正融合了，只要看看是不是还有领导在分管新媒体，如果有就说明还没有融合。这话耐人寻味、入木三分。正因为如此，强调互联网化这个方向还是很有必要的。

坚持互联网化这个主攻方向，就应当坚持把握互联网规律、树立互联网思维、对标互联网行业，真正重构媒体自身。2018 年 9 月在解放日报社深度融合现场会上，我很受触动，上观（上观新闻）和解放日报探索的核心就是坚定走互联网化道路，彻底面向互联网转身。这几年，人民日报以项目为依托，以“中央厨房”为抓手，推进面向互联网的渠道、生产、数据 3 个维度的变革，进而努力实现面向未来，适应互联网发展趋势的架构重构。我们提出：走出“报纸正规军”与“网络预备役”的误区，将专业人才向主阵地汇集；摒除“报纸主业”和“网络副业”的偏见，将优质内容向主阵地汇集。编委会不久前刚刚决定，打造一个全新的项目孵化、创新驱动、产业赋能新平台，相信也将对进一步以互联网化为方向，推动深度融合发挥重要作用。

第二，移动互联网进入下半场，怎样继续聚拢用户、留住用户

能否吸引更多用户，是检验新型主流媒体是否强起来的标志。数据显示，中国移动互联网活跃终端量已经突破11亿。毋庸置疑，移动互联网已经成为新闻传播的主场，而且这个主场可能已经进入了“下半场”。伴随着智能手机普及，2013年到2015年随着换机潮带来狂飙突进的用户增长，已经一去不复返，移动互联网用户进入了高位稳态区间。

有媒体同行感叹：“紧赶慢赶做出了夏装，穿了没两天，还没进场，天就凉了。”这个说法有一定道理，进入“下半场”，移动互联网用户拉新、促活难度提高，获客成本大大增加，这让移动互联网参与门槛提高了；但这个说法也不完全对，进入“下半场”，内容本身作为入口的价值空前提升，各类互联网平台都在希望通过更多、更好、更精准的内容提升用户活跃度、延长使用时长，无论是传统内容平台，还是过去做搜索、做浏览器、做电商、做工具应用的，都在做信息瀑布流，争夺用户资源，实现流量变现，这对媒体来说是一个新机遇。

当然，内容价值回升并不天然带来利好，关键看我们自己够不够努力。当前技术进步方兴未艾，大数据、云计算、人工智能、区块链等快速发展，5G商用在即，这都是我们应当研究的课题，特别是能否顺应智能化、平台化、可视化3个趋势，将是决定我们能不能聚拢用户、留住用户的关键。

首先，媒体的智能化。智能化其实体现在很多方面，当前我们最关心的是信息智能分发，也就是“算法”。如果说“前智能时代”是人找

信息，那么“智能时代”就是信息找人。这是信息分发方式的巨大变革，它的本质是向互联网用户的主体性、自主性致敬，是体现互联网精髓的路径选择。当然，算法本身如果不加以控制，也会带来问题，有些问题还很严重。以主流价值来驾驭算法，不是对算法的否定，而是对算法的深入。目前，人民日报新媒体正在进行主流媒体算法的研究，已经进入开发的实质性阶段。我们相信，内容算法将成为智能媒体的基础能力。

其次，媒体的平台化和平台的媒体化是必须重视的趋势。这方面大家体会也很深，不是说大家都要自己去建平台，这需要根据自身实际选择，但平台本身所具有的价值肯定是无可替代的。目前，人民日报重点建设的人民号平台、全国党媒信息公共平台等，也是基于自身职能定位的考虑。

还有就是可视化，如果再聚焦一些就是短视频。有人说是移动加视频，带来了意想不到的化学反应，绝不仅仅是把电视搬到手机上。最近广州落幕的中国国际纪录片节，浙江卫视导演许继峰分享了他拍摄《孤山路 31 号》的故事。这部纪录片视角和拍摄手法独特，项目开始第一天，他就开通了一个“西泠不冷”公众号，首先以片段的分享，和粉丝互动并接受大家的批评建议，进而也在电视大屏上获得超高收视率，小屏与大屏获得流量闭环。另一位导演张景寻访 199 个手艺人拍摄了《寻找手艺》，被传统电视台因声音不行、画面不行、不够专业而拒绝，却在 B 站意外走红。还有人民日报新媒体推出的 31 集《中国一分钟·地方篇》系列微视频，以“一分钟”为刻度，用小切口撬动大主题，持续占据微博热搜榜首。现在有种说法，短视频本身已经成为主流媒体，这个说法很深刻。在这方面新型主流媒体该如何布局？值得我们认真思考。据我所知三大台气魄宏大有大手笔，人民日报也在大力发展人民网的人民视频项目，人民日报新媒体也将推出全新的 PUGC（专业用户生产内容，或称专家生产内容）短视频聚合平台。

第三，互联网“原住民”全面入场，如何用好内容黏住“新生代”的心

内容创新是主流媒体推进深度融合的根本，也是我们的本分，习近平总书记强调要“用内容优势赢得融合发展优势”。几年融合实践，我们在互联网传播的大海中学游泳，体会到了水深水浅，也感受到了水温几何。我的一个突出感受是，只有正确定义“内容优势”，才能有效使用“内容优势”。

何为“内容优势”？主流媒体经常说的这四个字到底意味着什么？我感觉有两层意思：首先，面向互联网大潮，我们要坚定自信，坚守政治和社会责任，生产有思想、有价值的内容，这是刚需，是我们的核心优势。同时，我们也要分外清醒，不要“自作多情”以为把传统媒体上的内容搬迁位移就自然有优势，也不要“自说自话”指望有思想高度和价值高尚就自然有效果，不要“自娱自乐”迷恋声音大些调门高些就自然有影响。保持“内容优势”固然需要“内容定力”，但更需要“内容魅力”，要善于把“有意义”的做得“有意思”，再把“有意思”的做得“有价值”。

如何增加内容魅力？我们感觉第一要招是研究用户需求。当前特别需要关注用户世代的更替。对于移动互联网来说，技术和人群的迭代，往往引发秩序重建和生态变迁。推动新型主流媒体强起来，必须用好内容粘住新生代的心。有人说，“95 后”是互联网的原住民，“00 后”

是移动互联网的原住民。当我们还在反复强调培育互联网思维的时候，“00后”已经是自带网络基因、拥有个性需求、具备创新思维。当下，他们已经开始走进大学，即将进入职场，这群移动互联网的“原住民”将全面入场，即将成为我们所要面对的主流用户群。面对他们，我们需要考虑的是，党的意识形态如何赢得青年一代？

这几年来，人民日报在赢得年轻人上作了不少努力。比如，改革开放40年主题宣传，怎样才能触动更多年轻人？我们精心打造的“时光博物馆”成了年轻人的“网红打卡地”，一经推出就引爆线上线下。在北京三里屯大家冒着寒风，自愿等待四五个小时排队入场，有观众甚至从澳大利亚飞回北京就为了看一眼时光的记忆；在上海长宁来福士广场，大家在雨中排起的长队绕了广场好几圈；在深圳万象天地，一家几代的深圳人一起来到“时光博物馆”，追忆他们离开老家追寻梦想的起点和初心，感人至深。“时光博物馆”吸引的主要人群是都市年轻人，能让他们觉得观看、参与主题宣传是一件很酷的事，值得发微博、发朋友圈向朋友炫耀，背后的规律值得深思。

记得2017年有个很火的视频，是一位大学老师在网络综艺节目中的8分钟演讲，叫《菜市场里的“两个中国”》，他分析了短缺时代和丰裕时代成长起来的不同中国人的习惯的差异。年轻人对自身体验、品质感的追求，对时代脉动点的把握与感知，其实就是内容创新应当捕捉的“痛点”。他们需要“有谱的内容”，热点的反转和信息混乱，让主流媒体的权威、准确成为稀缺品；他们需要“有料的内容”，在垂直领域中，年轻用户对专业的追求十分苛刻，因为用户本身具有相当高的水准，“大路货”“温吞水”会被自然淘汰；他们需要“有用的内容”，真正的“爆款”都是可以使用的内容，能够获取资讯、表达情感、实现互动，就会赢得更多关注，赢得更多转发；他们需要“有范儿”的内容、陌生化表达，对个性的彰显、个体价值的尊重，内容不仅是满足需要，更能证明自己的存在。

“时光博物馆”的设计就充分考虑了这些需求，它不仅是个线下快闪店，更成为线上的话题中心，我们制作了大量相关的视频、MV、快闪，全网总讨论量超过30亿。最后，整体迁入国家博物馆加入“伟大的变革”大型成就展。“时光博物馆”成为人民日报任仲平文章、中央广播电视总台新闻中的场景，我们专门在头版发表《今日谈》评论，剖析“时光博物馆”火爆背后的民意。通过这种方式，传播在传统媒体与新兴媒体之间，在线上与线下，在官方与民间实现了有效的同频共振。我们的同事告诉我，“时光博物馆”里最受欢迎的环节，就是打印一份出生当年的人民日报，这个细节意味深长，可能就是我们融合的初心吧。

第四，“闪击战”打出了声势，未来如何打好真正的战役级别的“阵地战”

几年来，融合发展让主流媒体的优质产能“井喷”，网上那些“亿级”的现象级产品，我们的“军装照”H5，还有央视、新华社的很多产品，大多数来自主流媒体，以至于商业平台都感叹“精英在党媒”。通过一次次的“闪击战”“破袭战”，我们打出了声势。但也感到，内容产品层面的成功融合案例，只是媒体融合发展的一个火花。对主流媒体而言，最大的挑战，就是如何推进新闻生产方式和体制机制的深度融合，打好真正的战役级别的“阵地战”，从而使新型主流媒体占据舆论场上的优势和强势。

我们感觉，除了用技术这个“硬件”和机制这个“软件”，为深度融合“赋能”之外，“人”是最关键的核心因素，也可能成为最大的制约因素。人是全媒体时代最宝贵的财富。事实上，那些最有创意的策划、最有意思的新媒体内容，往往来自传统媒体的媒体人，我们的“军装照”H5创意来自原北京分社和现在政文部的记者；“中国一分钟”的创意是来自原来海外版的记者。我们的人出去市场价格都很高，关键是如何留住、用好这些人。而习近平总书记要求的“不断增强脚力、眼力、脑力、笔力”，也需要靠体制机制变革激发人才潜力来实现。

这些年，人民日报不断调整自己的机制，报、网、端三块在打通，策、采、编发的流程在重构，我们用人机制也稍微灵活了一些。人民日报新媒体启动项目制用人，人民网高薪招贤纳士，都是希望向社会传递我们的决心。但下一步，除了我们自己要努力，更需要管理部用改革为我们清除人财物管理的重重障碍。只有最大程度激活人的力量，把主力军稳住了，留住主流媒体优秀人才，吸引更多的人才，提升在全媒体舆论场主流价值的输出能力，才会有“诺曼底登陆”的最终辉煌，而不是“敦刻尔克大撤退”的黯淡无光。

各位领导、各位同仁！

今天，主流媒体正站立于时代的风口。我们现在所处的，是一个船到中流浪更急、人到半山路更陡的时候，是一个愈进愈难、愈进愈险而又不进则退、非进不可的时候。尽管困难重重，但我们依然相信，热情拥抱互联网，善于运用互联网，真正做到“合而为一”，我们就一定能够为主流媒体赢得一个崭新的未来。

担负起新时代主流媒体的职责使命

刘思扬 新华社副社长

先给大家介绍两个短视频：第一个，是前不久南昌广播电视台发布的一条现场云报道，用短视频记录了一位参赛选手为了完成和儿子的约定，手握去世儿子照片，坚持跑完马拉松比赛全程的故事。第二个，是2018年9月广西贺州交警支队发布的一条现场云报道。老人颤颤巍巍过马路，骑摩托的男子只身挡住车流为老人守护。

"现场云"，是新华社着力打造的现场新闻移动直播平台，2017年2月19日正式上线。入驻用户用一部手机，就能通过这个平台开展形态丰富的直播，既可以是视频直播流，又可以是文字、组图、短视频，所有报道自动汇集成一个页面，以H5形式在"两微一端"等平台终端上展示。

这两个短视频，都源于“现场云”用户采集的全媒体素材，这些暖人小故事，经过剪辑加工，在新华社“两微一端”和新媒体供稿线路播发，向其他商业网站和新华社海外社交媒体平台分发，产生广泛影响，视频全网浏览量都很快突破千万人次。广西贺州男子守护老人过马路的视频，通过新华社海媒平台传播后，海外网友浏览量 1.5 亿，点赞量超过 4000 万，形成世界级影响。

一条平常的地方新闻，在短时间迅速产生世界级影响，这在过去是不可想象的。随着信息传播技术飞速发展，媒体格局、舆论生态发生深刻变化，通过融合发展促进媒体协作，连接受众、联通世界，成为做大做强主流舆论、塑造良好舆论生态的重要方式。

今天，加入“现场云”的媒体和党政机构用户达 2992 家，注册采编人员 3.3 万，每天发起直播 379 场。到今天为止，“现场云”累计发起直播 11 万场，发布报道 80 万条，短视频 36 万条，突发直播最高访问量超过 120 万，活动直播最高访问量超过 720 万。到今天为止，已经有 90 家媒体的 106 名采编人员来到新华社“现场云”总部，完成为期 1 个月的“嵌入式”培训，另有 1000 多名采编人员接受在线培训。2017 年“现场云”荣获中国传媒年会“媒体融合特别奖”。

新华社是国家通讯社。过去，我们和用户的关系主要体现在供稿上。新形势下，新华社以媒体融合为契机，通过打造“现场云”平台这样的探索，创新与媒体用户的生产协作方式，整合开放多元分发渠道，免费提供技术平台和培训服务，让更多媒体搭上国家通讯社融合发展的快车，共同做大做强主流舆论。

同志们、朋友们！

在 2018 年全国宣传思想工作会议上，习近平总书记提出了“举旗帜、聚民心、育新人、兴文化、展形象”的使命任务。习近平总书记强调，要牢牢把握正确舆论导向，提高新闻舆论传播力、引导力、影响力、公信力，唱响主旋律，壮大正能量，做大做强主流思想舆论。

无疑，今天的思想领域呈现多元多样多变的特点。做强主流舆论成为主流媒体使命所系、职责所在。所谓主流舆论，我以为，是占据舆论主导地位、反映时代主流本质、体现社会发展方向，并且产生广泛影响的思想舆论。主流舆论的“主流”，是价值观的主流、议题的主流，也一定是影响力的主流，体现了鲜明性、准确性、生动性的特性。它要求我们坚定政治方向，站稳人民立场，敢于澄清谬误，努力提升新闻报道的“高度”；要求我们加强调查研究，主动设置议题，把握时度效，努力增强引导舆论的“精度”；要求我们活学活用群众语言，创新传播手段、表达方式，努力体现新闻报道的“温度”。

提升“高度”，增强“精度”，体现“温度”，就是守正创新，就是做强主流舆论。为此，我们要在三个方面下功夫。

第一，在基础性工作上下功夫，聚焦新闻报道主业，回答好高举什么、反对什么的问题

做大做强主流舆论，要高举新时代中国特色社会主义旗帜，突出做好习近平新时代中国特色社会主义思想宣传报道。两年前，新华社成立“第一工作室”，专门负责习近平总书记报道，推出了《领航》《誓言》《大道之行》《那年，我们21》《红色气质》《四个全面》等一大批体现“高度”“精度”“温度”的融媒体产品，在国内外产生强烈反响，其中《誓言》被纳入国家博物馆《复兴之路》展览。我们将进一步完善

工作机制，加强习近平总书记报道，既从理论、历史和宏观角度组织好宣传报道，也努力推出更多沾泥带露、形式活泼、文风清新的精品力作，推动习近平新时代中国特色社会主义思想深入人心、落地生根。为了源源不断推出优质内容产品，2018 年 1 月，我们提出“每日有重点，每周有力作，每月有精品”的融合产品生产目标，并通过一系列制度性措施确保实现。2018 年以来，浏览量过千万的融合产品超过 100 个，其中过亿产品 48 个，较好地发挥了舆论引导主力军、主阵地、主渠道的作用。

做大做强主流舆论，还要聚焦党和政府明令禁止、人民群众深恶痛绝的问题现象，敢于亮剑。这两年，我们加大舆论监督力度，推出校园“毒跑道”、洞庭湖“私家湖泊”等一批有影响的报道，直接推动相关问题解决。我们将按照中央要求，努力在舆论监督和热点问题报道中引领舆论，做到“坚持真理不含糊，明辨是非敢担当”。

第二，在关键要害处下功夫，推进深度融合、整体转型，回答好“融为一体、合而为一”的问题

一是解决好思想观念问题。传统媒体时代，一场重要活动报道，写几条文字稿，拍几张照片、几段视频，纸媒、电视就够用了；融合发展初期，将文字、照片、视频放在一起播发，就是融合了；而现在，我们不仅要多拍照片、多拍视频，还要根据不同受众需求，制作适配不同终端，尤其是移动终端的动图、全景、短视频、轻应用、表情包等，甚至还要与受众互动，根据互动 UGC（用户原创内容）进行二次传播，拓展的内容、使用的形式、产生的效果都比过去大了几个量级。

最近，围绕纪念改革开放40周年，我们推出《父亲·我们·时代》《留声40年：那些改变你我的故事》《时代记忆通讯社》《我梦想，我奋斗，我奔向》等一大批创意十足、浏览量过亿的融媒体产品，充分体现新媒体时代个性化生产、可视化呈现、互动化传播的特点。

以《留声40年》为例，专家评析：音乐是时代最好的记录方式之一。《留声40年》从最微观视角出发，以大众最熟悉的“音乐”为切入点，以改革开放40年来不同时代音乐为主线，通过“音乐影像展”、6首时代金曲为主题的沉浸式场景车厢形式，将征集的受众感言融于其中，生动、丰富、立体再现了40年中国音乐的发展历程，给人们生活带来的改变，具有“以声见大”的时代高度，意义非凡。

〔UGC内容〕3年前，我们一家人被困在了也门，外面不时传来战机轰炸的巨响，时有时无的手机信号让所有人都陷入了恐慌，直到看见海上熟悉的灰白战舰和五星红旗，大家激动地相拥而泣。那一天，在回家的船上，不知道谁起了个头，大家边哭边笑地唱起了这首歌。

——新华社客户端用户“W先生”与《我爱你，中国》的故事

这些UGC内容二次加工后形成的报道，在新华社微信公众号播发后10多分钟阅读量就达到10万+。PGC（专业生产内容）和UGC相互融合的交互方式，产生了神奇的传播效果。

我们要进一步强化互联网思维，牢固树立一体化发展、移动端优先理念，紧跟移动化、场景化、可视化、智能化趋势，加强传播手段和话语方式创新，让新闻宣传更富时代性、更有实效性。

二是解决好体制机制问题。体制机制问题不突破，就不可能实现真正的融合发展。要通过体制机制改革，彻底破除制约融合发展的障碍。比如，融合发展的基础问题是资源整合问题，为了打破部门分割，做到

融通共享，我们正在建设集中统一、融会贯通、高效共享、安全可靠的基础数据库，全面整合新闻信息资源，为融合发展和业务创新提供有力保障。通过深入调研，我们已制定适应融合发展要求的体制机制改革方案。2019 年，我们将通过一系列体制机制改革，使具有通讯社特色的融合发展新模式更加高效，“融为一体、合而为一”实现突破性进展。

三是解决好产品生产问题。融合发展的成效，归根到底要靠内容产品检验。近年来，我们推动内容与创意、技术、渠道等全方位、全链条融合，加大产品供给，取得重要突破。仅常态化运行的融媒体栏目“新华全媒头条”，就实现年均发稿 300 多组，新华社“两微一端”平均点击超 300 万、传统媒体刊播平均超 300 家，2017 年成为首个获得中国新闻奖特别奖的融媒体栏目。随着 5G 时代到来，视频类产品将迎来大发展。我们提前布局，对加强创新视频业务作出规划，2019 年新华社原创短视频生产能力将大幅度提升。

四是解决好技术引领问题。先进技术是融合发展的重要支撑。随着人工智能（AI）技术异军突起，新闻生产传播模式正在重塑。我们推出全球领先的“媒体大脑”“AI 合成主播”、媒体创意工场等重大举措，努力引领新闻业态变革，为优质内容打造提供强大技术支撑。2018 年夏天，“媒体大脑”2.0 版全面应用于世界杯报道，31 天生产短视频 3.7 万条，最快一条生产仅耗时 6 秒。哈佛大学尼曼新闻实验室等研究机构评论说，“当美国媒体还在缓慢地引进人工智能技术，中国的新华社早已大步向前”。未来，我们将进一步加大技术创新力度，积极构建以智能技术为基础、以人机协作为特征、以大幅提高生产传播效率为重点的智能化编辑部，推动技术建设与内容建设深度融合，让先进技术为主流舆论插上腾飞翅膀，推动党的创新理论“飞入寻常百姓家”。

第三，在工作水平上下功夫，加强人才队伍建设，解决好增强脚力、眼力、脑力、笔力的问题

增强“四力”是加强队伍建设的关键。为此，我们制定了《关于增强“脚力、眼力、脑力、笔力”的实施方案》。

一是深入调查研究，不断增强“脚力”。调查研究是新华社的优良传统。近年来，我们深入推进“扎根工程”，大兴调查研究之风，在实践中锤炼思想、陶冶情操、转变作风、改进文风，涌现出大批沾泥土、带露珠、冒热气的作品。我们将持续推动采编人员到基层去、到群众中去、到生活中去，用脚步丈量民情，用真心体察民意，密切同人民群众的联系，做党和人民信赖的新闻工作者。

二是持续观察分析，不断增强“眼力”。要学习掌握历史唯物主义、辩证唯物主义的立场、观点、方法，紧紧围绕党和国家工作大局，把中央精神与基层实践结合起来，把国家发展与群众感受结合起来，把先进典型与生活实际结合起来，见人所未见、言人所未言，充分发挥主心骨、压舱石、定盘星作用。

三是强化政治意识，不断增强“脑力”。要始终践行马克思主义新闻观，准确把握时度效，抓住涉及治国理政的战略问题、广大群众关注的现实问题、国内外发生的热点问题，加强议题设置，以主流引领多元，让我们的议题成为引导社会舆论的话题，把人们的思想和行动更好地凝聚到奋斗目标上来，更好地发挥凝聚力量、鼓舞人心作用。

四是改进报道方式，不断增强“笔力”。从实践看，强化用户思维，增强跨界叙事能力，用心用情打造让群众爱听爱看、入脑入心的融

合精品，能起到春风化雨、润物无声的效果。我们将继续加大创新创意力度，不断丰富和创新产品供给，推动内容优势源源不断地转化为传播优势，做大做强主流舆论。

同志们、朋友们！

守正创新，增强“四力”，是党中央对我们的要求，融合发展、移动优先，是媒体发展大势。我以为，媒体融合不是封闭的，而是跨界、开放、包容的；不是单个媒体一家的独奏，而是各类媒体的集体合唱。让我们携起手来，解放思想、转变观念，加快推动深度融合，不断创新传播手段，努力构建全方位、多层次、多声部的主流舆论传播矩阵，合奏出“大珠小珠落玉盘”的传播效果，完成好党和人民赋予的职责使命。

守正创新出精品
做新媒体舆论场的价值引领者

袁正明　中央广播电视总台中央电视台副台长

中国记协举办首届中国新媒体大会，“增强‘四力’，守正创新，多出群众喜爱的融合精品”的主题很具体也很务实：“守正创新”是融合发展的根本方向和路径指引，“增强‘四力’”是融合发展的根本保障，“多出精品”是融合发展的主要着力点和落脚点，而“群众喜爱”则是衡量精品的重要标准。这 4 个关键词恰好说出了新媒体精品创作的“方法论”。这次大会为我们提供了一次难得的交流机会。在这里，我和大家一起分享中央广播电视总台组建以来在新媒体建设方面的一些探索和实践。

组建中央广播电视总台是中央打造现代新型主流媒体的重大战略举措，也是推进媒体融合发展的重要顶层设计，总的要求就是：要全力打造自主可控、具有强大影响力的新媒体平台，形成融合发展的全新格局。应该说，这是一个责任重大的新使命，也是一次前所未有的大机遇。

中央广播电视总台组建以来，首先提出了“台网并重、先网后台、移动优先”的发展战略。以守正促创新，以创新强守正，以三台整合为契机，着眼于有机融合、优势互补和激发活力，着重从6个方面重点发力。

一是以领袖的高度就是宣传报道追求的高度为标准，聚力打造总台“头条工程”，努力做到习近平新时代中国特色社会主义思想和习近平总书记重要时政报道“天天见、天天新、天天深”。

二是精心培育评论品牌，推出“央视快评”和“国际锐评”，突出“真、短、快、活、强”的特点，不仅在电视进行传播，也在网络上迅速成为热点，真正做到了重要讲话、重大活动、重大事件必发声，成为时政评论的“轻骑兵”。

三是全力推动重大报道的融合传播，博鳌亚洲论坛三台记者主持人首次以“总台呼号”亮相，此后的上合组织青岛峰会、上海进博会、阿根廷G20峰会等重大报道亮点频出，广播、电视、新媒体同频共振、深度融合，多终端多产品多平台多语种全覆盖，真正实现了“1+1+1>3”的整合传播效果。

四是倾力打造文化精品节目集群，贯通大屏小屏，以融媒体文化产品推动新思想传播，激活传统文化基因，弘扬主流价值，体现了文化创新内容的聚合效应。

五是快速布局 5G 技术，推出 4K 频道。改变长期跟随的思维惯性，顺应行业风口，抢占新技术制高点，用新技术赋能融合发展。

六是奠定未来产业新格局，建设长三角总部和长三角记者总站，此后还会有一系列大动作。以前所未有的开拓新姿态，打开发展新空间。

这些战略重点的布局为总台新时代高质量发展奠定了坚实的基础，也为“融为一体、合而为一”的全媒体建设提供了有力的保障。

守正创新要有大格局、大动作，要切实提升 4 种能力，即：内容生产力、技术驱动力、平台竞争力和生态链接力。

守正创新要有着力点、发力处，台领导有一个流传很广的说法：大象也要学会跳街舞，指的就是要我们在新媒体领域，善于发力、精准发力、持续发力，以此为抓手，增强“四力”，不断学习和提升新媒体表达能力，创新创优出精品。下面，我想围绕大会主题，结合我们的实践探索，简单给大家介绍一下总台新媒体精品创新的点点滴滴。

一、以时政微视频为重点，探索新形态新表达

3 集微视频《初心》是央视第一次将党和国家最高领导人的人物专题片的首发平台从传统电视端移至新媒体平台，全网 10 天内阅读量达到 12.36 亿，创下时政微视频传播纪录。《初心》创作伊始就充分考虑到了微视频碎片化传播的新媒体属性和移动端用户的收视习惯，每集片长都不超过 8 分钟，简洁精要，长短适中。3 集短视频不加一句画外音解说，全部用习近平总书记本人在资料片中的自述和历史见证者的回

忆，生动具象，引人入胜。值得一提的是，《初心》不是一部旧有视频资料的再剪辑再汇编，而是一种全新的运作与创新突破。在节目的采编过程中，通过资料剪辑增加历史的厚重感，通过实地拍摄提高现实的贴近性，两者相辅相成、相得益彰。2018 年以来，总台共推出时政微视频作品 60 余条，其中《窑洞里的读书人》《家国天下》《鼓岭！鼓岭！》《从深圳到雄安》等微视频作品形成了现象级热播。

二、以大屏联动小屏，探索新互动新体验

大型文化节目的创新一直是我们的强项。围绕《习语近人》《国家宝藏》《经典咏流传》《中国诗词大会》等原创爆款节目，充分构建了全方位的融媒体传播矩阵，通过“一键触发”形成热点，打通内容、平台和渠道，用更亲切更具有代入感的新媒体传播手法、互动玩法吸引年轻观众，实现了现象级传播的效果。比如正在播出的《国家宝藏》结合李白《上阳台帖》，与腾讯文创“王者荣耀”合作推出游戏角色李白的专属皮肤和文物知识问答互动产品。上线 6 天，产品总访问量达到 2.9 亿。2018 年播出的大型节目《中国诗词大会》一经亮相就引发了广泛关注，刮起了一股古典诗词的中国风，比赛中一举夺冠的外卖小哥雷海为迅速成为网红，俘获了大批网民特别是年轻网民的心，被誉为“励志楷模”。

三、以用户为中心，探索新角度新观感

重大报道从来都是讲述中国故事最好的机会。比如朱日和沙场大阅兵直播我们搭建了多个特种设备：万象鹰眼、贴地机位、长颈鹿机位

等，这些特种机位实时信号让人眼前一亮。整场阅兵的新媒体直播将传统的线性观看变为非线性交互体验，首次尝试“网民做导播，想看哪路看哪路”，直播过程中多种效果、特殊角度、极致体验任你选，真正让网民实现：选你最喜欢的，看你最想看的。2017 年全国两会期间，中国之声推出的新媒体原创交互式 H5“央广主播的朋友圈”系列作品，将一个围绕两会内容生成的虚构朋友圈和真实的央广主播相结合，以大家非常熟悉的朋友圈表现形式，提升了报道内容的亲和力。

四、以新技术手段，探索新场景新应用

特殊现场永远有着特殊的魅力。在“天舟一号”发射报道中我们应用 VR 直播的新技术进行了全程全景直播，开创了 3 个“首次”：首次航天领域 VR 直播、首次近距离全程直播火箭发射、首次在 VR 直播中引入专业讲解员，并且创造了 100 米的史上最近距离全程直播火箭发射的纪录。通过 VR 技术，观众可以通过屏幕直接感受火箭发射瞬间烈焰扑面而来的震撼冲击效果，还能在火箭吊装、转运等环节获得全方位的沉浸式体验，仿佛身临其境。前方报道团队一名成员在施工过程中险些出现生命危险，事后很久他在朋友圈写道：“如果有人问我，这个时代，你愿意为创新付出能承受的最大代价是什么？我的回答，可以是生命的代价！”2018 年 4 月，叙利亚首都大马士革遭遇美英法“精准军事打击”。在这个空袭之夜，央视记者徐德智在大马士革驻地展开一场来自战地的移动直播，一个人肩负出镜记者、编辑、导播、摄像、卫星传送工程师、新媒体直播多重任务，实时带来战地的最新消息。

在探索实践中，我们深刻体会到，一个新媒体精品的产生考验的

是脑力和笔力，凭借的是眼力和脚力，依靠的是思想的高度、发现的眼光、到达现场的脚力和表达方式的创新。脚力、眼力、脑力、笔力是相辅相成、有机统一的。

大家熟悉的微视频《公仆之路》可以说就是“四力”在重大题材创作中的综合体现。党的十九大这么重大的主题，如何开题，找准聚焦点？微视频《公仆之路》把“人民公仆”作为立意切入点，我们曾用“三个一”来概括它的创新性：一脉相承、一以贯之和一镜到底。中国共产党为人民服务的核心精髓一脉相承，习近平总书记的公仆情怀一以贯之，用“一镜到底”做到了精准表达。微视频通过精选习近平总书记从政经历中最为典型的场景、图像、声音，综合运用“一镜到底”、三维投射等多种技术手段，在短短几分钟之内让主人公完成了 48 年的时空漫游，集中凝练地展现出习近平总书记“永远做人民公仆”的政治品格，再现了他从黄土地到中南海，初心不变、始终如一、为人民服务的公仆历程，全网播放量超过 2.5 亿次，产生了强烈社会反响。可以说，没有思想的高度，就无法做到精准艺术的表达；没有敏锐的眼力，就无法洞察现实的本质；没有深入一线、深入现场的功力，就不会有切身的感悟。

在探索实践中，我们更为深切地认识到，增强“四力”是我们新闻工作者永远不变的追求。

——要用新思想淬炼脑力，才能获得真知灼见。思想是魂魄是底蕴，是站位高视野远的根本保障。

——要用新视野提炼眼力，才能发现真材实料。有敏锐的发现，才有深入的思考，才能立足大时代，发现真问题。

——要用新实践磨炼脚力，才能传达真情实感。有了铁脚板，才会写出大文章。你离现场越近，观众离你越近。

——要用新表达历练笔力，才会被受众喜闻乐见。以主流话语塑造主流表达，最终赢得观众和用户靠的是千钧笔力。

互联网越来越成为传媒竞争的主战场，战场变了，打法也要变，但不变的是：增强“四力”，守正创新，为观众和用户提供更多更好的内容精品，让互联网这个时代的最大变量，成为主流媒体掌舵新兴舆论场的最大增量。面对新时代新使命，让我们新闻媒体人，共同用行动来回答这个充满魅力的“时代命题”。

代表发言

融媒体的下半场

——主流媒体主导内容生态

陆先高　光明日报社副总编辑

站在中国改革开放40周年的历史节点，主流媒体都在思考我们的改革与创新。按照习近平总书记对宣传思想工作提出的要求，要巩固壮大主流思想舆论。要加强传播手段和话语方式创新，让党的创新理论“飞入寻常百姓家”。守正创新，是党中央对我们提出的要求，既需要增强脚力、眼力、脑力、笔力，以专业精神和专业能力提升核心竞争力，又需要以开放的眼界打破思维定势和路径依赖。移动互联网时代的新媒体发展，既要顺应技术变革的大势，主动迎接5G时代的到来，让主力军上主战场，又要不畏浮云遮望眼，守住根本，不忘初心。

这个“根本”——就是机构媒体的内容优势和历史积淀。如果说，此前的几年，媒体融合大致完成了平台的搭建、资源的整合、流程的改变、技术的升级，那么今天，可以说已进入了融媒体的下半场，开始比拼核心竞争力。我们更需要专注于内容建设，重新寻求机构媒体主导内容生态的可能性。

我结合光明日报融媒体产品矩阵中评论、视频、直播 3 种类型产品的内容生产，分享我们的思考和体会。

一、评论立端、立网、立报，引导社会共识与中央决策同频共振

作为中央媒体，很难预测突发事件的发生，也很难保证记者能出现在第一现场并第一时间发出事件消息，最有可能的介入点是有了权威确认的信息源后开始发声。到了这时候，最有力量的形态就是时评、言论了。在这个领域，我们追求的最佳境界是：让社会共识与中央决策同频共振。

光明日报全媒体、多终端刊发的不同形式的评论产品，贯穿着相同的理念：让社会共识与中央决策同频共振，找准社会治理提升与民众诉求表达的契合点。不使用说教口吻，也不简单消费公众情绪，而是站在党报的高度观察，站在民众的视角说话，既让读者心里认可，也为提升社会治理水平提出建设性意见。

这是我们的时政评论努力的方向。重大事件的时评文章，我们会

把握3个原则。

第一个原则，把握历史大势，凝聚最大共识。习近平总书记提出的“形成更高层次改革开放新格局”，就是历史大势，也是最大的社会共识。以近来有关“民营经济”的这波舆情为例，在2018年9月所谓“民营经济离场论”出现之前，我们就刊发了一系列坚持市场导向改革的文章，如《亟需以纠正涉产权的冤假错案来安人心、促增长》《民间投资增速重现下滑再促保护产权》等。在“离场论”出现的次日，光明时评就刊发了《改革开放40年：更要坚定市场导向》一文，与人民日报、经济日报相关评论呼应，构成了巨大舆论引导力，最快速度廓清了噪音杂音，三家主流媒体不约而同联袂发声，在一定程度上为中央民营企业座谈会的召开作了舆论铺垫。这之后，光明评论又相继刊发了《发展民企，以竞争中性原则待之足矣》《以善治托底，为民企纾困》等文章，与中央精神保持一致，为善待民营经济反复呼吁。

这些文章，保持了稳定的价值观，形成了稳定的阅读期待，引领了舆论场上相关议题。我们认为，评论不只是输出新观点，更要反复重申基本原则与常识，保持大方向的清晰，这是凝聚上下共识最有力的抓手，既服务于党的新闻工作大局，也起到安定人心的舆论效果。

第二个原则，嵌入事态发展全过程，形成全方位解读与连贯性的舆论引导。对于一些热点事件，光明时评会持续关注，连续刊发评论，在事件发展的不同阶段以不同角度述评，对舆论的动态走向产生持续牵引作用。

以江苏昆山街头反杀案为例，在事情发生的初始，光明时评就发出由专业刑诉律师撰写的文章《反杀案防卫定性：公众朴素正义观与法律并不矛盾》，解析细节，梳理民意，提炼了网民的疑点所在，为昆山案定性提出具体意见；之后云南楚雄发生类似案件，光明时评又发出《楚雄版“反杀案”，再议正当防卫司法实践》一文，着重比较此案与昆山案细节中的区别所在，形成了舆论场前后语境相连的专业意见，解析个案的普遍性意义；在最高法关于正当防卫认定标准的司法解释出台后，光明评论很快又刊发《司法解释鼓励正当防卫体现司法人文关怀》一文，形成舆论与决策的呼应，从案件分析延展为制度建言。由此，光明时评实现了对突发新闻、同类事件关联、制度性解决方案的全面关注。评论紧盯舆论走向，实现了从“追着舆论走”到“领着舆论走”的格局转变。

第三个原则，坚持专业话语，将公共讨论引入社会治理。主流媒体也必须具有专业精神，不说外行话，打破空话、套话等套路，才能带来公众对评论话语的认可。评论需要将朴素认知、直观意见用专业语言表述出来，形成在专业领域内有价值、有分量的意见表达。在山东“于欢案”中，光明网评论员发文《试看于欢案以何种方式被写入历史》，文章提出“法律的诞生，就是对自然正义和人类价值的系统化和制度化”，正是这种将民众朴素情感转译和提炼的语句；国务院国资委印发《中央企业合规管理指引（试行）》，文件刚一发布，具有解读能力的舆论资源稀缺，光明时评刊文《合规管理体系建设是企业发展正途》，以中兴事件为标本解析了企业在走向世界的过程中合规管理的必要性，成为舆论场上少见的专业声音。这些评论，既提炼了民意，也提供了可供涉事部门、单位参酌的专业意见，贴合了社会舆论的时效性，也提供了治理层面的可行性。

在众声喧哗的舆论场，主流媒体评论的影响力来自公信力，公信力则来自对民意的回应、对社会治理建设性意见的表达，这也是主流媒体评论在突发事件舆论引导方面应当承担的职责。

二、报纸制作融媒体短视频，重在题材选择和议题设置

光明日报这样的报纸媒体做音视频产品，难点不只在设备与技术加工能力，还比如音视频素材来源的合法性、传播途径等，都面临考验。但我们也只能迎难而上，在题材选择、思想立意和内容视角上多下功夫，比如体现治国理政思想等重大题材的短视频作品，力争内容差异化，把焦点放在我们最有优势的领域和最有特色的视角上，寻找着力点。

我们成立了重大题材视频工作室，以选题立项、灵活组团形式打破部门界限，力图以机制创新激活内容生产力，让优质采编力量参与撰写和修改脚本，不断提升立意高度和文字表达，争取优势弥补短板。

2018 年全国两会，我们推出“光明的故事”系列微视频作品，引发“刷屏式”传播，短时间达到 1.4 亿的浏览量。这几个短视频作品，思想立意和特色视角是关键。比如，《朋友习近平》微视频反映了习近平同志在河北正定工作期间与作家贾大山的深厚友谊，创意源于光明日报曾经刊发的习近平总书记的一篇悼友旧文《忆大山》。另一个微视频《光明的故事》则是讲述了习近平总书记在人民大会堂会议合影时为“中国核潜艇之父”黄旭华让座背后的故事。从我们自身特色和定位入手，抓住习近平总书记与知识分子间的深厚情谊，以小切口、大主题传达出习近平总书记对知识分子的关爱。

如果说，重大题材微视频，我们强调“同类主题、特色视角”，那么，在一些垂直细分领域，则强调的是“特色领域、众筹方式”。通过

和今日头条、抖音等商业平台合作，利用互联网众筹，用户参与内容生产，然后在各平台上推送。作为机构媒体，我们既要利用 UGC 的生产能力，又要体现 PGC 的优势。强调机构媒体的议题设置话语权，引导和传播正确的价值观。

比如，2018 年 5 月到 7 月，我们组织了“感动毕业季”微视频征集活动，更多采用了 PGC 的方式，共收到来自全国百余所高校的作品。与此同时，我们的团队将发现的好线索进行追踪拍摄。比如，我们新媒体团队制作了《最后一节班会课》的微视频，表现浙江大学研究生支教团在大凉山留下的感动，分别制作出 8 分钟版、3 分钟版、15 秒抖音版。从传播特点看，体现了 4 个结合：网络与报纸结合，流量与质量结合，小故事与大主题结合，好内容与大平台结合。

回过头看，PGC 的好处在于，征集的作品多为学校或专业机构制作，内容和质量总体水平高，参选视频在各平台总播放量超过 2400 万次。但 PGC 仍是传统的征集方式，结果是征集的视频制作大部分很精良，但缺少参与的广度，缺少众筹内容的丰富度。于是，在接下来的“开学季”短视频征集活动中，我们希望采用 UGC。此时，团队内部出现了分歧：一种意见是与短视频商业平台合作，开设专题广泛征集；另一种意见是不宜采用此方式，担心用户上传的内容有潜在风险，万一视频内容出现问题，责任谁承担？这样的问题我们每天都能碰到，也在不断探索，如何既用好内容众筹的力量，又在内容筛选上体现编辑选优的主导力。

三、选择直播场景，引导手机直播内容生态

手机直播在这几年发展迅速，尽管其内容格调、受众群体广受非

议，但一点没有耽误其在互联网视频内容传播领域的迅猛势头。作为中央新媒体，如何利用新兴的互联网产品形态和传播渠道，疏导和引领手机直播的内容生态，既是我们的政治任务，也是业务拓展的必要路径。手机直播几乎没有门槛，所以对直播内容场景的选择，是我们唯一要决定的。凭着直觉，我们选择了最熟悉、最擅长表达的领域。

高校是光明日报最具优势的领域，尤其是高校招生的信息传播，有品牌号召力，我们当年就是拿着一份光明日报填报高考志愿的。连续两年，我们推出了“高校招办主任大直播”，2018 年约 120 期，几乎覆盖了 985、211 以及地区性和特色高校，约有 1 亿人次的观看和浏览量，成为高校直播的现象级产品。高招信息是刚需，利用直播的方式介绍学校的历史、现状、学院设置甚至校园食堂等设施，让考生和家长对自己感兴趣的学校专业环境有直观的印象并形成互动，这样的手机直播参与门槛低、互动效果好，显然大受欢迎。而且，在整个融媒体活动当中，考生、媒体、教育主管部门、网络直播主管部门，甚至各个参与合作的手机直播平台，在中央新媒体的资源整合过程中，形成了各方共赢、乐在其中的良性生态。

我们同时还探索了一系列的手机直播：比如推出“致非遗　敬匠心”系列直播，深入非遗文化发源地，走近非遗技艺传承人，让非遗“活”在大众身边，其中介绍天津杨柳青年画的那场直播，在线观看达到 530 万人次，成为非遗传播史上的奇迹；推出“博物馆奇妙之旅”直播活动，让博物馆以及镇馆之宝立体展现在用户眼前；还有联络网络红人，走进敬老院，慰问改革开放功勋老人，给了平日差异巨大的群体互相认识、了解、认同的机会，社会评价效果都非常良好。

对手机直播传播场景的追求，甚至倒逼我们进行相关技术创新。

比如我们自主研制集成的多信道移动直播云平台，业界俗称“钢铁侠”，单兵作战，就能同时实现对16家手机直播平台的信道提供，在全国两会人民大会堂现场这样的特殊场景，主流媒体通过特殊装备占据大部分市场化直播平台的直播覆盖，主导了主题新闻在手机直播领域的传播路径，引起了业界的高度关注，也荣获了最新一届中国新闻奖融媒体二等奖。

今天，光明日报新媒体具备了一定的对外技术输出能力，包括给一些媒体同行、新成立的融媒体中心提供新媒体解决方案和技术支持。这样的尝试和努力，正是因为我们有这样的理念：机构媒体完全可以相互合作，取长补短，尤其是弥补技术、产品、渠道和平台短板，以更能发挥内容生产优势，引导和主导融媒体时代的内容生态。相信只要我们瞄准互联网技术发展大势，深耕垂直领域，不断激发内容生产力，就能在融媒体的下半场走得更稳、更远，就能在提升传播力、引导力、影响力和公信力上体现我们的作为和担当。

以深化改革推进深度融合

——解放日报深度融合、整体转型的探索与实践

马笑虹　解放日报社副总编辑

近年来，解放日报牢牢把握提升主流媒体传播力、引导力、影响力、公信力这一根本方向，坚持改革创新不动摇，以深化改革推进深度融合，探索走出了媒体融合从"相加"到"相融"的关键一步。

一、融合之路循序渐进

2013年，根据上海市委和市委宣传部的部署，解放日报制订新媒体发展五年规划和三年行动计划。作为三年行动计划的重点项目，2013

年 12 月 10 日，定位为“精品阅读新闻类 APP”的“上海观察”开始试运行，2014 年 1 月 1 日正式上线。

2014 年 10 月，解放日报全媒体采编平台上线，从技术上打通报纸和新媒体内容生产流程，实现新闻信息一次采集、多种生成、多元传播。

2015 年 4 月，解放网试行频道负责制，内容制作权交给各采编部门，以此牵引带动纸媒、客户端、网站三大平台一体化发展。报社鼓励各采编部门积极探索发展新媒体，“伴公汀”“微观上海”等一批有影响的微信公众号相继涌现。

根据上海市委决策部署，2015 年 10 月起，解放日报着手制订改革方案。2016 年 3 月 1 日，解放日报深度融合、整体转型改革正式实施。

二、坚定不移战略转型

1. 明确目标方向。按照上海市委“脱胎换骨、腾飞发展、深度融合、整体转型”的改革要求，报社提出了“一个目标”“一套机制”“两大产品”的改革思路。

一个目标：“十三五”期间，解放日报社要成为一家以互联网传播为主要渠道、以报纸传播为重要依托的新型媒体机构。

一套机制：建立适应互联网内容生产规律的新的采编架构、流程，配套建立合理有效的薪酬激励机制。

两大产品：《解放日报》着力成为互联网环境下的精品党报，精准传播中央和上海市委声音，权威解读市委市政府中心工作，强化深度、耐读等纸媒特色；“上海观察”瞄准“更快、更宽、更深”目标，着力成为上海市委在互联网权威发布的第一平台、上海市民及城市利益相关者了解上海的第一选择。

2. 扎实推进改革。解放日报社制订改革方案、落实责任，边探索边实践，边总结边深化，各项改革举措扎实推进。

一是改架构，探索“一支队伍，两个平台”。

深度融合、整体转型启动后，《解放日报》和“上海观察”（后改名为“上观新闻”）同时改版。报社将所有采访力量全部迁入上观，一支队伍服务报纸和客户端两个平台。

“部门制”改为“频道制”。《解放日报》除保留要闻编辑部、新闻编辑部、专副刊编辑部 3 个纸媒编辑部门外，其余部门全部迁移至上观，组建适应互联网传播形态的九大频道。频道设总监，加强重点策划和导向把关。采编人员通过全员竞聘上岗。

栏目成为最基本的内容生产单元。频道下设栏目，栏目设主编。栏目既向上观供稿，也向报纸供稿。栏目由记者编辑自主申报、竞标产生。报社定期对栏目考核，考核不合格的予以淘汰，相关人员或加入其他团队，或重新申报新栏目。目前有栏目 60 多个。

试点栏目主编负责制。2017 年 6 月，报社通过竞标推出“法治”“公共空间”“运动 +”“原点”等 7 个栏目，进行主编负责制改革试点。栏目主编成为栏目建设的第一责任人，全权负责栏目的策划、采编、人员调配、稿酬分配等。报社以影响力和美誉度为导向，制定栏目考评办法，定期对栏目考核。

新设多个新媒体采编部门。上观编辑中心负责上观首页更新、新闻监控、重要新闻摘编和推送；上观视觉中心在新闻摄影和图片编辑之外，融合组建了设计和视频两支团队；上观数据新闻中心借助柔性组合协作机制，前端技术部分外包，形成融媒体产品的规模化生产；上观运营技术中心负责“上观新闻”内容、品牌运营推广和技术开发。

二是改流程，实现“网络优先”。

建立新闻优先上网制度。报社要求，新闻必须第一时间首发上观。现在记者抱着电脑跑新闻现场，第一时间写稿传稿发稿已成常态。

启用融媒体指挥中心。融媒体指挥中心的主要职能：一是负责每日重大新闻、重要舆情的监控、研判及相应采编决策等；二是负责讨论策划重大选题、重要产品，每天策划并组织实施 2—3 个重点选题，指挥重点产品的传播推广；三是负责分析评价《解放日报》和“上观新闻”内容的质量控制和传播效果。

三是改机制，突出“采编为宝”。

报社推动资源向采编人员集中，分配向优秀人才倾斜。

实施采编专业职务序列改革。开展首席岗位和采编专业职务序列岗位评聘。首席岗位在待遇上采取年薪制，并在进修、考察、培训、职称等方面享有优先，特聘首席还享有报道项目立项权、策划权、专栏权。在首席岗位以外，为采编人员设置 4 档 1—10 级岗位序列。

实施稿酬考核制度改革。围绕传播力、影响力两个核心指标，以鼓励多出各类优质作品为导向，体现强化绩效激励。

四是强技术，立足自主开发。

报社加大技术投入，加快新技术应用，加强技术队伍建设。核心应用立足自主开发，一些相对独立的非核心应用开发交由专业公司完成。目前，包括技术总监、安卓工程师等技术人才，均采用自主招聘模式引进。

三、融合转型初显成效

融合转型以来，解放日报·上观新闻初步实现了“融为一体，合而为一”，在主流舆论阵地上的传播力、影响力不断提升。

1. 优质内容不断涌现。在融媒体采编一体化运作机制推动下，报社着力加强内容建设，报纸、客户端和社交媒体同频联动，探索主流内容的互联网传播，以优质原创内容吸引读者。

创新做好主题宣传，出新出彩凸显亮点。党的十九大前夕推出的“习近平在上海”系列特稿、2017 年 10 月底习近平总书记带领中央政治局常委集体瞻仰中共一大会址的版面处理和“初心”特刊，以及“申言”“解放论坛”等品牌言论栏目，受到各方高度关注和肯定。

聚焦上海中心工作，更深更透更加权威。深耕本地新闻，力求做到最好。在改革开放再出发、打响上海“四大品牌”、优化营商环境、推动长三角更高质量一体化发展等事关上海长远发展的重大新闻上及时发声、权威解读、深度挖掘，较好地发挥了主流媒体的舆论引领作用。

创新内容产品形态，更新更活更有传播力。融合转型以来，跨频道、多“兵种”柔性组合的融媒体报道，已经成为重大报道的“标配”。党的十九大、全国两会、上海党代会等重要会议，上观推出丰富的融媒体产品，有的成为网络“爆款”。

打造优质品牌栏目，更有效地提升影响力。上观推出的“李强一周”“申言”等栏目，围绕市委中心工作，以适合互联网传播的表达方式，梳理阐述市委主要领导每周工作重点和精彩言论，传递市委重要声音、决策思路，受到广泛关注，栏目传播力、影响力表现优异。

2. 报网联动两翼齐飞。《解放日报》和“上观新闻”互为依托，一体发展，两翼齐飞。上观实现24小时发稿，及时捕捉热点，迅速传播信息，着力引导舆论，在新闻竞争中抢得先机。上观每天更新稿件近百篇，其中原创稿件占七成左右；产品形态“融媒体”特色凸显，包括短视频、交互式H5、数据新闻等；表达形式更加生动活泼，更易为年轻读者所接受。《解放日报》坚持正确导向，对报纸内容板块、版式版样进行优化升级，进一步突出“党”字，努力传播权威声音；突出“新”字，做深做透新闻；突出“学”字，提升思想性知识性。改革后，读者普遍反映“解放日报更有看头了”。

3. 传播力影响力不断提升。主力军挺进主战场，主流媒体的传播力、影响力不断提升。以近一年来的数据为例，“上观新闻”APP总浏览量、“上观新闻”公众号总浏览量、稿件“10万+”数量和平均浏览量均大幅提升。

4. 上观品牌崭露头角。加强品牌运营，线上线下联动，覆盖多层次人群，“上观新闻”在移动互联网上的品牌效应迅速提升，逐步成为上海的一张“融媒体”城市名片。首届中国国际进口博览会倒计时100天之际，“上观新闻”策划设计了4列“进口博览会地铁专列”。“上观新闻”还登陆东航班机，成为全国首个可在飞机上阅读的新闻APP。

5. 采编队伍活力迸发。栏目制改革，使采编人员的角色意识从被动转为主动；采编专业职务序列改革，使优秀采编人才的晋升通道进一步畅通；首席记者编辑的“球星”作用凸显，好稿数占好稿总量近30%，一批优秀中层干部不当主任当首席；新的考核激励机制，使采编人员参与改革的获得感普遍提升；更多“90后”员工加盟，采编人员平均年龄36岁，队伍更加朝气蓬勃。

四、融合转型三点体会

一是改革方向完全正确。中宣部加快推进媒体融合发展，上海市委高屋建瓴，作出深度融合、整体转型决策，完全体现了习近平总书记“融为一体、合而为一”的要求。市委、市委宣传部顶层设计、资源扶持、全力推进，报社迈出从“相加”到“相融”的关键一步，成为融合转型先行者。

二是主力军转场很必要。党报队伍在政治上可靠、在能力上过硬，值得信任，也能打善拼。通过挺进主战场，采编人员从单一的“纸媒人”变成“全媒人”，主流媒体在互联网主战场的影响力凸显。

三是坚持改革绝不停步。我们将按照习近平总书记提出的新时代宣传思想工作使命任务，守正创新，不断提升新闻舆论工作水平。坚持深化改革不停步，按下改革“快进键”，跑出改革“加速度”，奋力把媒体融合改革向纵深推进。

导向正确　内容创新
专业引领　规则探索

——第二十八届中国新闻奖媒体融合奖评析

曾祥敏　中国传媒大学电视学院党委书记、教授

经中央有关部门批准，第二十八届中国新闻奖增设"媒体融合"奖项50个名额。在新闻管理、业界、学界、行业协会等各方充分讨论、征求意见的基础上，中国记协制定了《中国新闻奖媒体融合奖项评选办法》，对评奖宗旨、评选项目及基本要求都作了详细规定。根据媒体融合发展的新趋势、新特点，分为短视频新闻、移动直播、新媒体创意互动、新媒体品牌栏目、新媒体报道界面、融合创新6大类组织评选。

在此基础上，初评会按200%比例，共推荐100件作品进入定评。评审前，评委会组织参评人员集体学习《习近平新闻思想讲义》。中国记协党组书记、新媒体专业委员会主任胡孝汉同志作了专题辅导报告，并就初评工作提出5点要求：一是把握好方向导向。强化“四个意识”，坚持改革创新，以习近平新闻思想统领媒体融合奖项评选，贯穿各类项目，覆盖各种平台，校正各项工作。二是选好优秀作品，注意推荐服务中心大局的重量级作品、刷新传播纪录的现象级作品、创新内容形式的代表性作品、体现融合水平的标志性作品，用作品说话，让受众评价，防止层层搞平衡，堵塞优秀作品推荐渠道。三要立好范本标杆，好中选优，优中选精，把坚持正确舆论导向、有较高业务水准、体现“走转改”精神、努力改进文风的作品推荐出来。四是守好评奖纪律，严把评选标准、严格评选程序，绝不辜负领导的重托和广大新闻舆论工作者的信任。五是总结好评选经验，勇于探索，善于创新，勤于总结，为做好定评和相关评选工作积累经验。

在100件入选作品中，定评评委们本着评出方向、形成导向、引领发展的原则，立好范本标杆，好中选优，优中选精，评出了50个重量级、现象级、代表性、标志性的媒体融合作品。其中特等奖1个、一等奖10个、二等奖15个、三等奖24个。评选出的一批彰显新媒体时代记者职业精神和职业素养的全媒体现场报道、一批代表媒体融合新进展新水平的创新创意成果，充分体现出了我国媒体融合发展的方向、探索的进路。

总体而言，此次媒体融合奖的作品体现了内容导向正确、创新多元探索、专业引领、规则探索等特点，同时也涌现一些新命题、新思考。

一、内容导向正确

作为中国新闻奖的一个重要组成部分，媒体融合奖参选作品同样应当围绕中心、服务大局，密切关注党和国家的重大事件、活动，同时紧密观照社会民生发展。这次评选出的作品展现了主流媒体把新技术、新理念服务于国家、社会发展和人民生活水平的提升。作品主题鲜明、有思想性、有高度，体现了主流媒体的正向价值引导。

1. 与新闻舆论工作重点同频共振。获奖作品充分关注2017年新闻舆论工作重点、亮点，覆盖了党的十九大召开、习近平总书记重要活动、庆祝建军90周年、全国两会等重大活动新闻宣传，全面从严治党、全面深化改革、“一带一路”倡议等重大报道任务。题材具有代表性，以融媒体的方式多角度、多形态地呈现国家和社会发展的新成果、新风貌和新气象。创意互动类一等奖作品《点赞十九大，中国强起来》系列融媒体互动报道产品，紧扣十九大议程和关键节点，邀请十九大代表和百余名各行业知名人士为十九大录制祝福音频，引领诵读十九大报告。短视频新闻类一等奖作品《公仆之路》，讲述习近平总书记从黄土地到中南海，初心不变、始终如一、为民服务的公仆历程。创意互动类一等奖作品《“军装照”H5》聚焦建军90周年，吸引各年龄、区域、行业的用户积极晒出自己的“军装照”，展现了用户对党和国家、人民军队的拥护和爱戴。融合创新类一等奖作品《“央广主播的朋友圈”系列H5报道》围绕全国两会议题展开宣传。短视频新闻类二等奖作品《老外看中国：英国小哥细数两会关键词》通过中国日报英国籍记者方丹，回顾过去几十年来全国两会的热词，简明扼要地梳理中国社会经济发展的脉络，最终落脚到习近平总书记在十二届全国人大一次会议上关于“中国梦”和“人民”的论述，阐明“人民是历史的创造者”这一论点。

获奖作品同时关注重大科技突破、世纪工程、人物典型等2017年的重要主题和事件。移动直播一等奖作品《“天舟一号”发射任务VR全景直播》首次记录了我国第一艘货运飞船“天舟一号”的发射过程，展现我国空间站货物运输系统的发展。此外，获奖作品《超燃！俯瞰超级工程“川藏第一桥”159米隧道锚世界第一》《我为港珠澳大桥完成了“深海穿针”》等都集中反映了我国近年来的科技成就和发展。新媒体报道界面一等奖作品《天渠：遵义老支书黄大发36年引水修渠记》讲述老支书黄大发带领村民历经36年，修出一条万米水渠。从小伙到花甲老人，黄大发青春耗尽，只为天渠造福村民，脱贫致富。

2. 同社会民生息息相关。在聚焦重大选题的同时，获奖的融媒体产品也关注社会民生重点、热点、难点问题。短视频类一等奖作品《柳州融水突围记|广西日报记者“失联”数千小时，在穿越40处塌方后发回灾区最新画面！》报道广西柳州融水杆洞乡突发两次山洪，全乡群众被困多日，成为通信、水、电中断的“孤岛”。记者第一时间赶赴灾区一线，记录了当地乡镇干部和百姓组织营救、自救的事件。短视频类二等奖作品《网红店假排队调查》关注当前社会的热点问题——大排长龙的网红店现象，记者以顾客、“黄牛”、网红店主等身份进行实地暗访，探究问题的本质。移动直播类二等奖作品《浙江一小时·急救|记者跟拍直升机到山区接病人》关注浙江空中急救网络，记者亲身体验一位患者的急救案例，展现了浙江省为民打造的“一小时医疗圈”，体现浙江医疗事业的发展水平。新媒体品牌栏目类二等奖作品“现场新闻”紧跟新闻事件，监测社会、释疑解惑，其代表作品《37小时，骑摩托车穿

越粤桂，农民工老苏到家了》《动车时代，体验穿行在大凉山顶的扶贫慢火车》等用新媒体技术和应用呈现当代中国社会变迁。

二、创新多元探索

此次参选媒体融合奖的作品充分体现了近年来新媒体的发展趋势，从内容这个窗口具体体现主流媒体在生产体制、机制、传播渠道、用户等各方面的创新发展。获奖产品利用新技术创新报道理念和方法，体现了融合、垂直、沉浸、社交、场景等新媒体产品发展的众多特征，具有充分的代表性和引领性。

1. 技术探索与融合。技术赋能成为新媒体发展的利器，新技术产生新内容，新技术促进连接——人与人的连接、人与物的连接。短视频、移动直播、无人机、虚拟现实（VR）、增强现实（AR）、H5、人工智能、三维特效、数据可视化等最新技术应用大规模地呈现在作品中。获奖作品充分利用新技术，创新表达、增强交互、加强沉浸。《央广主播的朋友圈》和《铁血铸军魂》极大拓展了 H5 的技术应用可能，前者融合了 H5 的技术平台、传统视频抠像技术、微信虚拟朋友圈形态，把两会信息以朋友圈的方式呈现。后者以 H5 技术形成“一镜到底”的互动呈现，把文字、图片、视频、音频包裹在 H5 之中，可视化信息流顺畅、信息层次丰富，体现了较强的交互性、沉浸性和体验的友好性。《公仆之路》利用当前流行的三维动画、场景动画等可视化技术，对老照片进行拆图、抠像等处理，把虚拟和现实场景无缝衔接，信息呈现一气呵成，是近年来利用新技术创新时政和主题报道的代表作品。《“天舟一号”发射任务 VR 全景直播》《“钢铁侠”VR 直播：全国政协十二届五次会议新闻发布会》充分利用虚拟现实技术变革现场直播形态，增强用户对事件的沉浸式体验。

需要指出的是，技术变革的当下，因为技术的包容性，技术本身在突破边界，形成融合创新，而非单一技术独打天下。也促进报道者不断突破思维，尝试各种技术融合创新的可能。获奖作品《长篇互动连环画｜天渠：遵义老支书黄大发36年引水修渠记》《央广主播的朋友圈》《铁血铸军魂》以及参选作品《无人机航拍：换个姿势看两会》等等，都引领了这一趋势。

2. 创意突破与要素重组。这是一个突破边界、重组要素的时代，从内容角度而言，媒体融合作品实现了对传统叙事、表达、呈现、传播的突破，这一方面基于技术提供的可能，另一方面也在于我们根据用户的体验和观感而对技术的深度挖掘。一切的创意表达建立在技术基础之上，一切的创意表达也都是为信息的呈现和体验的友好性服务，此次的媒体融合奖参选作品充分体现了这一特点。

新媒体报道界面一等奖获奖作品《长篇互动连环画｜天渠：遵义老支书黄大发36年引水修渠记》，采用H5连续下拉式的方式，以万米水渠为叙事线索，不仅把水渠的修建经历穿插其中，更体现村支书黄大发从20多岁毛头小伙到60岁花甲老人的人生奉献。作品界面设计大气磅礴，“天渠”二字具有视觉冲击力，“一道万米水渠，跨36年建成，过三个村子，绕三重大山，穿三处绝壁，越三道险崖”极为精练地概括出天渠建造的曲折与艰难。事件当事人的讲述音频穿插于下拉式连环画之中，表现修渠人群体的精神与意志。照片集中展现水渠修造的历史过程，极具现场感，航拍和360°全景充分展现天渠的艰险，视频则直观呈现当地村民围绕“天渠”的工作与生活。村支书黄大发的精辟用语以字幕引语的方式，点缀其中。整篇作品叙事完整、整体性强、界面设计精巧，内容与形式很好地结合在一起。

在交互创意上，融媒互动一等奖获奖作品《点赞十九大，中国强起来》运用跨界思维，突破媒介介质，结合线上与线下互动，带来社交感。线上以轻快、移动化的系列音频为主打形态，建构简洁互动界面——“名人音频 + 点赞”按钮，设计极简互动方式——“点赞 + 转发”，同时发挥明星等正面公众人物的影响力，通过跟着“爱豆”（偶像）一起点赞十九大、听“爱豆”读十九大报告的形式促进参与和分享。用户还可自主上传祝福音频、诵读十九大报告，信息明确、操作简单的线上轻应用激发用户参与感和社交感，形成十九大主题的社群场景。线下与共享单车合作，扫码用车即播放十九大音频；与中国邮政联合推出个性化电子明信片和加盖人民大会堂邮戳的“党的十九大首日封”实体明信片，将互动融入生活，增强用户的贴近感、仪式感、参与感和沉浸感。

在可视化视觉呈现上，人像抠图、“一镜到底”、虚拟动画与实景结合等要素重组的创意表达，为视听语言丰富、表现力强的短视频锦上添花。短视频新闻类二等奖获奖作品《老外看中国：英国小哥细数两会关键词》，采用人像抠图和虚拟动画技术，将英国小哥方丹的形象缩小后置于办公桌上，通过与办公用品、虚拟人手的萌态互动和“一镜到底”的动画制作，带用户回顾几十年全国两会热词，简洁明快地梳理讲述了中国社会经济发展的脉络，为时政新闻的国际化融合传播、讲好中国故事提供了良好的思路和范本。短视频新闻类二等奖获奖作品《一句话，让山水美如诗》整合绘画、书法、诗歌等中华传统文化元素，采用水彩画的晕染手法转场，无缝连接动画与航拍实景，视觉呈现凸显中华美学，用创意表达紧扣美丽中国的核心主题。

三、专业引领

获奖作品体现了主流媒体践行马克思主义新闻观，在内容主题、价值导向、融合创新、严整规范等各方面引领专业发展之先。此次获奖的媒体融合新闻作品充分体现了主流媒体“放下身段”、转变语态的积极尝试，但这种尝试是建立在媒体专业基础之上。就传播主题而言，突出舆论工作宣传的重点，关注与人民生活密切相关的话题、事件，凸显了媒体对传播主导权和社会话语权的掌控；从传播效果而言，舆论导向正确、责任意识彰显、使命感突出成为媒体融合获奖产品的气质，引领风气之先，是中国媒体融合产品的领头羊和风向标。

1. 主题鲜明、价值观凸显、专业性强。技术赋能让新闻产品拥

有更多想象空间，媒体融合正在重新定义新闻生产，但技术之上，内容始终为王，正所谓融到深处，回归内容，鲜明主题和专业报道是主流媒体精准掌握话语权，发挥舆论引导力的关键。这体现为内容的独家性、价值重要性、角度立意的贴近性、形式的专业性和传播的普适性。

《柳州融水突围记 | 广西日报记者“失联”数千小时，在穿越 40 处塌方后发回灾区最新画面！》贴近大众最关心的问题、最迫切需要的信息，生动呈现基层党员干部将人民群众生命安全放在第一位，勇于跑在灾情第一线的独家现场，传递了人民至上的鲜明主题。

随着媒体融合发展中内容生产各环节的破解和重构，新闻的呈现形式越发多元，主流媒体的专业性体现在内容、呈现形式、用户友好度等多方面。新媒体创意互动类一等奖作品《“军装照”H5》围绕纪念建军 90 周年这一宏大主题，采用人脸识别、融合成像等技术，通过 H5 交互页面，帮助网友个性化生成自己的虚拟“军装照”。《“军装照”H5》将宏大主题与每个人联系在一起，照片生成页面主题明确，操作简单，将用户参与感、分享性发挥出来，在社交平台上形成拥军爱军热潮，成为刷新传播纪录的现象级作品。

2. 突出责任意识，强化公信力与引导力。强化使命感，彰显责任意识，坚持原则立场，挖掘原创作品的多元形态，强化优质内容的输出，为社会大众提供更为丰富的精神食粮，这是主流媒体肩负的社会责任。本次中国新闻奖媒体融合奖获奖作品彰显责任意识，体现了主流媒体的公信力、引导力。

新媒体品牌栏目一等奖获奖栏目“侠客岛”，内容以 2000 字左右的时政解读文章为主，坚持大事不隔天、观点正能量、话语接地气，不仅在当天第一时间解读朱日和阅兵、“一带一路”高峰论坛、特朗普访华、“萨德”入韩等重大国内外时政热点，还能积极正面影响舆论，帮助用户正确认识突发事件和舆论热点。“侠客岛”在纪念香港基本法实施20周年座谈会召开当天，发表《【解局】中央定调香港：任何情况下都不允许以“高度自治”为名对抗中央的权力》一文，深究香港特别行政区的历史和制度，解读新提法，直面“港独”问题，站定原则，态度鲜明，彰显使命感和责任意识，获得了极高的用户认可度。准确定位、优质内容、新颖文风，“侠客岛”不仅在国内树立起媒体公信力和舆论引导力，2017年，其文章被境外媒体转引2815篇，成为主流媒体打造品牌栏目的优秀实践范本。

四、规则探索

此次媒体融合奖是中国新闻奖第一次设定，在作品类别、内容标准、形式规范方面作了积极的探索和规制。同时，也积极适应新媒体迅猛发展的现实，为规则的调适和逐渐完善留有余地。

1. 标准引领。此次设定的短视频新闻、移动直播、新媒体创意互动、新媒体品牌栏目、新媒体报道界面、融合创新6类奖项，基本涵盖了新媒体创新发展的各个方面，为媒体创新内容、形式、手段提供了基本依据，建立起媒体融合作品的初步标准和基本规范。评选出的获奖作品既有代表性，又各具特色，反映了媒体融合发展的新成果、新进展，有利于引导媒体转型发展，以新理念、新平台、新方式传播信息，引导舆论。

2. 规则调适。任何一个新事物都有在实践中逐渐完善的过程，媒体融合奖在评选类别设定、标准、要求等方面也有一个逐步调试、渐进完善的过程。一方面新闻传播传统的标准被打破，界限逐渐模糊；另一方面新媒体技术日新月异，产品形态丰富，许多形式和样态都在发展之中。因此，评选的规则和要求也需要根据新媒体实践作出相应的调整。这也是管理者、业界、学界对新媒体发展认识逐渐深入的过程，当然，在这个过程中，在规则制定上要做到既坚守又不保守，既要把握正确舆论导向，坚守专业能力，也需要解放思想，认识融合发展规律。同时，在规则上不能拘泥于具体类别和形态而失之于过细，也不能过于宽泛而失之于无规，这都需要在发展中把握大融合、大趋势，既能代表媒体发展的最新成果，又能引领创新融合的方向。

五、参评作品问题探讨

1. 新闻性需加强。总体而言，此次媒体融合奖类参选作品在新闻性、现场性方面还不尽如人意，尤其在短视频新闻和移动直播类中，主题性、成就性、仪式性的展示居多，真正具有新闻性、即时性、现场感的作品占的比例并不大。尤其是突发新闻、现场新闻等新闻主力军未成为参选作品的主要构成，最后的获奖作品也反映出这一问题。一方面反映了我们媒体融合现实发展的一个侧面，在重大主题、重要活动、典型宣传上往往能形成集中规模的创新产品，但在常规新闻报道中还需要加大创新、创优的力度。另一方面也反映了报送者对媒体融合奖评选标准和要求上的认识误区，这需要我们积极利用获奖作品引导申报。

2. 内涵需提升。参选作品中体现技术创新的作品多，但把技术、内容、形态有机结合起来，体现融合发展的高水平作品还不够。有的作品只是展现了技术开发的可能性，而在新闻价值挖掘、主题提炼、内容叙事的连贯性、体验的友好性等方面多有缺失，这就使作品的统一性和整体性欠缺。有的作品过于强调单一的技术运用，缺乏融合思维，难以形成综合效应。有的作品和报道方式甚至只是单纯的技术噱头、博人眼球而没有真正在内容和形态上形成创新。由此，作品在主题凝练、人性挖掘、价值引领和故事讲述上缺乏吸引力。

新技术产生新内容，但新技术是为人服务，为内容服务，越是在技术赋能的新媒体时代，越不能落入技术决定论的误区，也不能让技术成为“一招鲜”的手段，而使作品徒具炫技的躯壳，而内涵苍白难以形成持续的影响力。

3. 摒弃简单效仿。在参选作品中，也存在简单模仿之势，这也间接反映了当前媒体融合发展中作品创新创优的问题。当一种手法、方式和形态成为爆款的时候，跟风之作接踵而至。类似于短视频《红色气质》《公仆之路》图片三维可视化、现场同期声与动画虚拟场景等手法，有的作品照猫画虎反类犬。而《央广主播的朋友圈》虚拟朋友圈传递信息的形式，也有作品完全效仿，但在专业性和技术性上不尽如人意。从中，我们虽然看到主流媒体和爆款产品的示范效应，但也暴露了技术更迭中，媒体的独立创新意识不强，未能独立探索技术开发的可能性和创意的丰富性，盲从跟风，从而违背了创新的本义。

结　语

总体而言，本次中国新闻奖媒体融合奖获奖作品代表了新闻界响应中央号召、积极推进媒体融合发展战略的最新成果，体现了新闻界服务中心大局、推动决策部署的宣传效果，反映了媒体融合发展的新成果、新进展。与当前以中央媒体为龙头、省级媒体为骨干的媒体融合发展格局较为相称，有利于引导媒体创新内容、形式、手段，反映群众呼声、引导舆论热点、讲好中国故事，推动广大新闻工作者掌握多媒体传播技术、提高全媒体采编能力。媒体融合奖开局顺利，为以后的评奖奠定了基础。

精品回顾

“侠客岛”：把新闻做在读者的心坎上

张远晴 人民日报海外版

信息时代最大的一个特点就是快。节奏太快，一天一个热点，甚至多个热点叠加，很多东西根本来不及消化；变化太快，在看似事实清楚的新闻面前擅自下一个判断，很可能面临迅速反转的尴尬。我们每天接触的文字量、信息量可能比传统阅读时代要大得多，但能沉淀下来的未必比传统阅读时代多，这包括有用的信息，有价值的判断，以及真正能给人启迪的思想。

有个寓言故事，叫“小猴子掰玉米”，意思是喜好变迁太快，到头来啥都没捞到。套用在信息时代，浅阅读流行，让我们都成了“追风者”，但很有可能变成徒劳无功的“捕风人”。

所以，新闻能不能让自己不再变成易碎品？尤其在浅阅读流行的时代，我们的新闻工作者能否通过新闻的报道和解读，带给读者更深层次的思考？不仅告诉大家发生了什么，还告诉大家为什么发生，怎么看待，怎么应对，由此达到“解疑释惑，凝心聚力”的效果，这是新闻作为国家社会“公器”的一个重要使命。

带着这样的思考，我们创办了“侠客岛”。

“侠客岛”创办近5年来，我们的口号是“但凭侠者仁心，拆解时政迷局”。侠之大者，为国为民，我们的文字始终植根于时代，服务于时代，这便是“仁心”所系。我们没有“躲进小楼成一统”，摆弄花花草草、养生茶道，而是选择了时政这块硬骨头来啃。意识形态最敏感的前沿，舆论斗争最激烈的前线，但这块阵地非党媒莫属，社会对党媒的期待莫过于你能否在这些领域有态度、有声音，甚至有脾气。

这是“侠客岛”一直坚持下来的特色，做硬时政，做社会热点的解读。我们不是新闻评论，而是新闻解读。不仅提出一个观点，还把新闻切开来，讲述来龙去脉，丰富背景知识，把观点蕴含其中。我们认为，新闻不应该成为易碎品。新闻是眼前的历史，是中国发展历程中的鲜活样本，所以，我们希望通过对新闻事件的解读，来折射中国的发展变迁，表达我们对时代的思考。这样，每一个新闻都能因此具备时代的背景，拥有思想的厚度。

在表达上，我们也做了很多尝试，有俏皮、活泼，也有犀利、沉重，但一个基本点就是“大白话、说人话、讲真话”，让普通老百姓都能听得懂、听得进，而且还爱听，让每一个新闻都有切身的关怀，拥有情感的温度。

几年来，我们结交了几百万的忠实粉丝，我们叫作“岛友”，他们叫我们“岛叔”“岛妹”。这些“岛友”来自五湖四海，遍布世界各地。我们不是因为要了解资讯而聚集在一起，而是因为有共同的世界观、价值观而集结在“侠客岛”上。“侠客岛”在他们的眼中，不是一个新闻机构，而是一个活生生的人格存在。有个“岛友”这样形容我们：“他就像你在火车上时常能遇见的海侃中外局势的迷之大叔，亲切，有料。”我觉得非常形象地概括了“侠客岛”在受众心中的形象。

除了文章，我们还陆续举办“侠客岛”的线下沙龙，每一次沙龙到场只有三四十人，但报名都能破千。2016 年，我们第一次办线下见面会，带 10 多个“岛友”一起走进中联部，有位在福建厦门工作的“岛友”自费买机票跑到北京参加活动，更让人感动的是，他还特地回了趟漳州老家，给我们带了箱芒果过来。这让我们万分感动。我们有 10 个“岛友”微信群，成员有学生、公务员、企业人员、媒体工作者、海外留学生等等，每天都特别活跃，他们除了讨论文章、调戏“岛叔”“岛妹”，还自己组织线下聚会交朋友。“岛友”二字已经成为一个非常有识别度的标志，接下来我们还打算给这两个字赋能。拥有“岛友”的身份在“侠客岛”上能做什么？在现实生活中能做什么？想象的空间非常大。

“物以类聚，人以群分”，新媒体的特点就是要做垂直。“侠客岛”以“新闻 + 思想”的特色聚集了一批忠实“岛友”，这些人有知识、有思考、有阅历，是如今中国社会的中产阶层，他们在舆论场上的声调很高，能获得他们的信任不容易。

如何获得读者的信任？就是把新闻做在读者的头脑里，做在他们的心坎上。

“国际锐评”：打造国际舆论场的中国言论品牌

盛玉红 中央广播电视总台国际广播电台

在 2018 年首次增设的中国新闻奖媒体融合奖项中，“国际锐评”获得融媒栏目一等奖。这个结果，让我们感到既惊喜又振奋，这既是对中央广播电视总台媒体融合传播成效的肯定，更是对团队成员的一种鞭策，激励着我们更好地前行。

“国际锐评”是中央广播电视总台的新媒体国际时事评论品牌。创办 3 年多来，我们坚持“中国立场，国际表达”，以习近平新时代中国特色社会主义思想，特别是习近平外交思想、全球治理观等为指导，对国际政治、财经、军事、科技等社交热点进行分析解读，客观理性、“快准精深”地讲好中国故事、表达中国立场，在国内外舆论场上的影响力不断上升。下面以参评第二十八届中国新闻奖选送的两篇代表作为例，简单地作一下介绍。

第一篇代表作是 2017 年 3 月 21 日发表的《为中美未来 50 年相处定调？特朗普这一提法用意很深！》一文，它的背景是 2017 年 1 月美国总统特朗普上台执政后，在台湾问题上挑战中国底线，引发外界对中美关系的担忧。同年 3 月，美国时任国务卿蒂勒森对华首访时说特朗普总统期待与习近平主席尽早会晤，“为美中关系未来 50 年的发展确定方向”。蒂勒森这番表态传递出什么信息？“国际锐评”这篇评论指出，这既反映出特朗普有意再现 45 年前尼克松破冰之旅的历史作用，也有基于现实的判断与考量，为未来中美的力量转换做准备；中美只要能够坐下来面对面地谈，而且还能谈出“约法三章”，就能走出一条不同于历史上大国对抗的新路。这篇评论通过国际台多端发布后，推荐量近 200 万，并被海内外网站广泛转载。有网友说：“只有中美达成合作共赢的战略布局，才能赢得全世界人民共同赞赏，才是世界人民真正的福音。”

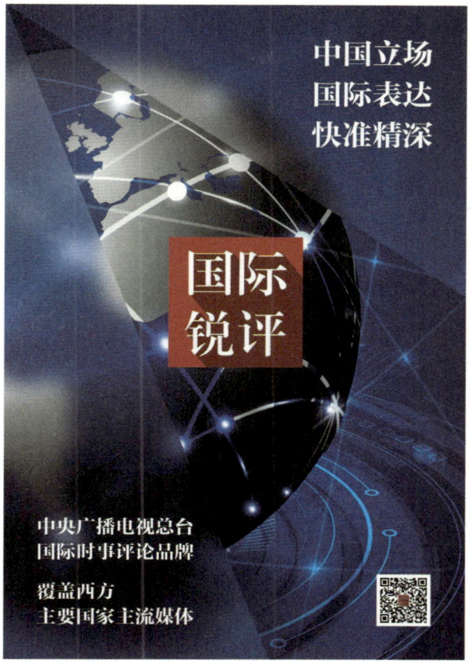

一年多后的今天，蒂勒森已被特朗普解职，白宫里充斥着鹰派人物，中美经贸摩擦升级，美国对华角色定位从合作中竞争转向竞争中合作，谈谈打打或许是未来双边关系的常态。现在回过头来看这篇评论，会有另一番思考和体会。

第二篇评论是 2017 年 8 月 4 日推出的《印军非法越界事件如何解决？中方释放三大信息！》一文，它的背景是 6 月 18 日洞朗地区发生印军人员和机械非法越界并滞留事件，引发中印关系紧张，成为 2017 年周边外交的一个焦点。经过一个半月的交涉后，我外交部 8 月初发布相关立场文件，向外界澄清事实真相。“国际锐评”对此进行了精练准确的解读，既剖析了印方的错误所在，同时体现中国的大局观。文章发布后被广泛转载。有网友说：“造成中印边境对峙的问题完全在于印度的挑衅，解放军有亮剑精神。”这为洞朗事件的解决营造了于我有利的舆论环境。

从这两篇评论可以看出，“国际锐评”的主要特色就是“快准精深”。正因如此，在美国2017年8月启动对华“301调查”时，“国际锐评”团队就敏锐地预估到，这可能是美国正式对华发难的前哨战。由于做了充分准备，在2018年4月中美经贸摩擦爆发后，“国际锐评”立言发声，倚马可待地撰写多篇有国际影响力的评论，迄今已发表200多篇，成为中美经贸摩擦舆论战中的“轻骑兵”、西方关注中国立场的“观察哨”。类似《中兴与美国终于签协议了！来之不易，值得各方深思和珍惜》《“贸易恐怖主义”救不了美国》《迎击贸易战，中国仍会“以不变应善变”》《特朗普的讹诈正在贬值》《中美贸易，真相只有一个》等文章，被FOX、BBC、CNN、纽约时报等西方主流媒体转引评述。美国网友Perry在锐评文章《“中国不是美国的敌人”》下面留言说：“中国不是美国的敌人，特朗普才是。”美国网友Morris针对《美国若任性退约，将毁世界和平基石》一文评价说：“我不认为这么做会使美国更伟大，也不认为历届美国总统都很笨，只有他这么一个聪明人。”

应该说，经过3年多的努力与运营，“国际锐评”在国内外已树立一定的品牌形象，关键在于议题设置上突出针对性、立言立论方面突出思想性、分析论证方面突出专业性、语言表达上突出国际化、传播效果方面突出精准性、用户运营上注重大数据。同时，在工作中也有几点思考想与大家分享交流：

第一，与传统评论相比，尺度要不要放宽？

当前新媒体传播领域，存在为博眼球、追点击率而语不惊人死不休的现象，甚至突破禁区与红线，造成恶劣影响。作为传统媒体，在运用新媒体进行形式活泼的评论的同时，尤其要保持政治站位，把握新媒体领域的传播主动权与主导权。谨记接地气不等于没底线，要坚持把关人制度，防止于我不利的言论在网上爆炸式传播。

第二，与传统评论相比，逻辑要不要严密？

有人认为，新媒体评论不必要追求严格的逻辑和论证的严谨，只需要把观点讲出即可。事实上，在新媒体平台，对评论的要求更高，既要在表达上让网民喜闻乐见，在分析论证上又能站得住脚，激发网民认同和转发。

第三，与传统评论相比，文字要不要讲究？

有人认为，新媒体传播以碎片化为主，把意思讲清楚即可，不必在意语言的考究。其实，语言文字恰是传统媒体的长项，应该在新媒体平台发挥优势。很难想象，一篇别字连篇的评论能让人信服其观点。

应该看到，当前国际传播领域“西强我弱”的格局仍未得到根本扭转。习近平总书记就推进国际传播能力建设多次发表讲话，要求加强话语体系建设，讲好中国故事，让全世界都能听到听清听懂中国声音。以此为目标，“国际锐评”未来将继续加强对国内外重大事件、重大问题的分析研究，努力创新、勇于表达、融通中外，增强国际传播中文字、图片、漫画、视频、动漫融合传播的影响力、传播力和引导力，不负我们的韶华，不负这个伟大的时代！

互动连环画《天渠》：用心讲述信念的故事

李 媛 澎湃新闻

2017年4月23日，澎湃新闻刊发了H5产品《长幅互动连环画丨天渠：遵义老村支书黄大发36年引水修渠记》，17页的H5还原了老支书黄大发从20多岁的毛头小伙到60岁的花甲老人，青春耗尽，"拿命去换"终于带领村民修通了万米水渠脱贫致富的故事。

启 动

接到这个任务之后，澎湃新闻成立了一个报道项目组，由一名副总编牵头，政治新闻部、视频新闻部、视觉设计部、交互体验部等派出精兵强将迅速启动报道，前方派出3名记者，后方则全力开展相关资料的梳理和分析，采访期间通过微信群远程开了多次报道协调会，以确定用哪些采访内容和用什么样的话语方式来开展报道。

由于制作时间紧张，前方的采访、拍摄与后方的绘制同时进行，除了一线的记者提供的影像素材外，我搜集了很多黄大发的照片，每天看，不停地看，熟记于脑中，这样有助于进行人物多角度的描绘，包括情绪与肢体语言的表现，所以才能给人物除皱磨皮，重现年青时的样貌。

创　作

在设计制作 H5 的过程中，我们有 3 点考虑。

一是 H5 适合手机传播，但是在设计上如何体现这个故事的特点和思想内涵？我们最终选择了，设计成竖向滑动的观看方式，以故事的核心“渠水”为主线，给读者一种如“水”一般自上而下流淌式的阅读体验，从开始的渠水出现到裂纹、树枝，再到马路等，都是向下晕染，无缝衔接的。

二是除了文字、图片和视频以外，选用什么样的话语方式来作为故事主要载体？最终我们选择以交互式插画的方式贯穿始终，一方面是为了弥补现实影像资料不足的缺陷；另一方面，是为了读者能更轻松更直观地了解黄大发的故事，以一种更平易近人的手段去传播到

达受众，激发他们的阅读兴趣，而不是灌输教导。

三是如何确定 H5 的页面数量和每一个部分、每一页的故事细节。根据前方记者的采访素材和以往报道，我们还征求了对黄大发比较熟悉的采访对象的意见，最终将 H5 划分为 7 个主题章节的故事来讲述，分别是穷则思变、第一道沟、冷嘲热讽、拿命去换、开山劈石、不忘初心、万众一心，每个章节大约两页，讲述一个主题。

在 H5 的创作过程中，最难的还是人物过去的样貌以及开渠过程的表现，因为过去的素材非常稀缺，于是只能参照现今仅有的素材来融合替换，尽可能营造原有的场景感觉，因此我们采用了黑白装饰画的风格，配以金色点缀，这样可以更充分地提炼并与画面元素重组，又不会令人觉得生硬，在艺术合理的基础上兼顾故事表达的合理流畅性。同时，在背景音乐之外，我们适时加入了黄大发清唱的当地歌谣、开渠炸石的爆炸声、鸟鸣等，让观感更加立体。从第一次修渠失败、一个字一个字认《新华字典》学习水利知识、挨家挨户走遍 7 个村民组去筹钱、带头在腰间绑上绳子吊上悬崖、“为了水，我愿拿命来换”、在卡车下过夜等细节无不令人感动，而最后通过 4 名“80 后”和“90 后”的口述，更是体现了天渠精神的传承。

反　响

4 月 22 日至 23 日，澎湃新闻先是连续两天从一早就推出开机屏海报，以宏大的“天渠”二字为题，背景用动画的形式展现村民带着劳动工具行走于悬崖之上水渠的画面，渠旁就是千米绝壁，场景震撼，山水鸟鸣之声空灵而有“大片”气质，为即将推出的典型报道烘托气氛。

4 月 23 日下午，这个产品正式刊发，沿用大气磅礴的海报封面，以水为主线，用下拉式长幅连环画、渐进式动画、360° 全景照片、图集、音频、视频、交互式体验等多种报道形式，全景地展现了黄大发带领老一代修渠脱贫、带动新一代致富的故事。

24 小时左右，仅在澎湃平台，黄大发系列报道总点击阅读数已经突破 300 万，网友纷纷向其致敬称“除了感动还是感动”，赞其为“人民的村支书”“真正的共产党人”“新时代的愚公移山”，“真实、平凡而伟大”“千千万万个黄支书在基层的坚守汇成了中国共产党人的光辉形象！这才是我们必须传承的精神支柱！”

体　会

正如记者在采访手记中所写：说起来就是这么简单。每当别人觉得不可思议，问黄大发为什么在漫长的岁月中能够把修渠、通电、改建村里小学的事一件件坚持下来，他还是重复那几句“改变这里的面貌”“得民心的事我就去做”，似乎坚持对他来说是理所应当、自然而然的。至于其后的困难，他只想着如何克服，不会想着如何放弃。

还有记者说：在草王坝村采访时，我喝着村民家的热水，不觉得这水与家里的自来水有什么区别。而当我在擦耳岩极窄的水渠边缘行走时，眼睛完全不敢看外面的悬崖峭壁，就怕一不小心掉下崖壁，真正地体会到当时在绝壁凿渠的艰难，方知村里的水有多来之不易，也真正为黄大发及其村民为改变贫穷面貌而表现出的坚定信念和不屈不挠的精神所折服。

值得一提的是,《天渠》的英文报道被世界经济论坛网站转载，并被法国国家电视二台购买落地播放。可见，主旋律报道只要用心用力用专业去做，挖掘出好的符合新闻规律和人性的中国故事，对于改变西方主流媒体对华报道的方向也有着引导作用。

结　尾

平正仡佬族乡扶贫办的熊主任说：“如果第二次修渠失败了，他还会第三次修渠、第四次修渠，他就是这样的。”从有人质疑、嘲讽到今天的众人拥护、爱戴，黄大发这一路走得并不平顺，但是“他认准的事情无论如何都要坚持做好，这个精神是现在很多人没有的”，这也寄托着他作为一个村支书、一名共产党员的信念。

对团结村、贵州省乃至全国来说，需要的不是一个黄大发，而是无数个黄大发。

《“军装照”H5》：善用网络手段，助力主题宣传

余荣华　人民日报社新媒体中心统筹策划室副主编

今天，我们仍然会对“军装照”H5的这根传播曲线感到震惊和兴奋。

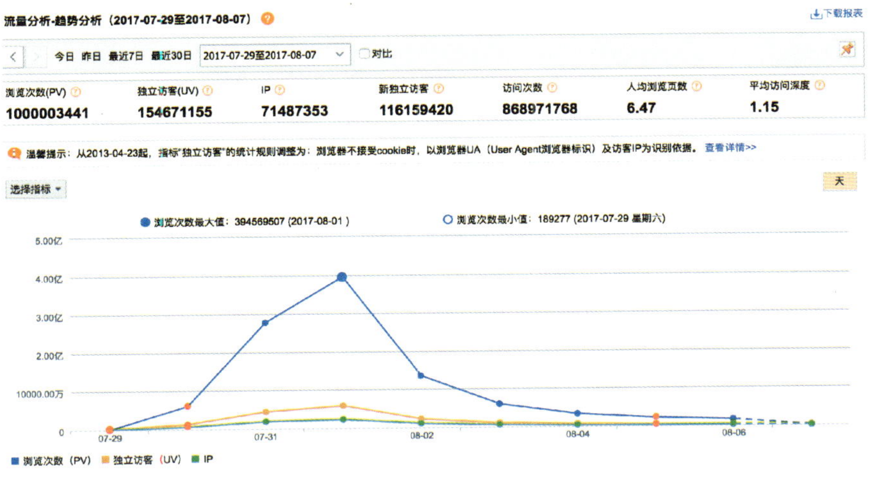

运用人脸识别、融合成像等技术的“军装照”H5，2017年7月29日推出后，在亿万中国网友的手机上成功“刷屏”。截至8月7日上午，浏览次数（PV）累计突破10亿，独立访客（UV）累计1.55亿。广大

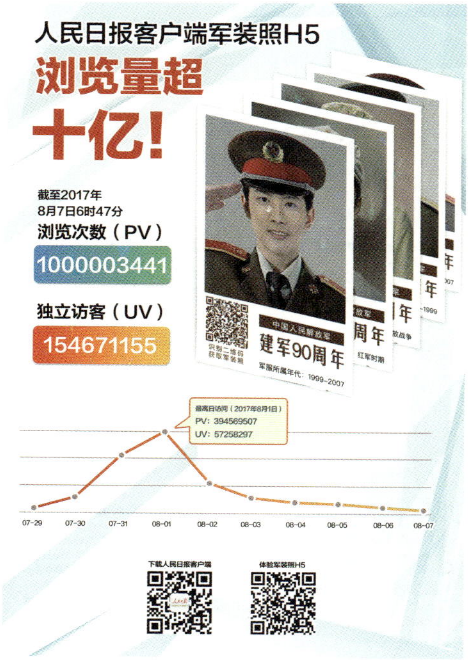

网友纷纷通过这个新媒体产品，生成、展示自己的虚拟“军装照”，表达自己对人民解放军的向往、崇敬和热爱。

“军装照”H5的成功，让我们感受到，尽管互联网的发展使媒体与受众的传播关系发生深刻变化，给主流媒体带来了挑战，但随着媒体融合战略的推进，主流媒体的传播渠道、手段、内容也大为拓展。只要善于利用网络技术的创新手段，就能够助力主题宣传在互联网上实现传统传播形态难以想象的效果。

具体来说，我们有3点收获。

第一，要在主题宣传和创新形式的结合点上寻找好创意

人民日报社新媒体中心负责运营人民日报的“两微两端”。每个重大的新闻节点前，我们都会不断开展“头脑风暴”，围绕主题设计不同新媒体产品，反复讨论，挑选其中最合适的来执行。

作为主流媒体，很多时候，主题宣传的目标、内容是基本确定的。但在实现形式上，新媒体无疑有很大的创新空间。我们的创意，就要从主题宣传和创新形式的结合点上去挖掘。

2017年6月至7月初，中心在两周内讨论建军节报道创意，“军装照”H5创意脱颖而出。我们考虑，人民解放军建军90年，从名称到军装都有很长的历史。传统媒体如果展示，可能就是把一张张的照片和介绍摆出来，但是这种方式传播力不强。设计制作一个H5网页，让大家上传图片，生成各自的虚拟“军装照”，可以在互动中展现情感、传播知识。很多人都有军旅梦，但大多数人没有机会当兵，没有机会穿上军装，借助这个机会让大家体验穿军装的感觉，我们预感到应该会受网友欢迎。

对我们来说，任何一个新闻产品创意，都要从导向是否正确、传播是否广泛、技术是否可行等方面分析判断。让普通人穿军装是否会有娱乐化倾向？我们仔细分析后认为，恶搞军装肯定不行，但也有“既有高度、也接地气”的做法。内容保证准确，页面设计庄重大方，让用户“穿上军装”英姿飒爽，不但不是“娱乐化”，反而能让大家抒发对解放军的崇敬、热爱之情。事实证明，H5推出后，实现了这个效果。不同地域、不同行业的网友都在制作自己的“军装照”，并配上对解放军的各种褒奖话语广泛转发，网友评论最多的话就是“穿上军装，致敬人民解放军”“解放军的军装，是最美的服装”。

第二，要在精准内容和先进技术的结合点上打造好产品

有网友分析说，“军装照”H5火爆的原因，在于虚拟“军装照”的效果特别好，既能对网友的形象进行美化，又保留了网友的面容特征，让用户有很强的代入感。

从专业角度来看，“军装照”H5作为一个成功的新媒体产品，无论是页面内容的准确度、换脸技术的效果，还是超高流量下的平稳运行，

都是巨大考验，包含着创作团队的艰辛努力。

首先是内容。作为主流媒体推出的新媒体产品，我们必须保证 H5 中所使用的“军装照”原始素材的准确。报社军事记者联系研究解放军军服演变等的专家，为我们提供指导，帮助审核素材，细微如领子的形状、袖标的位置都不能有差错。

其次是技术。要让计算机批量化、快速化生成的照片既美观真实自然又保留用户的面貌，在过去是不可想象的。但近年来“换脸换装”的技术日益成熟，重要的是借助主流媒体的影响力，寻找到最合适的合作伙伴作为技术支撑，我们最终选择了腾讯旗下的天天 P 图团队。

此外，“军装照”H5 的运行也离不开充足的资源保障。用户上传一张图片，不到 5 秒钟就能轻松合成一张“军装照”，背后是巨大的服务器资源在支撑。后端的图片处理服务器在最高峰动态部署了 4000 台腾讯云服务器。

作为媒体机构，由于机制和人才等原因，很难拥有最新的原创性新媒体技术和最强大的保障资源，但只要抓住核心，发挥优势，完全可以撬动、整合体制内外资源为我所用。“军装照”H5 的实现正是如此。“不求所有，但求所用”将是新媒体时代新闻生产的常见模式。

第三，在传播目标和用户意识的结合点上实现好效果

从某个角度看，互联网传播相对于传统媒体传播的最大变化，应该是受众（读者、听众、观众）变成了用户。所以，互联网传播，首要树立的就是用户意识。不管作为何种传播主体，有何传播目标，都必须考虑能给作为传播对象的用户提供什么。

“军装照”H5 的“刷屏”，最重要的还是契合了庆祝中国人民解放军建军 90 周年的“大势”，满足广大网友的情感诉求，在那样一个时刻，帮助大家表达了对解放军的崇敬之情。正因如此，“军装照”才能够突破性别、年龄、地域、行业等社群壁垒，在全国范围的不同网络社交圈内不断扩散。有很多人在分享时也提到，当解放军很光荣。正如有专家评价的：实现了“看不见的宣传”。

这种对“大势”和公众情感的准确把握，正是用户意识的体现，也是主流媒体推进媒体融合、参与新媒体竞争时的优势所在。

用户意识的第二个关键是，重视参与感和互动性，让用户成为主动的传播者。

在新媒体时代，读者成为用户，可以和新闻产品进行即时互动，参与到产品的生产、传播过程中来。真正成功的传播会在受众间不断扩散，实现“裂变式传播”。“军装照”H5 在设计上从一开始就激励用户成为主动传播者。从后台数据看，截至 8 月 12 日，网友将“军装照”H5 的链接分享给好友或微信群的次数超过 4800 万次、分享到朋友圈的次数超过 1100 万次，分享带二维码的个人“军装照”的次数更多。

综合来看，“军装照”H5 的空前“刷屏”，正是上述诸多因素共同作用的结果。

这些年来，人民日报新媒体还曾经推出《习近平总书记给大家送元宵节祝福》《两会邀你加入群聊》等 H5 产品，都取得不错的传播效果。

我们相信，主流媒体的主题宣传，如果能够在保持导向正确、内容准确等传统优势基础上，遵循互联网传播规律，牢固树立用户意识，善于利用创新手段、先进技术、外部资源，就能在速度、广度、深度上不断实现突破。

“点赞十九大，中国强起来”系列互动活动：用新纪录致敬新时代

——新华社“30 亿级”互动产品是如何炼成的

李　俊　新华社高级编辑、中国搜索党委书记

“用爱豆（偶像）连接网友，用 ofo（共享单车品牌）连接民众，用嘻哈连接二次元，互联网思维无非连接二字。”2017 年 10 月 26 日，伴随着最后一条微信朋友圈发出，新华社“点赞十九大，中国强起来”系列互动活动的参与人数定格——接力人次 5.12 亿，点赞人次 1.2 亿，页面浏览量 30 亿，一项新的互联网纪录诞生了！

迎接新时代，创造新纪录。空前的数据记录了广度和深度空前的连接力，彰显了党的十九大在人民心中的巨大感召力，也展示了新华社在媒体融合和系统化创新中积累的强劲创新力和传播力。

新“三可”打开新思路

“要把可互动、可分享、可体验的窗户纸捅破。”党的十九大新媒体报道如何创新？新华社总编辑何平在一次策划会上对产品研究院提出要求：“互联网传播特别是社交媒体传播，不仅要‘可读、可听、可

看'，还要'可互动、可分享、可体验'。前'三可'是基本要素，后'三可'是鲜明特点，这次一定要脑洞大开，有所突破。"新华社副社长刘思扬也勉励我们，要按照现象级标准，打造新"三可"的标志性产品。

2017年8月28日，新华社总编室召开年度创新培训会，经过"头脑风暴"，明确以音频为突破口，抓住十九大关键节点推出轻应用；9月25日，举行十九大新媒体报道汇报会，明确通过共享单车的使用场景推广音频报道；9月27日，产品设计汇报会，明确增加新华网与中国邮政合作设计的网上党代会首日封，丰富报道内容……

遍布街头巷尾的黄色单车、绿色邮筒和悦耳动听的音频、音乐，共同构成一张连接网上网下、打通虚拟现实的崭新传播网络，为十九大的新媒体报道打开了新思路、创造了新空间。

新思路创造新纪录

博观而约取，厚积而薄发，创新的爆发力从来不是一蹴而就的。

2017年，新华社党组提出从单个产品创新向系统化创新转变，实现从理念、选题、采集、编辑、制作、传播、用户服务的全链条创新，一大批新媒体工作室、项目组脱颖而出。"点赞十九大"策划方案提出后，来自新华网、新媒体中心、音视频部、体育部、产品研究院和各分社的工作室、项目组群策群力，迅速启动。

9月30日下午，第一位嘉宾丁俊晖的"点赞"录音录制完毕；9月30日傍晚，第一条邀请网友参与点赞活动的微信《来，和你的爱豆一起为十九大打CALL》播发，迅速10万+。

10月11日，第一批声音在共享单车上线，伴随着扫码开锁的嘀嗒声，“我们的征途是星辰大海，为十九大点赞，向着美好生活出发……”等悦耳音频自动播放。

10月13日，“点赞十九大，中国强起来”轻应用上线，在骑行时收听祝福十九大音频，在手机上为十九大点赞，在网站上获取十九大个性化首日封、明信片成为海内外网友关注十九大、祝福十九大的新方式。

10月18日党的十九大开幕当天，伴随着设计精美的“十九大首日封”轻应用上线，海量的数据再次爆发，刷爆了朋友圈，点爆了服务器，烤热了扫码后台，短短7个小时，仅点赞数就超过了6000万次，服务器紧急扩容才抵挡住用户潮水般的热情，成为十九大第一个“爆款”互联网产品。

10月25日，当新一届中央政治局常委与中外记者见面的高光时刻开始，我们确切知道，一个新的互联网纪录就要诞生了——“点赞十九大，中国强起来”系列互动活动以5.12亿人次创造互动报道产品参与人次纪录，以30亿页面浏览量创造单一活动浏览量纪录，以2亿人次扫码创造扫码关注党代会纪录，以1.2亿点赞量创造党代会点赞量纪录，将H5轻应用的传播极值刷新为30亿级。

活动也创造了多项“第一次”：第一次邀请党代表、公众人物和网友在线诵读党代会报告；第一次以“进入新时代”为主题组织网友互动活动；第一次用互联网技术推出党代会纪念首日封；第一次将重大报道与线下扫码活动有机结合产生重大影响；第一次大规模以音频为主打形态开展重大报道。

新纪录带来新启示

“点赞十九大”报道为“可互动、可体验、可分享”的传播规律提供了海量数据的试金石，也带来了引人深思的新启示。

第一，“可互动”的关键不仅是互动什么，更要重视如何互动。社交媒体的互动规律，不是深度、多维、多元的“座谈式互动”，而是简洁、简练、简单的“广场式互动”。新华社采取的“强议程、低门槛、广覆盖”的传播策略，为社交媒体“可互动”传播规律探索了有效路径。

新华社领导在产品设计之初就提出，“一流的内容＋一流的技术＋一流的渠道共同定义一流的产品”。“点赞十九大”不仅用足了新华社微信、客户端、新华网等自有渠道，还在微信、微博，B站、A站等二次元平台，以及蜻蜓等音频平台上持续发力，更首次使用共享单车作为互动平台，伴随着扫码开锁的嘀嗒声，悦耳音频自动播放。以图片、音频甚至游戏互动代替传统文字互动，突出“浅互动”“微互动”成为产品互动性强劲的重要因素。

第二，“可分享”的要义是构成传播闭环，充分发挥社交媒体的传播红利，让阅读者成为二次传播者，让新闻自动找到下一位读者。“点赞十九大”充分挖掘微博、微信等社交媒体的传播特点和各具特色的传播优势，先后邀请各界代表108位，录制音频200多段。广泛的代表性形成大大小小、交叉互联的传播圈，迅速形成正能量的“排浪式传播”。

与此同时，在产品设计的时间轴上，采取了不断迭代开发的策略。伴随大会开幕，推出“点赞十九大·党代表篇”特刊，邀请19位党代表点赞十九大；伴随习近平总书记在党的十九大报告中提出“进入新时代”的重大论断，“进入新时代，点赞好声音”互动专题同步推出；与中国邮政合作，发起“点赞赢取十九大首日封”活动，设计精美的首日封和明信片，通过手写签名、摇一摇等“浅交互、低门槛、个性化、高传播”的互动方式迎来传播峰值；会期过半，启动“我是报告诵读者”活动，邀请房方、蒙曼等十九大代表和嘉宾朗诵报告暖人“金句”，吸引大量网友参与互动，形成UGC反哺报道产品的闭合链条……

传播不再是一站式的旅行，不断变化的主题和设计的不断更新，吸引网友体验新鲜感的同时，持续调动分享热情。党的十九大召开前后，产品共完成4次迭代，十几次调整优化。传播分析文章指出，新华社“点赞十九大”系列产品富于节奏感地发布产品，始终注意优质议题设置，始终注意网上网下结合，使整个产品高潮迭起，形成滚雪球效应，数字连创新高。

第三，“可体验”的核心不仅要让受众“身临其境”，还要让观众“参与其中”。让先进技术为体验服务，让场景设计以人为本，把复杂的变得简单，把笨重的变得轻巧，把遥远的变得亲近，把严肃的变得亲切。这是让重大报道“可体验”的基本规律。

新华社“点赞十九大”互动产品首次与共享单车合作推出音频互动体验，首次与中国邮政合作推出邮政互动方式，开创了主流媒体打通互联网与现实生活场景开展重大主题传播的先河，是万物互联时代OMO（online-merge-offline，线上与线下融合）改变新闻传播的探路之作。一辆辆共享单车成为一台台播放器，一张张首日封成为一部部留声机……这是万物互联时代唱响主旋律的新方式。

北京大学新闻与传播学院院长陆绍阳评价，“点赞十九大”互动与传播界不太重视的流量入口 ofo 合作，扫码播放十九大语音，产生了奇妙的化学反应，创造了互动报道的新标杆，提供了媒体融合成功的标志性成果。

中国人民大学教授宋建武说，新华社“点赞十九大”系列互动产品是跨界融合的标志性产品。在新媒体时代，在媒体融合格局中，连接力强大的媒体才是强势媒体，才是新主流媒体。

《领航》：用短视频彰显信仰之美崇高之美

郝方甲 新华社总编辑室融媒中心主任

在党的十九大召开前夕，新华社全媒报道平台第一工作室精心打造了政论微视频《领航》。这部微视频用 8 分 40 秒，展现了党的十八大以来，以习近平同志为核心的党中央领航中国号巨轮破浪前行，将中国特色社会主义理论和实践不断推向新时代的光辉历程。

微视频推出后，舆论反响强烈。浏览量在 24 小时内突破 2 亿次，迅速成为互联网爆款产品。有一位名叫“大海”的网民说：“政治性微视频如此制作，从未见过，大气磅礴，令人沸腾。让我更加坚信只要中国人携手并肩，万众一心，就没有过不去的坎，就一定能抵达目的地。”刚刚，这部作品获得了第二十八届中国新闻奖融媒体类一等奖，之前还获得了新华社创新大奖的一等奖。

在我看来，这些沉甸甸的奖励，并不是对《领航》一部作品的肯定，而是对新华社一段时间以来创新方向的肯定。

党的十八届六中全会明确了习近平总书记在党中央和全党的核心地位。同时，世界媒体格局、舆论生态、传播形态深刻变革，媒体融合向纵深推进。如何适应传播格局新变化，推出与核心地位相适应的习近平总书记报道精品，是时代赋予新华社的重要课题。

2016年年底习近平总书记在文艺工作座谈会上指出，要“通过更多有筋骨、有道德、有温度的作品，书写和记录人民的伟大实践、时代的进步要求，彰显信仰之美、崇高之美”。也就是在2016年年底，新华社成立了第一工作室，接连推出了《心中的牵挂》《小账本连着大情怀》《大道之行》等融媒体新闻产品。经过一段时间的内容创新探索和机制创新磨合，由新华社总编辑何平直接点题，我们在党的十九大召开前几个月，开始酝酿创作《领航》。

政论类报道一向是难啃的硬骨头，创新难，特别是短比长难。想要用短短几分钟集中反映5年来中国共产党带领全国人民取得的改革开放和社会主义现代化建设的历史性成就，细思极难。

骨头越硬，越不能硬碰硬。我们通过“加减乘除”四步，提炼出“三句诗，一幅画，一个形象”，最终完成了这一部《领航》。

首先是加法。作为一部政论片，最重要的是思想性。它既要有基于事实的观察思考，也要有对中国发展方略的审视。从党的十八大到十九大，这5年间作出了哪些努力？取得了怎样的成就？历史方位如何？中国正走向何方？……我们与新华社中央新闻资深记者联席策划，首先把这些问题吃透。

然后做减法，大胆打破政论片固有的思维模式，把本需要用大篇幅才能说清楚的内容，用高度凝练的文字和画面表达出来。一定程度上来说，减法比加法还重要。

《领航》全片没有画外音解说，我们用习近平总书记参观《复兴之路》展览时引用的三句古诗和十八届中央政治局常委亮相地点——人民大会堂东大厅里的巨幅国画《幽燕金秋图》串场。画中的长城寓意“雄关漫道真如铁”，意味着中华民族百余年苦难征程；高山瀑布及雨雾展现“人间正道是沧桑”；以大海扬帆贴合“长风破浪会有时”。通过对三句诗和一幅画的分解，展现了习近平总书记对中华民族的昨天、今天、明天的思考与指引。

再说除法。八九分钟的时长，作为一部政论片已是高度凝练，但对短视频来说要算“长片”了。如何进一步突出主题、强调中心思想，往往要借助一个或者多个具有象征意义的载体，我们将其称为“除法”。《领航》，顾名思义，我们将航船作为贯穿始终的主线，从开头的嘉兴南湖红船，到结尾的中国号巨轮，领航的意味及领航者的形象由此确立。

最后，乘法则是指将新闻照片、实地拍摄和三维特效融为一体，让所有创意可视化的新手段为主题和内容服务。

时间所限，更多的创作故事我不再逐一展开。借用《领航》结尾的一句话：每一代人有每一代人的长征路。方向决定道路，融合发展，我们任重而道远，下一程也许更难走，但不断创新、突破自我是唯一的选择。

《央广主播的朋友圈》：小创新带来了大惊喜

王　艺　中央广播电视总台中央人民广播电台

《央广主播的朋友圈》这一系列作品，分别于2017年和2018年全国两会期间推出，可以说这个作品就是为两会而生的新媒体作品。两年来，有很多朋友关心这个作品使用什么技术制作的，其实限于人力物力，作品所使用的制作技术，都是最简单的，稍后再作介绍。今天我首先谈一谈，我们创作团队，为什么会想到用“主播＋朋友圈”这种形式，来做好两会新媒体的宣传。

一、打造主流媒体“生动、拟人、贴近真实的形象”

每年全国的两会期间，都是各家媒体既兴奋又苦恼的时光。兴奋自不用说，感觉苦恼，多半是来自新媒体方面的宣传压力。以广播来举例，每年两会有经典栏目，有事先设定好的预案，也有很多可以遵循的经验。可是在新媒体方面，不少人觉得，网友们只喜欢新鲜玩意，偏向娱乐化，对主旋律的内容不闻不问。这种看法有一定的道理，有句话叫“旁观者清，当局者迷”，跳出媒体人的圈子，看看普通网友在网络世界中的“日常生活”就会发现，网友对国家大事、民生问题都很关注，但在互联网社交平台上，大家更喜欢跟“人”而非“一个品牌”去交流（或许这也是自媒体会比较火爆的原因之一）。因此，在2017年春节前，我们就有了这样的想法——不要再疯狂露出品牌，不要总是说中国之声怎么样，这次我们就让网友的注意力从品牌转移到一个人的形象上来。2017年，视频直播及短视频的流行趋势已经非常明显，除了4G网络发展之外，视频带给大家的沉浸式体验和画面的生动感，也是其他形式无法比拟的。基于这些原因，就有了“这一次要让主播上镜聊两会”的初步想法。

为什么要让主播和朋友圈做虚实结合呢？其实，这种形式并不少见。早在2014年，华尔街日报曾经在优兔发布一段视频，讲述当年微软终止对Windows XP提供安全更新的事件，视频画面中记者站在了Windows XP的桌面界面中，背景就是经典的蓝天白云草地。这个视频给大家留下深刻的印象，所以首先就想到了可以做这样的结合。

《央广主播的朋友圈》的画面

为什么采用主播刷自己朋友圈给网友看两会内容形式？在真实生活中，什么情况下才会出现“我”拿着手机给“你”看“我自己的朋友圈”？现在很多人发朋友圈都开始分组了，这一定是最为信任的、最亲密的朋友。因此我们本意就是用这种大家最习惯的、最亲密的、最自然的社交方式来展现两会的内容。

这些思考，为“主播的朋友圈”系列作品“定了型”。此前，我们只是在微信微博文章中以小编自居，但这一次，我们尝试真的把“中国之声”的形象变为一个具体的人，她被设定为网友最亲密的好友，这个好友是央广主播，所以在两会期间，她想跟你分享关于两会的新鲜事。我们认为，在新媒体平台上用这种方式向网友传播两会内容，是相对容易的方式。

二、打造惊喜，引发传播

基本框架形式确定，让作品鲜活生动的“骨肉”需要继续添加。如何让网友接受主播“王小艺”这个好友呢？最直接的办法是打造惊喜，引起用户主动转发传播。有一个最根本的惊喜来自“主播的朋友圈”作品本身，就是虚实画面结合的设计。在影视动画中，虚实结合主要是指虚拟场景、人物与实拍影像之间交互的数字艺术，可以给观众带来视觉上的享受。首次点击查看页面的网友，会产生朋友圈被人控制的错觉，或者对“闯入”微信朋友圈界面的主播产生兴趣。能够达到惊喜的前提是虚拟的朋友圈画面要足够真实，因此我们虚拟的朋友圈界面元素，无论位置、大小、颜色、字体、形状等均与微信程序界面一一对应。

另外，我们认为虚实画面的交互也是增加惊喜的有效方式。所以在 2017 年《朋友圈》4 期作品中，我们每一期至少设定了一个惊喜点。

《朋友圈》4 期作品创新点汇总

期数	设计的创新点
1	朋友圈与三播相结合，主播从照片中“走”出来。
2	主播在朋友圈里拆“红包”，加强主播与朋友圈内容的互动性。
3	主播申请加网友为“好友”，若点拒绝会出彩蛋，点同意能看到三方视频通话。
4	视频 H5 缺少交互，在视频结束后让网友可以自由浏览朋友圈内容。

作为“80 后”“90 后”一代人童年的回忆，游戏《超级马里奥兄弟》中顶箱子出金币的场面深入人心。因此第二期《朋友圈》中设计了一个游戏场景：朋友圈里一位神秘人物分享了游戏《超级马里奥兄弟》中的宝物箱子，主播看到后，击打箱子，画面里飞出无数红包，主播顺手捡起其中一个红包拆开。

再以第四期为例，在视频结尾处，主播会告诉用户这个朋友圈可以随意滑动观看，然后主播“走出”屏幕，留给用户一个可自由操作

《王小艺跑两会，一切听你的！》

的朋友圈页面。从技术角度来说，是短视频与虚拟的朋友圈长页面结合；从设计角度来看，则是将虚拟朋友圈的控制权由主播交给用户的一个过程。产生惊喜是两层虚实交互相关联的典型体现。

2018 年作品《王小艺跑两会，一切听你的！》，我们引入手势识别技术。进入页面后首先是主播的朋友圈界面，当用户点击时，会发觉刚才的画面是摄像机对主播手机屏幕的特写。主播在接下来的视频中要求网友通过给她拍不同手势的照片，来“指挥”她做事情，此时主播再次将自己的手机靠近镜头，出现与用户的微信对话。此后，用户要发带有手势的自拍照片，并由系统判断用户手势之后，选择播放不同场景的视频，回应用户选择。在这一系列动作中，用户与主播发生多次虚实交互。为了尽可能体现真实感，采用了照片手势识别的方法，而不是简单提供选项，提升了用户交互体验。

内容方面，如果看过第一期的老师肯定会知道，当时完全就是中

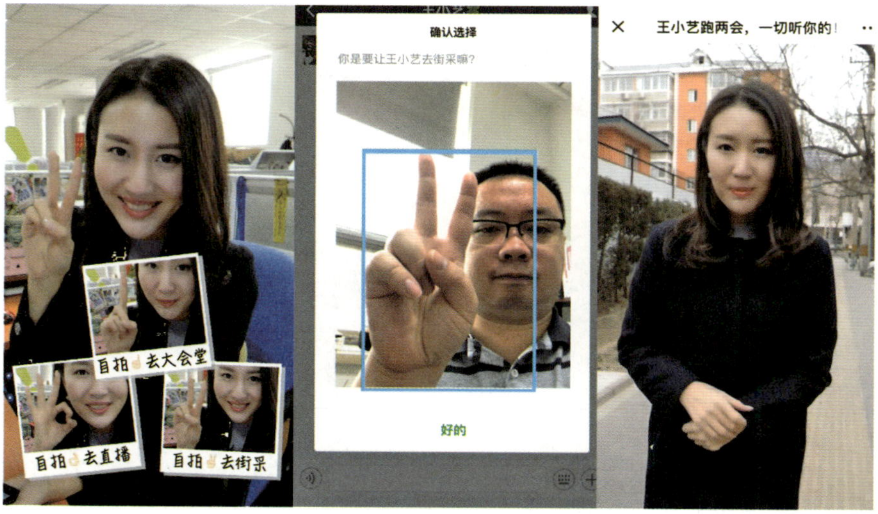

《王小艺跑两会，一切听你的！》

国之声两会广播节目的预热宣传。我们是通过“朋友圈式语言”来打造最接地气的两会“官宣”作品。策划撰写文字内容时，我们避免直接暴露节目名称，而是通过大家晒娃、晒吃的、晒生活的方式，加上主持人的轻松解读，流畅过渡到节目的介绍与宣传，最终展现的是大家对两会民生话题的期待。生动有趣，而不是强硬塞内容。在后续几期内容中，核心都是两会报道及相关素材。例如第三期模拟了微信视频通话的过程，带大家参观大会堂央广直播间。仅仅把素材“朋友圈化”还远远不够的。为了营造刷朋友圈的氛围，我们设计插入了很多“小兴趣点”。在作品中，有一些朋友圈里的内容是主播并未详细提及的，这些插空的内容，一部分反映了媒体人在两会期间的生活状态，另一部分则为两会节目服务。可能是某个编辑求助大家帮忙找采访嘉宾等，多种多样，为虚构的朋友圈增添了活力，也增强了虚构朋友圈的拟真程度。例如在第一期中，我们虚构了某个编辑的朋友圈发文，说两会期间很饿，所以晒出一些美食图片。当时真有不少这位编辑的好友质问他，是不是把他们屏蔽或者加分组了，因为他们在自己手机朋友圈里看不到他发的这个消息。这些插空内容看起来不起眼，实际上就像炒菜加的调味品一样，虽然不多，但能让作品更符合受众的口味。

三、技术从简，创意先行

选择视频与 H5 结合、主播和朋友圈结合这种方式也是由中国之声的人员现状所决定的。我们制作团队人员非常少（可以说仅有三个半人），没有人是相关设计专业出身，而且所有人都有其他任务，加之两会内容时效性很强，必须只能选择最简单的制作技术。一个画面精良的 H5，肯定有一定的制作难度，并且要根据不同平台不同配置的手机做兼容，需要投入大量人力物力。但是在 H5 页面中插入视频，相对比较简单。如果一个视频中包含很多实拍画面、特效动画，拍摄和制作的难度会很大，而使用微信界面利用图形的简单位移和目前非常成熟的人物抠像技术，就会使制作难度降低很多。只有技术从简，我们才有把握做出成品，并在两会期间不断推出新的作品。

《公仆之路》：时政微视频的创新“四字诀”

唐晓艳　中央广播电视总台中央电视台

中国新闻奖作为中国新闻行业的风向标，首设媒体融合奖项。正是乘此东风，《公仆之路》从众多优秀作品中脱颖而出，荣获第二十八届中国新闻奖媒体融合短视频类一等奖。

《公仆之路》全片原长5分26秒，于2017年11月23日播发，一周内全网播放量达到2.5亿，在微信公众号、朋友圈累计发布、分享超过43万条次，可以说是党的十九大之后第一部爆款时政微视频，引发了各界的广泛关注与讨论。

自2016年以来，短视频被推到新媒体的风口浪尖，成为不少传统媒体融合发展的前沿阵地，时政微视频是其中最受关注的一支，近年来涌现出不少佳作，比如新华社的《红色气质》《大道之行》，我们中央广播电视总台央视新闻中心的《初心》，等等。央视网在这两年发力时政微视频领域，取得了不小成绩，截至2018年6月，央视网微视频工作室共制作推出时政微视频35期，全网播放量23亿，平均每支6500万。其中，《公仆之路》2.5亿，《家国天下》1.73亿，《贺新春：长长的记忆》1.69亿，《崇尚劳动的习近平》1.5亿，《新时代　致敬英雄》1.3 亿,《习近平为你描绘“新时代”》1.2 亿……

创作过程中，我们总结了时政微视频的创新“四字诀”：定魂要“准”，题眼要“凝”，信息要“密”，形态要“新”。在《公仆之路》上，这些标准进一步具化为四个“一”：“一以贯之”的主题表达，将“公仆”作为核心命题；“一脉相承”的深刻内涵，宣示以人民为中心的执政理念；“始终如一”的公仆底色，“永做人民公仆”的初心不变；“一镜到底”的创新形态，借助极致表现形成沉浸式体验。

下面我就以《公仆之路》为例，对此进行详细的阐释。

第一，定魂要“准”。这支片子推出的时间节点，正是党的十九大胜利召开之后将近 1 个月的时间。党的十九大这么宏大的主题，什么是最核心的表述？我们最后选取了两个关键词，“新时代”和“人民公仆”。中国特色社会主义进入了新时代，这是党的十九大带来的崭新境界；但中国共产党人有一个核心不变的东西，就是“人民公仆”的使命与初心。

基于这两点，我们创作了时政微视频《习近平为你描绘“新时代”》和《公仆之路》，分别于党的十九大召开期间和闭幕之后播发，上线时间正好相隔 1 个月，时长都是 5 分 26 秒，切入角度各有侧重，表现形态瑜亮互见。

一支成功的微视频，一定是把主题当作灵魂，聚而不散、凝而不偏。从这个意义上说,《公仆之路》是典范之作。

什么是公仆？在习近平总书记的表述里，公仆是“做一些为老百姓办好事的工作”；公仆是“清清白白做人，干干净净做事，坦坦荡荡为官”；公仆是“当县委书记一定要跑遍所有的村，当地市委书记一定要跑遍所有的乡镇，当省委书记一定要跑遍所有的县市区”；公仆是“永远把人民对美好生活的向往作为奋斗目标”……在党的十九大报告中，习近平总书记203次提到“人民”；《公仆之路》中，习近平总书记以自己的所思、所想、所言、所行，为这个词做了最佳注解，为全体党员和公仆群体作出最佳表率。

第二，题眼要“凝”。《公仆之路》在5分26秒内完成48年的时空漫游，再现党和国家领导人习近平从黄土地到中南海，初心不变、始终如一、为民服务的公仆历程。虽然讲述的是习近平同志从1969年年初插队梁家河到2017年再次当选中共中央总书记不同阶段的经历，但整个片子浑然一体，丝毫没有割裂之感，这正是得益于创作者对于主题的牢牢把握与凝练呈现。

《公仆之路》紧紧围绕“为人民服务、永做人民公仆”的初心使命，精心选取习近平总书记自己的话娓娓道来。在梁家河，网友能听到他讲述自己的信念初心和所知所获；在正定，能听到他“郡县治、天下安，清白做人、干净做事、坦荡为官”的谆谆教诲；在福建这片当时开发开放的前沿热土，他说“爱拼才会赢”；在浙江，他超前提出“既要金山银山，又要绿水青山”的生态观；在上海，他督促其要勇做“全国改革开放排头兵、创新发展先行者”；到了中央，当选为中共中央总书记，更是始终强调要“永远把人民对美好生活的向往作为奋斗目标”，告诫全体共产党人“不忘初心、牢记使命”“不忘初心、方得始终”。

习近平总书记的原音朴实无华，在平实叙述中让人自然代入情境，结合历史性的画面，使报道更加真实可感。这样重剑无锋的表达，引来网友的“刷屏”传播也就在情理之中了。

第三，信息要“密”。短视频并不意味着信息量就要相应减少，反而对信息密度提出了更高要求，我们内部推崇一个公式：画面信息 / 时长 = 信息密度，信息密度越大，欣赏价值就越高。

《公仆之路》创作时长将近半年，我们查阅了几乎所有有关习近平总书记的视音频、图片、文字资料，从中搜集整理出每个阶段最能代表他的理念的同期声，整合成和谐统一的一个主题。这是一个由厚到薄、又由薄到厚的过程，习近平总书记 48 年的公仆历程要在 5 分多钟的时间内塑造完成，这就需要画面语言和同期声极为聚焦凝练，每一句话都要有其信息价值所在；每一帧画面都能让人引发内涵意义联想。片子的信息密度大了，厚度也就油然而生。

第四，形态要“新”。《公仆之路》运用了“一镜到底”和三维投射技术。“一镜到底”对创作者来说是一种束缚，但《公仆之路》恰恰是用这种人为的束缚去传神表达一个 48 年始终如一的思想境界。习近平同志 1969 年到陕北插队，从一个少年逐渐成长为大国领袖，周围的环境发生了天翻地覆的变化，这么扎实的经历如何用短视频来表现？我们原来是想做 18 集微纪录类短视频的，但最后成功压缩进一集短视频中，“一镜到底”既是破题利器，又是始终坚定不移的最佳选择：一方面，通过连贯的画面和叙事，让受众产生时空穿越的感觉，增添了观赏性和可看性；另一方面，通过巧妙的场景转换，清晰地呈现习近平总书记的人生轨迹，传递了其始终如一为老百姓办好事的价值追求。

综观整部短片，从那个开向陕北高原、载着知青列车的场景开始，到正定、福建、浙江、上海、中央，一幅幅总书记与人民在一起、为人民服务的照片依次扑面而来，带着岁月的厚重，也带着暖心的温度，致敬创造历史的人民，也致敬为人民服务的总书记。

这部短片不仅是一个人的史诗，更是我们的国家和人民几十年来砥砺奋进的真实写照，习近平总书记的奋斗足迹，也折射着千千万万普通中国人的奋斗历程。我想，这也正是第二十八届中国新闻奖评委们将媒体融合短视频类一等奖授予《公仆之路》的原因。

《网红店假排队调查》：用新媒体澄清谬误明辨是非

朱厚真 上海广播电视台

2017 年的 6 月 5 日至 7 日，我和我的团队连续 3 天推出平均时长为 6 分钟的调查报道《网红店假排队调查》。3 集短片采访到了多位“黄牛”，领头排队的上海大妈和参与假排队的群众演员，并从上海几家著名的网红店喜茶、鲍师傅入手逐步铺开，揭露了雇用“黄牛”炒作，已经渗透到房地产、服装、餐饮等行业的事实。从 2017 年 2、3 月份的时候开始，上海一直频频出现网红店大排长队的场面，类似于“你们不吃会死吗”“到底是供需的不平衡还是恶意的炒作”这样的质疑非常多。这是我买的第一杯喜茶，从“黄牛”手上购得，原价大概 19 元，实际价格 80 元。我们这则扎实的调查系列报道恰好在准确的时机下成为刺破这个谜团的利刃。

6 月 5 日，我们的第一篇报道发出，当天可以说就炸了，“黄牛”直指喜茶、鲍师傅假排队，报道直接冲上了微博热搜榜的第五名。从百度指数可以看到，“喜茶”“鲍师傅”这两个词在 6 月 6 日形成了一个巨大的波峰。接下来两天，第二集是用暗访的拍摄手法，把商家炒作的这门生意全盘讲清楚，把假排队的整个流程放到了阳光下。第三集，记者深度参与了“黄牛”的工作生活，展现了“黄牛”行当的现实利益与生存压力。

3集报道推出之后，人民日报、新华社、央视、今日头条、财经等媒体都对此进行了转载。其中第一集，仅“看看新闻”官方微博点击量就已达到1155万，3集调查全网累计点击量接近一亿，引起一波社会热议。在给公众还原了真相的同时，也推动了消费者理清自己盲目跟风的思绪，为协助肃清市场起到了作用。

一、深入挖掘、不止于表面

“黄牛”的市场，从我的长辈那一代小时候起就有所耳闻，如今更是渗入各行各业。倒买倒卖、角色扮演、占有市场，处处都有他们。从现场蹲点喜茶、鲍师傅开始，我们的疑问越来越多。这些“黄牛”和上海的退休阿姨群体、来沪打工的年轻群体到底是如何组织的？操作网红店的时候他们的策略到底是什么？除了咖啡馆、奶茶店、话剧、演唱会，还有什么行业需要“黄牛”的存在？

我们开始了寻找。为了能够从多个方面得到第一手的消息，为了向公众还原真相，我们无法只作为一个普通消费者来观察这个行当。于是我们将自己扮演成“想要做网红的奶茶店老板”去联系“黄牛”。为了得到“黄牛”的信任，预设自己的店铺产品、位置信息、开业时间，以一个“小白”的身份请求“黄牛”说出行业的秘诀。之后又以想看看实际效果为名，加入了“黄牛”的队伍，粽子店、鞋店、房产公司，一个个案例亲身经历，像是在玩一幅拼图，每当契合了一片，就觉得欢欣鼓舞。

在拍摄这些场景的时候，我们也动了十足的脑筋。在粽子店，我们记者兵分两路，一路作为“小黄牛”，在队伍里偷拍真实情况，一路冒充美食栏目的记者公开采访粽子店老板娘和食客。两路的素材，两个截然不同的视角，“黄牛”到底在市场上起到了什么作用，带给了消费者怎样的视觉感受，一切就水落石出了。

这些丰富的场景，尽管在具体的拍摄方面确实是一天就能完成一个，但是获得这些拍摄机会是非常漫长艰难的。参加了各种假排队的体验，“黄牛”也会时不时对我的奶茶店到底何时开业产生怀疑，我们甚至制作了几套正式公司才有的流转文本。

从外围观察到博得信任，了解“黄牛”从业者的生活状态、分成模式，我们花费了将近 3 个月。好的报道里有了越来越多的采访对象和事实案例，就能够体现时间的味道。报道也会体现一个时代的特征，有被保留下来的价值。

一个选题从策划到结束，到底要花费多久，可能最初很难说得清楚，能不能耐心地等待下去考验着记者的毅力也考验着媒体的实力。拍摄这则调查之时正值上海广播电视台融媒体改革，我从原来的工作岗位来到了现在的深度报道组，主要进行新媒体的报道工作。在这个岗位上，不似以往，没有明确、强行的工作条数要求。对于值得报道的选题，融媒体中心给予了记者足够的时间和团队上的支持，让我们能够深入各类人群，看到各种现象，从更广的角度和更多的维度，去解构一个有价值的选题。

二、新媒体不代表快速加工

对于“黄牛”假排队、商家雇人炒作的介绍，我们可能并不是独家，很多文字报道都曾经揭露过这一行的潜规则。但是真正实际亲眼见到、亲身经历的消费者并不多。

为了证实到底有没有“黄牛”在鲍师傅门口肆意插队、分装、加价售卖，记者在人民广场鲍师傅糕点店附近 3 个机位连续蹲点拍摄 20 个小时，针对几个有衣着特点的“黄牛”进行连续的跟踪抓拍。后期用左右框对比的方式，再结合“黄牛”自身对这些行为的解释，他在做什么，是不是在反复排队插队扰乱市场，一目了然。

还有，为了深入了解年轻“黄牛”的生存状态和内心世界，我们连续几天凌晨 5 点赶到上海郊区他们的住处，记录他们每天上午、下午两场排队的工作，与他们一起领到了一天 50 块钱的工资。

如今，大家喜欢看大标题，70 秒以内的消息类新闻，但这不代表传统媒体的基本功就要荒废。现在记者们常常拿出习近平总书记提出的“四力”来要求自己，拿到第一手的证据，最真实的现场画面去印证所知的观点，不管是新媒体新闻还是常规的电视新闻专题，这都是调查类新闻不变的法则。

三、新媒体的语态和剪辑方式、传播方式

现在有一句话，叫“传统媒体跟着网站跑，网站跟着公众号跑”。这样传统媒体往往会陷入一种疲于奔命的模式，即一天到晚把常规的新闻改一改，加一些字、加一些音乐变成新媒体进行分发，但这样简单改一改的传播效力往往是大打折扣的。

上海广播电视台融媒体中心成立以后，深度报道组逐渐达成共识，选题和报道处理方式首先考虑新媒体，什么样的开头，是否使用解说，

结构编排和长度都以新媒体优先。

《网红店假排队调查》也是如此，我们的首发选择了看看新闻网和微博，视频添加了大量悬疑色彩的音乐，增加可看性。为了减少解说的数量，又为第二集添加了 10 多段说明性文字，帮助观众理解画面信息。在标题的选取上，我们也与网络编辑老师一起商量，争取迎合网络观众的口味，吸引点击量和转载。在融媒体时代，我们觉得传统媒体追求点击率不是见不得人的事情。

在网络分发之后，我们的新媒体又继续“反哺”电视栏目。《网红店假排队调查》被二次加工成不同的长度，不同的语态，相继在《东方新闻》《七分之一》等栏目播出，也获得了很好的收视效果。

在上海广播电视台融媒体中心的深度报道组里，几乎都是“90 后”的记者编导。我们认为，作为“90 后”的记者，我们要敢于尝试更多的表达方式、剪辑方式，让传播年轻化。

四、遗憾

我们花费了大量的精力跟踪喜茶、鲍师傅等网红店，并且从多个“黄牛”那里得知了一些商家雇人假排队炒作的信息，甚至获得了不少网红店雇人假排队的直接证据。报道在全网形成了非常大的舆论场，但是非常遗憾，从舆论关注到推动改变，并没有那么简单。

尽管商家有恶意竞争、虚假宣传的嫌疑，但是在实际的操作领域，证据的完全落实、具体的执法推进都碰到了很多的困难。报道刊发之后，记者也在持续关注各行各业，“黄牛”现象是否会因为舆论的抵制而有所改观。然而现实是，酒香也怕巷子深，雇人充场假排队是一条贼船，眼看着大家都上，不想上也得上。甜头肉眼可见，惩罚难以取证、无从落实，上贼船的人，竟越来越多。

随着时间的推移，商家究竟是不是在饮鸩止渴，能否最终被消费者发现和唾弃，其实不得而知。作为媒体，虽然我们揭露了一些事实，但是要从根本上改变这样的现象，需要的还是监管部门、商家与消费者们的共同努力。

《英国小哥细数两会关键词》：对外传播新途径新方式新语态

柯荣谊　张　霄　中国日报

一、谁是英国小哥

2016年3月，中国日报推出以手机自拍形式呈现的首部《好运中国：英国小哥侃两会》，迅速引爆了网络空间并在全国各地电视台引发大量报道。

随后我们在2016年全年，推出了更多以“英国小哥”为主角的视频节目，包括从英国下午茶到中国茶文化、中国铁路不同的发展阶段等内容，在G20杭州峰会召开期间，我们推出了一个将中国桥与G20杭州峰会LOGO结合在一起的视频。

2017年全国两会期间，中国日报再次推出特别节目《英国小哥细数两会关键词》，英国小哥方丹通过变幻无穷的视频形式再侃两会。

该视频节目通过视频抠像技术，将方丹缩小后置于办公桌上，通过方丹与桌上物品互动的新颖形式，回顾过去几十年来全国两会的热词，简洁明快地梳理了中国社会经济发展的脉络，最终引出习近平总书记在十二届全国人大一次会议上关于“中国梦”和“人民”的论述，深刻阐明了“人民是历史的创造者”这一论点。

该视频节目在2017年全国两会前数月就进入策划阶段，从脚本撰写、创意呈现、技术支撑等方面制订了工作方案，并进行了多轮拍摄测试。视频最大的独创性在于利用日常办公用品、办公环境来表达相对晦涩的政治概念与政治论述，从而营造了一个特殊的话语空间，且能维持一定的情节点密度。同时，在技术层面，抠像制作水准也与专业特效机构相差无几。

二、短视频形式新颖，话题性强，引起西方主流媒体关注

这个新媒体视频是中国日报第二次推出的“好运中国”栏目两会特别策划作品。在2016年全国两会前夕，中国日报曾推出“好运中国”之《英国小哥自拍侃两会》，英国小哥方丹在视频中通过“一镜到底”的自拍方式解读与两会相关的大政方针，为主旋律宣传报道开创了新的叙事手法，成为多家媒体借鉴的范本。

本次报道是在原有基础上的又一次突破，在保留原有的“外国人讲述中国故事”的叙事手法基础上，运用虚拟抠像等前沿制作技术，实现了艺术与技术、教育性与可看性的高度融合，取得了更好的外宣传播效果，英国广播公司（BBC）报道了中国日报的此项创举。该片是贯彻落实习近平总书记提出的“融通中外的新概念新范畴新表述”,“用海外读者乐于接受的方式、易于理解的语言，讲述好中国故事”理念的集中体现。

三、外宣作品获得国内现象级传播效果，深受各大媒体和网友欢迎

《英国小哥细数两会关键词》于2017年全国两会召开前夕在各大社交媒体平台中国日报账号同步播发，取得了突出效果，据不完全统计，有效传播量超过5600万次，是2017年两会期间单集传播量最高的视频作品。

3月4日晚，中央电视台新闻频道《东方时空》栏目报道英国小哥方丹连续两年关注中国两会，并重点介绍方丹拍摄视频对中国两会的热词回顾，视频节目在黄金时间全片播发，进一步扩大了视频内容的影响力。视频引发包括人民日报、新华社、央视网、光明网在内的超过百家媒体转载转发，据不完全统计，二次传播全网有效覆盖量超过800万次。

该视频在中外网友中引发了热烈反响及频繁互动。微信网友“哈勒”评论：“英国约克郡小伙找中国几十年发生巨变的原因，他从两会热词中去找，从一个侧面可以看出中国变化的过程与连贯性。实际上中国的变化是找到了一条正确的道路，找到了正确的中国共产党领导。”脸谱网友Ranuka C. Perera评论：“大爱这个视频！中国看起来发展成就很显著！”脸谱网友Jamphel Dorjee评论：“相信接下来的两会将更广泛地听取民意，并使中国继续保持增长势头。”

四、引发学界探讨热潮，成为学术研究“标本级”作品，获得广泛认可

作品播发后，包括《中国记者》在内的专业学术期刊以及“对外传播”“知著网”等行业公众号，纷纷发表文章分析中国日报此项融合报道创新举措，《中国记者》2017 年 4 月刊在“两会报道专题”中，4 篇文章均将该片作为分析对象，其中一篇高度评价其为“今年两会融媒体报道中，内容创意最显理论功底的一件作品”。

在 2017 年第 27 届人大新闻奖评选中，该作品获得评委会的高度认可，荣获人大新闻奖一等奖。

“好运中国”是中国日报推出的系列微视频节目，通过创意视频的方式，以在华外国人的视角看待中国改革开放后的变化，从宏观层面梳理中国经济、社会、文化等诸多方面的发展趋势，强调通过对发展脉络的梳理展现执政党的发展理念、发展思路、发展成就，并通过中外两个层面的对比展现当今中国发展的制度优越性及对全人类发展带来的巨大贡献。《英国小哥细数两会关键词》视频播发后，在海内外引起广泛关注，效果积极，并形成话题，二次传播效果显著。

该视频播发后，在短视频报道中形成了一股“微缩”热潮，各家媒体纷纷尝试将主持人或出镜记者通过影视特技微缩后置于场景中的手法，起到了带动传统媒体尤其是平面媒体通过短视频创新报道手段的作用。

“天舟一号”VR 直播：追求最极致的沉浸式体验

吴 双 中央广播电视总台中央电视台

2017 年 4 月 20 日，我国第一艘货运飞船“天舟一号”在中国文昌航天发射场圆满完成发射任务。我们央视综合频道联手央视网，对此次发射任务做了 VR 全景直播。

这次直播是中国首次航天领域的 VR 直播，同时也是我们的一次探索和尝试。在移动互联网时代，传统的新闻业、电视业都受到了巨大的冲击。作为国家电视台的旗舰频道，我们一方面探索未来制作视频新闻的工作方法，视频新闻应该关注哪些内容，又可以与怎样的技术手段相结合；另一方面，我们也在探索，符合新时代融媒体规律的视频新闻，如何与优质的内容相结合，如何与主流价值观和讲好中国故事相结合。

一、视频新闻不是文字报道的影视版，有着特定的题材、垂直的用户和相匹配的技术手段

随着移动互联网的发展，利用网络传播的视频新闻成为越来越多人获取信息的主要方式。一方面，移动互联网技术的迅速发展，培养了

人们使用手机获取新闻的习惯。而手机上网网速的提升和流量资费的下降，使得在手机端观看视频成为可能。另一方面，随着视频新闻播放平台向流媒体转变，用户拥有了越来越多的主动选择权。海量的信息和节目，用户自由切换的接收方式，使得传统的新闻再也难以依靠占据报纸的重要版面或者广播电视的重要时段来达到传播效果。新生代喜欢通过多种方式更加直观地获得对客观世界认知的习惯，也要求不同题材的新闻内容根据其受众群体进行垂直细分，匹配以最适合该内容的技术手段，并进行精准投放。

具体到VR技术在视频新闻上的运用。由于VR视频制作成本高昂、制作周期较长，VR技术并不适用于大部分的新闻报道；同时，由于VR视频较强的画面感和视觉冲击力，以及交互性的体验感，目前运用VR技术的视频新闻大量呈现出泛娱乐化的倾向，以及用于报道体育赛事等现场。而事实上，VR，也即“虚拟现实”最本质的定义性特征是“临场感”，也就是通过某种感觉输入的组合，大脑令身体认为自己处于另一空间。因此，视觉性强、现场感强、可以360° 全景展示的题材，就成了最适合运用VR技术的领域。

在我国，航天事业的发

展是举国关心的大事，每一次航天发射更是牵动着全国人民的神经。由于航天发射的性质，普通人并没有机会到现场观摩，受众对于火箭发射的现场感到十分神秘，有着天然的向往。对航天发射任务进行 VR 全景直播，既能让受众体验极强的画面感和视觉效果，近距离直面火箭推进器喷射火焰和气体的冲击力，又能弥补受众不能亲临现场的遗憾，让人们在观看 VR 视频直播的同时，激发民族自豪感。

海外比我们较早使用 VR 全景技术来拍摄航天发射的现场，不过之前都是录制后剪辑，再投放到流媒体平台。美国时间 2017 年 4 月 18 日，美国宇航局（NASA）首次对火箭发射进行了全景 VR 直播，这个比我们的直播早了一天半。可以说，在策划上，我们的 VR 直播计划和人家是同时进行的。

二、首次直播的操作标准，追求最极致的沉浸式体验

做 VR 直播区别于传统新闻报道的重要一点，就是我们更加重视用户的体验。为了追求极致的体验感，这次“天舟一号”发射任务的 VR 全景直播，开创性地达成了首次最近距离全程直播火箭发射。这次 VR 直播一共设立了 3 个机位，用户可以自主选择、切换机位和观看视角。而其中最近一个机位距离火箭发射塔架仅有不到 100 米的距离，是当时技术条件下，确保发射现场安全前提下能达到的最近距离。上面提到在我们之前一天半，NASA 也进行了首次 VR 直播，但是它的最小观看距离也离发射点有数英里之远。

火箭发射现场需要考虑的因素比较多，首先要确保不对发射任务产生任何影响，比如设备的电磁信号干扰等，其次是发射一瞬间的冲击

力和热量，还有设备的电力支持、视频信号的传输等等。为此，我们VR直播团队提前一个半月就去现场进行了前采和勘测，并与有关单位多个相关部门沟通，制订了技术方案。在直播时，采取了无人值守的三机位来同步收录现场声画，考虑到VR全景视频的体量，现场全部采取有线传输，并提前20天到场施工，在室外铺设了铠装光缆连接现场全景摄像机和远程值守的导播控制系统。为了减少对现场环境的影响，我们对光缆铺设采取了“最小动工，最大保护”的原则，在光缆横跨水泥路面的地段，全部加盖防护罩来进行遮盖，而光缆线路要穿过发射场的铁轨轨道时，我们让缆线穿过轨道下方的排水管道，这样可以做到不开凿也不裸露。此外，为了确保互联网推送信号服务器的稳定性，我们在直播前进行了多次调试和演练，还与当地多家移动通信运营商进行了洽谈，做出多套备选方案。一切的努力，都是为了给用户带来最极致的航天发射体验。

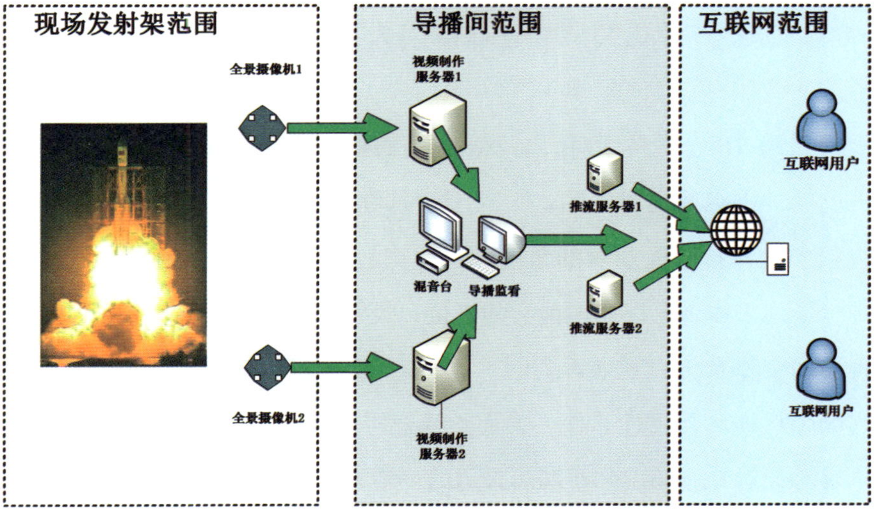

“天舟一号”发射任务VR直播框架图

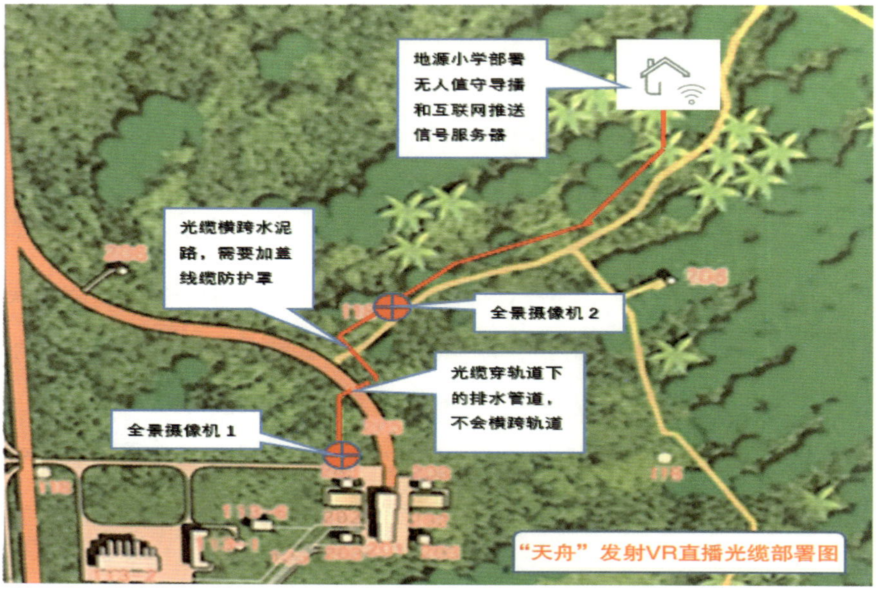

室外露天铠装光缆的部署和施工授权示意图

三、交互性体验，非专业解说人员平等地交流和人际传播

采用 VR 全景技术对火箭发射进行直播，受众在观看时，可以选择自己的“主观视角”，不仅在 3 个机位间随意切换，还可以在 VR 全景视频中选择自己要观看的角度和具体内容。不同于传统视频新闻叙事中，新闻工作者可以通过镜头的机位、景别和剪辑来直接引导观众，呈现新闻工作者想让观众看到的内容，VR 视频新闻在观看过程中具有极强的随机性和自主性。这一方面给受众带来了新鲜的体验，另一方面，也容易让对专业知识和新闻所报道的环境不甚了解的观众陷入迷茫，不知道在 VR 全景视频中应该“朝哪看、看什么”。此外，对于航天发射

活动的直播，在等待过程中虽然相关工作人员非常紧张忙碌，但对于守候在电脑和移动客户端旁的受众而言，现场最值得观看的，也就是矗立在发射塔架上等待发射的火箭了。而VR全景直播带给观众的是固定地点持续不断的全景画面，并不能像电视直播一样，可以随时切换到第二现场、第三现场或者插入录播画面，为了加强用户在等待时间中的黏性，弥补全景画面对细节展示的不足，我们在VR直播过程中引入了一位交互性的现场解说员，和受众进行交流，并对受众进行贴近性引导。

不同于以往在重大科技类题材报道时出现的专家型解说员，本次“天舟一号”发射任务的VR直播中，邀请了一位“现场工作人员小张”，以更加平等、亲切、接地气的方式，和VR直播的受众们进行交流，进一步增强受众的交互体验和身临其境的感觉。小张的解说中，没有高高在上的宣教，也没有艰涩难懂的术语和枯燥的数据，只是分享他在现场的所见所感，回应受众关注的问题，并以轻松幽默的语态，勾画出无数一线航天人在前方拼搏、奋斗的身影。有网友表示，小张的解说就像一位科技工作者，通过VR技术和在线直播，跟自己的家人朋友分享现场工作的趣事。有一位小张的同事，给自己在东北老家的儿子买了一副VR眼镜，小朋友在观看了我们的直播后非常兴奋地告诉爸爸：“听你讲了那么多次火箭发射，这回终于像到了现场一样。戴着VR眼镜，跟着小张叔叔的话走，仿佛我当时和你们一起在文昌的发射场。”

四、产品化操作思路，分阶段性设计了发射前、中、后期全系列内容

节目针对不同阶段和不同受众，准备了背景知识点播、互动小游

戏、微视频矩阵等相关板块，无缝覆盖了直播前后72小时，实现了电视、PC端和移动社交媒体的多屏联动，形成同一主题的全方位多层次传播。在发射任务前，围绕飞船调试、火箭吊装、垂直转运等关键任务节点，《中国相册》拍摄、制作了多款微视频节目，以及可供点播的VR全景视频段落，对直播进行提前预热。围绕“中国航天60年”“中国首艘货运飞船”等主题，节目组还精心制作了科普性动画片、H5页面小游戏、背景知识点播等，并策划了“家的航天梦”主题图片故事征集活动，我们这次的海报，一家三口在火箭塔架前的背影照片，就是通过这次活动征集而来的作品。在发射当天，我们策划了VR看火箭发射进校园活动，集中组织小学生在学校内通过头戴设备对发射活动的现场进行观看体验，邀请大家“足不出户就能到发射场进行一场太空之旅”。在火箭发射成功后，我们现场工作团队第一时间回收了全部器材和视频素材，并立刻推出了三机位混剪的集锦视频，在央视网和节目“两微”端口投放。许多在发射时忙于其他工作的现场工作人员和媒体同仁也在当晚观看了我们的VR集锦视频。其中，背景音乐《夜空中最亮的星》，更是打动了许多人的心，大家纷纷为“天舟一号”这位奔向太空的“快递小哥”送上自己的祝福。产品化的操作，丰富了直播活动内涵，增加了新闻报道的维度和立体性，为“天舟一号”、为中国航天事业、也为我们的节目和VR新闻报道“圈粉”不少。

VR技术运用于新闻报道，还有许多可以发展完善的空间。如前所述，并不是所有的主题都适合这一新兴技术手段，但通过这次尝试，更加坚定了我们媒体融合转型的信心。我们要充分发挥传统媒体的内容优势，将优质的资源与创新的技术手段深化嫁接，运用互联网思维和专业电视人的严谨工作方法，做出更多符合新时代传播发展需求的新作品。

《柳州融水突围记》：一台手机的突围

谌贻照 广西日报

广西日报融媒体报道《柳州融水突围记》荣获第二十八届中国新闻奖新增的媒体融合奖项融媒体短视频项目一等奖。笔者就是“‘失联’数十小时，在穿越40处塌方后”发回现场短视频那位记者。

从纸媒的消息荣获第十六届中国新闻奖二等奖，到融媒体短视频斩获中国新闻奖一等奖，年过半百的笔者，在实战中实现从传统媒体向融媒体突破，深切体会到，融媒体时代，新闻人更需要贯彻习近平总书记全国宣传思想工作会议重要讲话精神，增强在一线采访的“脚力、眼力、脑力、笔力”，只有如此，才能厚积薄发，在关键时刻打硬仗、打胜仗。

一、融媒体时代，需要传统媒体人保持走基层的矫健脚力

《柳州融水突围记》的整个采访历程，就是对一位传统媒体老记者脚力的一次考验和淬炼。

2017年8月12日清晨，广西融水苗族自治县杆洞乡突发特大洪水。

笔者看到了山里苗族群众在微信朋友圈发的视频，立刻从柳州驱车 8 个多小时，翻山越岭赶到灾区现场，发现灾情比想象的更加严重。当晚 7：30，笔者发回当地干部群众抢险自救的图文后，乡里电力和通信中断，从此与外界失去联系。

8 月 13 日凌晨 4 时开始，杆洞乡暴发第二次山洪，比前一天更猛烈的洪水再次荡涤杆洞，全乡电力、交通、通信全部中断，杆洞变成与外界失联的孤岛。

大雨滂沱中，所带的专业摄影器材根本无法使用。情急之下，笔者只能用一台有防水功能的手机在抢险一线紧急采访：拍摄了暴雨和山洪袭击杆洞街的惊险场面，记录了乡党委政府再次火速启动抗洪抢险预案组织群众紧急撤离到安全地带的画面，抢拍了乡干部组织

人员对被困在河边旅社里的15名游客实施紧急救援的感人场景。

上午11时，笔者跟着乡政府调来的挖掘机，一步步往山外掘进，争取第一时间，把灾情传递给外界。但是，直到晚上8时，一行人才走到距乡政府6公里的一处路口。

14日清晨7：30，笔者在3名当地干部的陪同下，再次往外突围，冒险越过40处大大小小的塌方，躲过多处高山滚石的危险，蹚过湍急的山间洪流和泥泞，艰难跋涉两个多小时，在9：45，终于见到前来接应的国家防总领导和市县的救援人员。

没有休息，笔者在极度困顿中，在山另一边的滚贝乡政府赶紧整理突围时沿途所有拍摄采访的视频和图片，迅速发给正在焦急等待的广西日报新媒体部团队。

在我“失联”的数十小时里，新媒体团队形成高效运作的融媒体报道机制：在广西云客户端、广西日报法人微博开设《关注广西暴雨洪水灾情——照哥一线直击报道》专题直播。

接到我成功突围发回的视频画面后，新媒体团队迅速对天气、民政、救援等各种素材梳理整合，推送出《柳州融水突围记》，把“失联”30多个小时的杆洞灾情和现场新闻传递给外界。

走基层的脚力，是党报驻站记者必须练好的基本功，也是传统媒体人的强项。传统媒体记者始终走在路上深入一线调查研究，接地气、知民心，因此也练就了自己走基层的矫健脚力。笔者作为把走基层当常态的“泥脚记者”，多年来，足迹已经踏遍驻地苗山侗寨的山山水水，每次柳州发生重大灾情和突发事件，都会第一时间赶到现场，及时发回第一手的现场报道。这次能快人一步赶赴灾区现场，其实是出自职业本能的“本色呈现”。

二、在新媒体前沿绽放传统媒体人知民情的修为

对地方的情况一知半解，用碎片化的认知去“解读”现象，靠浮光掠影的网络采访和没有现场求证的信息去推送某一事件，少数新媒体就是以如此低成本和不严谨的采编作风，将新闻要素缺失的报道变成误导视听的谣言，甚至把“网红”变成“网黑”。

党媒的新媒体，必须保持自己对新闻事实和民情民意的敏锐洞察和清晰判断，这就是“四力”中的“眼力”和“脑力”。

发现新闻本真的眼力，其实都是记者经过无数次现场历练才能淬炼出来的洞察力。这种洞察力不仅基于记者的观察和生活积累，也依靠记者自身的修为和人文积累。这恰恰是绝大多数传统媒体记者的修为。

笔者常年在融水大苗山里采访，熟知山里的地理环境和风土人情，能说侗语，能听懂当地的苗语。2017 年 8 月 13 日清晨杆洞乡再次暴发山洪时，很多人还在睡梦中，笔者听到村里有人用苗语高喊“洪水来了！”立刻起床直奔现场采访。

当天晚上第一次突围失败后，笔者在灾区村民家中辗转采访，经过察言观色和座谈发现：受灾群众跟外面“失联”后，焦虑的心态正在弥漫和扩散。笔者曾在 1996 年柳州特大洪灾中几天几夜冲在一线作抗洪报道，荣获柳州市抗洪救灾先进个人，深知在灾难降临时，上级党委和政府的关怀和外界的驰援，对稳定民心、提振灾区干部群众抗灾和重建家园士气极其重要。

基于现场的观察了解和判断，笔者决定次日一早再次突围。终于成功将灾区的重大灾情传递给已在山外正打通险隘往山里突进的国家防

总和市县领导，同时建议尽快派救援突击队员运送食品和药物进入灾区，往山外运送伤员，稳定受灾群众情绪。

在新闻现场把握好采访报道的主题，履行好专业责任和对百姓的担当，作为党的新闻工作者应有清晰的脑力。有了这样的脑力，在突发事件前，才不会走错方向，挖错素材。

在《突围》的报道中，因灾情恶化一度“失联”数十小时的笔者，在题材的把握上始终坚持两个基点：一是不渲染、不误报灾情，做实现场采访和事实数据的求证；二是记录当地乡干部组织营救、自救的珍贵视频画面，回应社会关注焦点和可能出现的谣传，呈现基层党员干部把人民群众生命放在第一位、勇敢跑在灾情第一线，有组织、有纪律、有担当、有作为的优良品格。

有担当有情怀的报道，总能激发满满的正能量。从报道效果看，《突围》一经发布便引发强烈反响，及时搭建起灾区与外界沟通桥梁，提升救援士气，覆盖微信、客户端和微博等平台数百万网友；成为新华网等央媒及柳州日报等地方媒体对暴雨灾情的权威信息来源，获大量转载；图文音视融媒体融合报道获业界好评。

三、轻装上阵现场制作乃融媒体决胜之道

第一，新闻类短视频应具备的“新、短、快、实、美”五大特征在该报道中得到了充分的体现。由于自然条件和环境限制，视频中画面甚至都不能保证基本的平稳，但不妨碍它成为我们对新闻现场的真实记录、生动表达。

第二，该报道的视频，仅我一个人、一台手机拍摄和现场制作。

用实战证明了融媒体报道的低成本、小制作同样可以实现好效果。

第三，接到突发新闻的线索，前方记者必须争分夺秒赶赴新闻现场，运用全媒体手段，进行图文和视频采访；及时启动前方记者与后方新媒体团队的联动应急采编机制，抢占融媒体的新闻制高点和首发先机。

其实这3点，在情况突变的突发现场，可以归结为一点：轻装上阵现场制作乃融媒体决胜之道。

笔者这次一线采访传回的视频和图片，全都是用手机拍摄和现场制作的。这也是新闻媒体向外传播失联灾区最全面最有现场感的新闻，充分体现了融媒体时代，移动传播最快捷最及时成本最低的传播优势。

融媒体时代的记者，笔力应该是全面的。不仅要在文字上善于表达、生动表达，用事实和真感情传播正能量，更需要熟悉运用全媒体手段及时记录传播新闻。

笔者一直以学习的心态提炼自己的笔头表达功夫。在基层采写的消息《融安干部角色转变受欢迎》曾获得第十六届中国新闻奖二等奖。笔者同时也是合格的摄影记者，拍摄的新闻图片大量见报。在从传统媒体向新媒体转变的过程中，笔者一直以小学生的好奇心去学习新媒体表达技能，能熟练使用手机拍摄图片视频并现场编辑制作，娴熟运用H5、微信公众号传播新闻。个人公众号“山水柳州”因唯美的图文推送、轻松活泼的个性表达和正能量放送，拥有总量可观的粉丝，多次获得表彰和奖励。

这次在融水杆洞灾区，笔者无论是在大雨滂沱的洪灾现场，还是在突破穿越塌方突围的途中，全部使用手机拍摄视频和图片，并在朋友的帮助下自己出镜、自己现场播报、现场编辑视频配文，形成在有信号的前提下可供及时传播的移动传播成品。正因为如此，后方新媒体部编辑才能够快速制作融媒体新闻作品，及时向外界传播。

在手机拍摄功能日益强大的今天，轻装上阵现场制作和现场传播，已成融媒体的决胜之道。这次采访中，笔者带去的相机和纸笔因为雨势太大，没有掏出来使用过——其实，用手机全程做图文和视频记录，早已成为笔者作为老媒体人的新习惯。

往外突围时，笔者把车辆和行装全部留在苗族老乡家，只背着一个苗族大婶在我突围前的深夜专门缝补好的轻便小包，带着两台手机（其中一台在翻越大花孖路段的大塌方时掉入泥泞中死机）和两块专门为此次采访充满电的大容量充电宝历尽艰险出山的。实战证明，这一次在山里面采访和突围，没有这两块充电宝，就没办法记录采访和现场编辑制作采访素材。

分享实录

◆ 第一轮分享：»»

▶ 侠客岛

张远晴

【主持人　徐丹】让我们掌声有请“侠客岛”的代表人民日报海外版融合协调处处长、著名“岛叔”张远晴上台，他分享的主题是“把新闻做在读者的心坎上”，有请！

【张远晴】感谢各位！为了这个分享，我们想了很久，到底用怎样的一个视频来展示“侠客岛”？后来决定还是把镜头留给广大海内外的“岛友”，这是他们在 2018 年过年前给我们发来的一段视频，表达了他们的心声。

第一，我们现在面对着一个非常严峻的传播形势，在众声喧哗的时代，身为党媒工作者，身为传统媒体工作者，怎样发好声，传递正能量？但是党媒的声音在今天的传播格局中，并没有一锤定音的效果，这是比较尴尬的问题。党媒是一个独特的声音，但读者未必相信你。所以我想说，在众声喧哗的时代，我们需要重新赢得读者，需要重新跟读者之间建立一种信任。

第二，我们还面对一片时政话题的蓝海。现在社会自媒体非常多，但在时政话题上缺少优质的媒体品牌。因为时政话题是一个高难度的操作领域，需要真正了解中国、读懂中央的大政方针和最高领导人的执政思路，还要对复杂的中国治理有深入了解，需要有全面的知识储备，不是花花草草、养生茶道，更不是什么阴谋论。所以在这方面，我觉得党媒具有天然的优势，而且这个优势是无可取代的。

第三，党媒理所应当在时政领域担负起舆论引导的责任，战斗在意识形态最前沿。

刚才说我们需要重新赢得读者，怎么做？主要有有两点，一是思想的厚度。现在是一个浅阅读的时代，所有人打开手机都在看东西，花花草草、养身健康，大部头的书籍都啃不动了。我过年的时候刷了好几天的抖音，每天都能刷两三个小时，刷完以后我发现没有留下什么值得琢磨的东西。所以我想说，在浅阅读的时代，我们还是需要能沉淀下来的价值、思考。那么，怎么让我们的新闻做得更加有厚度，能够留住人、打动人，我觉得我们应该把新闻当作一门学问去研究。

很多人说新闻是易碎品，我不这样认为。我觉得做新闻最大的幸运，就是我们天天在参与历史、见证历史、记录历史。只要把每天发生的新闻当作一个历史的样本去分析，就会串联成中国的发展轨迹，中国的每一天都有着不同的色彩，成功、进步，或者矛盾、纠结。所以，“侠客岛”的文章一定要具备思想的厚度，这样才能让我们的新闻立起来。

二是情感的温度。浅阅读时代打动感官的东西太多，触动心灵的东西太少，根子上还在于读者和阅读内容之间没有心灵的共鸣，和创作者之间没有情感的共振。所以我想说，我们一定要跟读者之间建立一种情感联系，与读者做朋友。我们称自己是“岛叔”“岛妹”，“岛友”是我们的读者，更是朋友，我们之间建立了一种非常亲密的联系，这种联系就像刚才在视频里看到的那样，他们非常喜欢我们。这样，编读之间就建立了一种良好的情感联系。

我讲一个故事。我们在 2016 年做了一场“走进中联部”的线下活动。当时有一个厦门“岛友”，他非要跑过来，说花两三千块钱买飞机票没关系，他付得起，主要是来看看我们。他到北京后给我们打电话，他特意回了趟老家漳州给我们带了一箱芒果过来，千里迢迢从厦门给我们拎过来。这件事让我们特别感动。我们每次去地方上做活动，因为场地的原因只能选择三四十个“岛友”，但真正在后台报名的却有上千人。所以，我觉得“侠客岛”办了 5 年多，最珍贵的是我们与读者之间建立了一种信任。

在这样的情感基础上，我们就能畅想“侠客岛”的未来。“岛叔”“岛妹”，再加上这么多世界各地的“岛友”，能够形成一个什么样的“大生态圈”？也就是说，我们做的“岛友会”能不能真正成为广大读者思想交流、情感寄托的平台？这也是我们努力的方向。

关于融合发展，最重要的一点就是资源整合。“侠客岛”毕竟还是一个小团体，但是人民日报社内的资源是非常丰富的。怎样利用“侠客岛”已有的品牌影响力，不断集聚人民日报社旗下不同的资源？我们做了一些尝试。比如“侠客风云会”，这是我们跟人民日报海外版文艺部合作的一个文化人物系列访谈，嘉宾包括《大江大河》的导演孔笙，包括演员吴京、吴刚、黄渤等，通过共同策划、报纸新媒体分别落地，能解决不少内容生产的短板。

另外如“经济 ke”，财经领域对记者的要求非常高，需要记者有长时间的资源积累，但“侠客岛”缺乏专业的财经团队，怎么办？我们找了人民日报社《中国经济周刊》，利用他们的报道资源，加上“侠客岛”的新媒体平台，共同策划，唯一的要求就是要按照“侠客岛”的风格来写。“经济 ke”栏目开办 1 年多，发表了六七十篇文章，在财经界产生了非常大的影响。

总的来说，我觉得党媒新媒体在众声喧哗的时代，要赢得用户还是有很大空间的。关键是我们能不能放下党媒的身段，真正去跟他们交朋友，跟他们平等地交流。首先，内容是一口元气。我们常说技术引领时代，实际上，做新闻还是内容为王，在内容稀缺尤其是优质内容稀缺的时代，传统媒体还是大有可为的，这是我们传统媒体进入媒体融合时代的立身之本。其次，“岛友”是强大的后援，“侠客岛岛友”给了我们很大的支持。当你很累的时候，看到后台这么多人留言互动，甚至“调戏”我们，我们觉得这份工作还是非常有意义，这可能是做新媒体的一个很不一样的感受。最后，资源是独门绝技，我觉得在传统媒体里做新媒体有个好处，就是我们天然具有体制内的一些资源优势，但这些资源沉淀在不同的部门和版面里，掌握在不同跑口记者手里面。新媒体像是一条鲇鱼，能把不同的资源带活。

我们提了一个小目标，要做中国权威的时政新媒体。“侠客岛”成长了 5 年，接下来还有 10 年、20 年……更多的路要走，我们希望把“侠客岛”做成一份事业，能在融合发展的探索中留下更多有益的探索。希望大家多给我们支持，谢谢大家！

▶ 国际锐评

盛玉红

【主持人　徐丹】有请“国际锐评”制作人、主编盛玉红，她分享的题目是“国际锐评：打造国际舆论场的中国言论品牌”，有请！

【盛玉红】谢谢大家！很高兴有这个机会跟大家分享一下“国际锐评”的心得。我先给大家讲一个小故事，为了践行“四力”，我从 2018 年 11 月开始连续参加了上海进博会、巴新 APEC 峰会，以及中美元首阿根廷会晤等重大事件的现场评论工作。特别是在巴新 APEC 峰会上，我们知道这是 APEC 峰会有史以来首次没有发表共同宣言，原因是美国的阻挠和反对。当时我在中国代表团的新闻发布会现场，深深感受到西方媒体不怀好意的挑衅，他们提出的问题几乎都聚焦中美的矛盾，挑拨中国与巴新的关系，根本不关注本届峰会在经济合作方面的进展。当时我抓住最后一个提问机会，总算把发布会的关注点转移到 APEC 本身的合作上来。

所谓“一叶知秋”，当前国际传播领域“西强我弱”的局面尚未得到根本的扭转，而中国已经成长为世界第二大经济体，走到了聚光灯下。在这样的背景下，提升中国的话语权，讲好中国故事，让世界认识一个真实、立体、全面的中国，正是“国际锐评”的初心和使命。

“国际锐评”是中央广播电视总台一个新媒体国际时事评论品牌。顾名思义，它以新媒体为主传播平台，除了对内的“两微一端”外，主要在海外社交平台进行传播。“国际锐评”坚持中国立场、国际表达，风格是客观理性、“快准精深”，选题主要来自国际政治、经济、军事、科技等社交热点事件。

下面介绍一下“国际锐评”参评第二十八届中国新闻奖的两篇代表作。

第一篇发表于 2017 年 3 月。美国总统特朗普上台后不久就在台湾问题上挑衅中国，但是同年 3 月时任美国国务卿蒂勒森来华访问时提出特朗普非常希望与习近平主席会晤，共同为中美未来 50 年的关系定调。美国为什么会有这种提法？当时“国际锐评”推出这篇文章，对蒂勒森的表态做出细致、深入的分析。主要观点认为特朗普此举是想再现尼克松破冰之旅的历史作用，并且为未来中美的力量转换做准备。文章指出，中美如果能够坐下来谈，而且谈出“约法三章”，就能走出一条不同于史上大国对抗的新路。这篇评论通过海外平台推出后反响强烈。今天，美国已经把中国定性为竞争对手，蒂勒森也被特朗普解职。回过头来看这篇文章的观点，或许会有不一样的体会。

第二篇代表作是关于“洞朗事件”。这一事件是 2017 年我们周边外交的一个热点，起因是印军和机械非法入界并滞留，引发了中印关系的紧张，国际社会对此高度关注。2017 年 8 月中国外交部发布一个立场文件，向外界澄清事实真相。这个立场文件比较长，为了让国际社会理解看清，“国际锐评”推出了这篇文章，解读文件传递出的主要信息真相，剖析印方的错误所在，同时展现中国的大局观，强调球在印度那边。文章推出之后，网友们有很多的互动，比较有代表性的观点认为这是印度在挑衅，解放军需要有亮剑精神。最终“洞朗事件”的和平解决，我觉得与媒体营造有利的舆论氛围是分不开的。

事实上，2017 年“国际锐评”代表作有很多，我从 1 月至 12 月每个月的作品中挑选了 1 篇，从中可以看出我们的评论选题涉及台湾问题、中美关系、中东问题、“萨德”入韩等。需要强调的是，习近平新时代中国特色社会主义思想的全球治理观、人类命运共同体理念等，是“国际锐评”立言立论一个根本指导原则。

在 2017 年 3 月美国对华启动“301 调查”之后，“国际锐评”就敏锐地感知到经贸摩擦可能会成为美国对华发难的一个前哨仗，所以我们做了非常充分的准备。在 2018 年 3 月中美经贸摩擦升级后，“国际锐评”立刻推出许多文章，截至 2018 年 12 月共发出近 300 篇评论，包括《贸易“恐怖主义”救不了美国》《迎击美国贸易战，中国仍会“以不变应善变”》《抗击贸易战，中国有能力付出一定的代价》《中美贸易，真相只有一个》等文章，被包括 FOX、BBC、CNN、纽约时报在内的很多外媒引述，取得比较好的影响。还有一篇谈到中国不是美国的敌人的文章引用了美国 3 位前国务卿的话作论据，引发了美国网友的热烈互动。目前，“国际锐评”的传播已覆盖主要西方国家，成为西方关注中国经贸问题立场的一个观察哨，传播力与影响力正在不断地提升。

通过 3 年多的运营，我们有 6 点感受：一是在议题方面要突出针对性，了解受众在哪儿，说给谁听。二是立言立论方面突出思想性，“国际锐评”以国际时评为主，思想性和观点性非常重要。三是分析论证方面要突出专业性，比如中美贸易摩擦就是一个专业性非常强的评论话题，如果对美国贸易规则不够了解，有些话说出来会让内行笑话，所以我们必须在这方面加强研究。四是在语言表达方面突出国际化，因为“国际锐评”是面向国际传播的一个品牌栏目，语言表达跟对内语言体系是有区别的，怎样在话语体系方面重新建构，这是一个需要我们攻克的课题。五是传播效果突出精准性，我们的受众面向全球，对欧美的角度，与对中东的、对周边的角度是不一样的，所以一定要精准传播。六是在用户运营方面，一定要注重和运用大数据，对用户的群体、年龄构成以及关注点有一个准确的把握，才能够有的放矢，加强用户的互动性与黏性。

最后，作为一名在评论战线工作十几年的老兵，作为从传统媒体评论到新媒体评论的转型者与实践者，我想谈一下个人的 3 点思考：一是与传统媒体评论相比，新媒体评论的尺度要不要放宽？二是与传统媒体评论相比，新媒体评论的逻辑要不要严密？三是与传统媒体评论相比，新媒体评论的文字要不要讲究？在我看来，评论无论以什么形式出现、用什么平台传播，应该用一把尺子衡量，因为我们的受众在哪儿，我们的战场就在哪儿。逻辑严密是我们传统媒体的优势，一篇评论的逻辑如果不够严密，就经不起时间的考验，最后可能还会被啪啪打脸。文字准确同样是主流媒体的一个传统优势，很难想象一个文字不讲究、标点符号错误连篇的评论，能博得用户的信赖、转发和点赞。

总而言之，“国际锐评”立足国际传播，面对的是一个相当复杂的国际舆论传播场，所以任务任重而道远。而且目前随着保护主义和单边主义抬头，全球化遭遇逆流，中国的发展环境不确定性在上升。作为中国主流媒体言论品牌，“国际锐评”在这种舆论场中的压力确实比较大。但也正因如此，我们要始终牢记习近平总书记的讲话，化压力为动力，在参与国际舆论传播的竞争中，构建起属于我们自己的中国话语体系，讲好中国故事，不负我们的韶华，不负这个伟大的时代！

▶ 澎湃新闻　　李　媛

【主持人　徐丹】有请融媒体报道界面一等奖的获奖代表，来自澎湃新闻插图主编李媛，她将给我们分享的主题是“信念，用心讲述遵义老支书36年修渠故事”，掌声有请！

【李媛】大家好，我是来自澎湃新闻的一名插图主编。我在新闻媒体行业从事插画漫画工作至今已经有11年了，是多年来的摸爬滚打使我积累了一定创作经验，从而才能创作像《天渠》这样一个作品，当然这不算最完美。

我今天为大家做的分享主要是我的创作经验，2017年4月23日，澎湃新闻刊发了H5产品《长幅互动连环画｜天渠：遵义老村支书黄大发36年引水修渠记》。17页的H5还原了老支书黄大发从20多岁的毛头小伙到60岁的花甲老人，青春耗尽，“拿命去换”终于带领村民修通了万米水渠脱贫致富的故事。

接到这个任务之后，我第一个想法，因为是修渠引水，所以就想用水这个元素去串联整个H5的设计。首先想用水以一种晕染的方式，比如你在一个平面的纸上用清水积起一个2毫米厚度的水弧，如果你滴入墨水的话，它会自然地晕开。就好比渠水肯定有一个流向，并且是自上而下的，所以我想用晕染的方式来表现，但是由于技术原因，真实的水晕染很难呈现，只能用一种机械的方式去模拟晕染。你们看到《天渠》的首页，悬崖上有一条白色的线，那就是水，当你在滑动的时候它就开始呈现向下延展的动态了。当然它不只是局限于水的概念，而是利用晕染这种动态，比如说从水连接到一个土地的裂纹，再到一棵树，还有马路等，我都可以通过模拟晕染的方式把它们串联在一起。接到这个任务，我们成立了一个报道项目组，由一名副总编牵头，具体由政治新闻部、视频新闻部、视觉设计部、交互体验部组成，我就是来自视觉设计部数据新闻组的1名插画主编，前方有3名记者，我们后方则全力开展相关资料的梳理和分析，采访期间通过微信群远程开了多次报道协调会，以确定用哪些采访内容和用什么样的话语方式来开展报道。

由于制作时间特别紧张，只有两周时间，包括策划、设计、技术制作，我负责画以及文案的整理。因为前方的采访、拍摄与后方的插图必须同时进行，他们在采访，我就要开始画起来了，主要是用电脑画，因为无法现场写生。除了一线记者提供的影像素材外，我只能从网上搜集大量黄大发的照片，每天看，不停地看，无论是笑的还是严肃的，全身的半身的，要熟记于心。这样有助于人物的多角度描绘，包括情绪和肢体语言的表现。所以我才能完成青年黄大发，中年黄大发，以及黄大发怎么哭、怎么笑我都能想象出来，这都是根据他的照片综合整理出来的。我画他哭着念信的画面的时候，参考了很多老人哭的照片，我当时搜索了很多照片，发现很多老人是一个手捂着眼睛哭，我觉得这符合老人的特点，所以我就画了这样一个场面，当然我不知道黄大发到底是不是这样哭，也没跟他沟通过，包括下雪天是不是穿这样的衣服我也没跟他沟通过，我只能去大致地画了一下。

H5 适合手机传播，但是在设计上如何体现出这个故事的特点和思想内涵？我们最终选择了以“渠水”为主线，给读者一种如“水”一般自上而下流淌式的阅读体验，从开始的渠水出现到裂纹、树枝再到马路等，都是向下晕染、无缝衔接的。

除了文字、图片和视频以外，选用什么样的话语方式来作为故事主要载体？最终我们选择以交互式插画的方式贯穿始终，一方面是为了弥补现实影像资料不足的缺陷，另一方面，是为了读者能更轻松更直观地了解黄大发的故事，以一种更平易近人的手段去传播到达受众，激发他们的阅读兴趣，而不是灌输教导。

如何确定 H5 的页面数量和每一个部分、每一页的故事细节？一开始我就和前方记者确定好他的采访文稿，我拿到他的文稿以后会全面看完进行梳理，根据大纲分为 7 个主题章节，再对每一个章节进行提炼，再分出更小的标题去作为每一页的文案主题，大概有 17 页。还有就是 H5 每一页文字数量不能太多，需要高度凝练。每一个章节大概有 2 页，讲述一个主题，包括穷则思变、第一道沟、冷嘲热讽、拿命去换、开山劈石、不忘初心、万众一心。

在整个创作过程当中，对我来说最难的还是他过去的样貌以及开渠过程的表现，因为素材内容非常稀缺，我也没有在现场，如果在现场的话创作会更方便一些。这并不是我第一次做这样的主题人物报道H5，之前有过一次周炳耀的专题报道，也是整体用一个插画的方式去表现。当时我到现场去拍摄采访，所以在素材整理方面是非常顺利的，画起来也是比较顺手，而且细节更加到位一点。

我们采用黑白装饰画的风格，配以金色点缀，这样可以更充分地提炼并与画面元素重组，又不会觉得生硬。同时在背景音乐之外，我适当加入了黄大发清唱的当地歌谣，包括开渠炸石的爆炸声、水流声等，让观感更加立体。从第一次修渠失败、一个字一个字认《新华字典》学习水利知识、挨家挨户走遍7个村民组去筹钱、带头在腰间绑上绳子吊上悬崖、“为了水，我愿拿命来换”、在卡车下过夜等，我们选用这几个感人点来串联整个故事。最后用4名“80后”和“90后”的口述来升华一下主题，表达《天渠》精神的传承。

4月23日，H5进行了首发。从开机屏海报开始，就以宏大的“天渠”二字为题，背景用动画的形式展现村民带着劳动工具行走于悬崖之上水渠的画面，渠旁就是千米绝壁，场景震撼，山水鸟鸣之声空灵而有“大片”气质，为即将推出的典型报道烘托气氛。其实这是一个系列报道，不是只有H5作品。这个H5作品在24小时左右仅澎湃平台总点击阅读数已经300多万，网友纷纷向黄大发致敬称“除了感动还是感动”，称他为“人民的村支书”“真正的共产党人”“新时代的愚公移山”，“真实、平凡而伟大”“千千万万个黄支书在基层的坚守汇成了中国共产党人的光辉形象！这才是我们必须传承的精神支柱！”英文报道被世界经济论坛转载，并被法国国家电视二台购买落地播放，可见主旋律报道只要用心用力专业去做，挖掘好的符合新闻规律和人性的中国故事，对于改变西方主流媒体对华报道方向也是有引导作用的。

说到体会，其实我忙于创作没有太多体会，我只能从前方记者发的一些朋友圈，通过他们拍的照片包括群里面的交流来远程体会，印象最深的是在烛光下的晚餐，因为他们经常停电，甚至没有水洗澡。

每当别人觉得不可思议，问黄大发为什么在漫长的岁月中能够把修渠、通电、改建村里小学的事一件件坚持下来，他还是重复那几句“改变这里的面貌”“得民心的事我就去做”，似乎坚持对他来说是理所应当、自然而然的。至于背后的困难，他只想着如何克服，不会想着如何放弃。

我印象最深的一句话是，他喝着村民家的热水，觉得和大城市的水没有任何区别，这一点让我特别感动，在一个悬崖峭壁上开了一条渠，喝的水还是那样香甜。

平正仡佬族乡扶贫办的熊主任说：“如果第二次修渠失败了，他还会第三次修渠、第四次修渠，他就是这样的。”从有人质疑、嘲讽到今天的众人拥护、爱戴，黄大发这一路走得并不平顺，但是“他认准的事情无论如何都要坚持做好，这个精神是现在很多人没有的”，这也寄托着他作为一个村支书、一名共产党员的信念。

对团结村、贵州省乃至全国来说，需要的不是一个黄大发，而是无数个黄大发。

谢谢大家！

▶ 访谈实录

主 持 人：徐　丹
点评专家：彭　兰

【**主持人　徐丹**】刚才3位嘉宾的分享精彩纷呈。下面让我们进入互动环节，在互动环节我将为大家介绍一位重量级的嘉宾，那就是本次中国新闻奖媒体融合奖项的评委、清华大学新媒体研究中心主任彭兰教授，让我们用热烈的掌声有请彭兰教授上台加入我们的分享，再次有请张远晴、盛玉红、李媛上场。

【**主持人　徐丹**】第一个问题先问彭老师，因为刚才3位嘉宾做了分享，我想您作为评委，尤其是他们获得了一等奖，您当时有什么样的感受，以及听了他们的分享后有什么样的点评？

【**彭兰**】祝贺3位。很高兴有这样的机会跟3位进行交流。作为评委，我认为这3个作品不管是从评审环节，还是公布之后受众的反馈来看，都是实至名归的。

3个作品各有各的精彩，“侠客岛”是我关注很久的一个微信公众号，在我做研究时也会看各种各样的榜单，不管是新榜还是其他的榜单，我们都会看到“侠客岛”遥遥领先。“侠客岛”给我的印象最深的一点是，在今天这个所谓的“移动+社交”的时代，我们的硬新闻怎么软着陆的问题，应该说在“侠客岛”看到一个很好的解决方案。进入这样一个时代之后，媒体都在做“两微一端”，但在进入“两微”以社交媒体做我们的内容传播的时候，传统媒体会有很多的担忧，特别是我们的硬新闻是不是会有人看，因为大家对社交媒体的基本印象是娱乐化的，大家会产生传统媒体在这样的平台没有优势的这种担忧，但事实上“侠客岛”的实践证明，在这样的一个平台可以做新闻，而且硬新闻也是未来我们传统媒体的力量能够得到显现的重要的内容亮点。当然，这个硬新闻要软着陆可能还需要很多条件，现在传统媒体都在说语态的变革，“侠客岛”在语态变革方面也做了很多实践。从“侠客岛”的实践来看，我们可以思考一个问题，所谓的语态变革是不是就是卖萌，现在的所有新媒体的编辑都自称小编了，觉得我把自己放到小编位置似乎就可以和网民进行平等交流，但是仅仅改了称呼可能是不够的。另外天天把自己当作小编看，而不是坚守自己的专业价值可能也是一个误区。还有一些所谓语态的变革仅仅是我学会了网言网语，例如，“官宣”成为热门词，我们就天天在“官宣”，这可能未必是传统媒体、专业媒体未来应该走的常态，可能偶尔的时候我们可以适当地借用网言网语，但是常态下还是要有一些专业的坚守。而“侠客岛”在这方面应该说做得非常好，既有语态的变革，同时也没有降低我们的专业性。

能够实现硬新闻的软着陆，可能还是跟“侠客岛”在选题和表达的角度上跟网民的共鸣有关系。网民所关心的问题基本上可以在“侠客岛”看到回应，而且是以网民所关注的角度做出解读，解读的力度和深度也是“侠客岛”的优势所在。不管是刚才看你们的宣传片、还有你（“岛叔”）的分享，还是之前在评审的时候，或者是作为读者看“侠客岛”的时候，我都觉得解读方面的力量是“侠客岛”的重要优势。

还有一点，可能也是“侠客岛”给传统媒体带来的启发，那就是用户资源的不断挖掘。我们今天都在说用户思维，用户思维一方面可能意味着更精准地了解用户的心理，我们需要做更细分的用户市场。另一方面，还要考虑用户怎么样能成为参与者。“侠客岛”把“岛友”的力量充分发挥出来，不仅是每篇文章之后的互动，还有线下的互动。对于未来的传统媒体，线下活动的运营可能对用户的资源沉淀是非常重要的。在刚才的片子里面有那么多“岛友”在全国各地发来视频，也是“侠客岛”力量的另外一种体现吧。

“国际锐评”在这次评审的时候，大家也给予很高的评价。刚才“岛叔”说时政的内容是一片蓝海，“国际锐评”是在这个蓝海里面更专业的一部分，是定位国际的话题。虽然从表面上时政新闻，特别是其中的最硬的国际新闻看上去有很高的专业度，可能会曲高和寡，但是从我的观察，用户还是特别需要这方面的内容的。在一些数据分析里面能看到国际话题其实是用户关注的焦点之一，这类话题在用户的关注度里排名很高。“国际锐评”把自己定位为一个可以源源不断地去做内容生产的专栏，是非常精准的一种定位。你们的文章能够受到海外媒体的关注，也说明你们的专业性得到了认同。我想可能除了定位的精准之外，还有专业性，这也是我们把这样一个荣誉给予这个专栏的很重要理由。

我也特别注意到，盛总编在演讲最后提到的 3 个疑问，我相信你心里已经有了回答，在今天不管是什么样的平台，我想对于媒体的这种专业性，我们永远是不能够放松标准，甚至应该有更高的标准。刚才“岛叔”说到众声喧哗，我的感觉是，众声喧哗的确是给我们带来了冲击，自媒体像汪洋大海一样把我们包围了，我们过去自己拿着麦克风的时候，不管怎么样说别人都能够听到，但是在众声喧哗的时候你只有音量更高、你的音色更纯正，还有专业浓度更高的时候，才能在汪洋大海里面保持自己的存在感。我们也期待“国际锐评”以后继续保持这样一种专业性。

《天渠》是我很喜欢的一个作品，刚才听了李媛的分享，有几点感受：我们的融合报道的技术和界面怎么样为内容去服务，《天渠》这个作品给我们做了一个很好的示范。现在很多媒体都要做媒体融合报道，有的时候我们可能是为了去做多媒体而多媒体，先有一些想法，然后不管有没有做的条件，找了一些所谓的多媒体手段组成了所谓的多媒体报道，但是对读者未必是有意义的。

刚才关于《天渠》的分享中我注意到也谈到这样一个问题，你们为这样一个相对来说视觉素材不足的题材找到了一个很好的解决方案。黄大发的事迹是最近几年被挖掘出来的，但涉及的是过去 36 年他带领村民修“天渠”的过程，我们现在媒体去做报道虽然有一些视频、图片的采集，但是很难还原 36 年这个历程，怎么样找到一个不影响新闻真实性，又能够真实去还原主题的表现方式，我个人觉得基于 H5 的长篇连环画是很好的一种选择，这个选择除了弥补素材不足，还有另外的好处，对今天不太关注典型人物报道、主旋律报道的年轻用户来讲，可能会从形式上对他们有额外的吸引力。当我们看这样一个 H5 长长的视觉延伸，除了“水”的意象之外，我们还会感觉到悬崖峭壁的不断延伸，同时可能也会回到历史的进程中，随着绘画的展开一步一步在回忆，在重温那段历史，所以我觉得整体来说视觉效果是非常好的。怎么样利用好的表现形式去做融合报道，应该说《天渠》是非常好的示范。

我们也感觉到团队的力量。李媛是一位漫画作者，我想你可能自己没有想到有一天会去拿一个中国新闻奖，也可能在你上学的时候想在美术上得奖项，但是却和你的团队得到了一个中国新闻奖。我还在团队名单里面看到我的一个学生，才毕业几年的学生。这样的新的报道给了跨界的人才和年轻的人才一个新的机会，让他们能够迅速地成长。

当你在后方做精心构思的时候，你的这些队友们、伙伴们在前方做艰苦的采访，这也是一个很好的团队合作。

多媒体使用比较出彩的地方就是黄大发用清唱的方式唱当地的歌谣，一下子把我们带到那种情境当中。还有后面有几位“80 后”“90 后”的音频采访都是非常好的。

但是有一点，《燃情岁月》这个背景音乐的运用可能不太恰当。《燃情岁月》的音乐很好听，但是它毕竟是一个被称为爱情史诗的电影音乐，现在放在这样一个主题里面，如果了解这个电影的人可能会有一点“出戏”，音乐可能会有点脱离主题。这不仅仅是《天渠》这个作品的小小的遗憾，我们在这次评审中看到也有其他的融媒体作品在声音的运用上似乎有一些瑕疵。这也是我作为读者一个小小的建议。

【李媛】音乐确实有很大的问题存在。不只是我这个作品，在整个行业的作品里，可能都存在对音乐不够重视的问题。

【主持人　徐丹】谢谢彭老师的点评，确实非常到位。接下来请“岛叔”再谈一谈，尤其是你也谈到“侠客岛”办了5年，咱们所说的问题，彭老师也肯定，就是栏目开始让很多读者感觉耳目一新，但是随之而来的问题是，我们怎么长时间保持对读者的吸引力，同时克服自己的一种疲态？

【张远晴】我觉得最重要的是不断给读者新鲜感。读者跟着我们一起看了将近5年的“侠客岛”，除了图文的形式，“侠客岛”还以这样的形态出现在他们的面前：我们做线下沙龙、线上读书会、小文创产品等等，用这些方式不断给他们新鲜感。比如线上的语音沙龙，拿着手机就可以在上面跟“岛叔”交流，还有一起打卡读书，10天内和全国成千上万的网友读完一本书，互相监督、互相分享。大家通过读文章认识到了“岛叔”“岛妹”这样一个群体，因为读文章认同“侠客岛”的价值观，慢慢进入到“侠客岛”的语境里面，我们就通过一系列互动、活动，慢慢形成自己的“生态圈”。相当于大家在网上建立了一个空间，在里面我们可以交流思想、生活，我们以新闻解读为基础，慢慢变成一个有共同价值观、有共同语言的网友的社群。我觉得这是一个很有意思的发展方向。

“侠客岛岛友”的整体素质还是非常高的。我们做过一个统计，约有60%的“岛友”生活在一二线省市和省会城市，约70%是男性，约80%是本科以上学历。我们开玩笑说，跟上次习近平总书记批示提到的中国近视率是相符合的。这是“侠客岛”粉丝的构成。

我们做过几次线下的活动，参加的人中，公务员非常多，还有不少公司的白领、高校的学生。我们在基层的公务员用户也非常多。我想，他们跟着我们一起阅读了5年，接下来的10年，他们肯定会成长为中国的中坚力量，再过20年，他们会为中国的发展作出更大的贡献。所以，我们把眼光放长远，让“侠客岛”伴随式阅读，共同成长。我希望多年后，会有人说：我是看着“侠客岛”长大的。这会是一个非常有意义的事。

【主持人　徐丹】下一个问题问盛主编，刚才在分享的时候也提到，2018年以来国际局势、国际环境都发生了很多深刻的变革，那么，这种变革对于“国际锐评”这样一个以表达中国立场、讲中国故事的一个品牌栏目有着怎样的机遇和挑战？

【盛玉红】既有机遇也有挑战。刚才说变革的时候，我着重提到了中美经贸摩擦，事实上它只是整个国际格局不确定性上升的一个典型代表。除了这个之外，其他的变化也发生在欧洲、中东等很多地方，不确定性确实是在上升。在这个时候，中国作为世界第二大经济体，它的发展能不能成为不确定性世界当中一个最大的确定性，这是“国际锐评”通过故事、细节和言论，要向整个国际社会传递的一个重要信息。

在世界发展面临不确定性的情况下，如果我们的表达方式、阐释水平能够匹配上我们经济发展的速度，那对我们来说就是一个机遇。现在大家在一起沟通是非常顺畅的，因为我们在同一个文化体系里，我们的语言和话语表达，彼此之间都能理解。而“国际锐评”除了对国内传播之外，眼光是放眼国际社会的，我们就会遇到沟通的障碍，在进行跨文化、跨价值观、跨民族的国际传播时，有的时候会发现彼此不在一个频段上。比如，我们中国传统文化讲究“道义”，而某些国家强调“利益”，所以对于道义和利益这两个不同的表达，在撰写国际传播评论的时候就要思考，怎么能够让我们的观点被外国受众理解，我觉得一定要抓住人类是有共同价值的这一点。

习近平总书记指出全人类的共同价值包括和平、发展、公平、正义、民主、自由，我想在这些方面“国际锐评”可以做更多的文章，来搭建一座更高的沟通桥梁。2019 年我们要举办第二届“一带一路”国际合作高峰论坛、第二届中国国际进口博览会，同时新中国迎来成立 70 周年，解读好这些大事件对“国际锐评”来说是一个很好的机遇。谢谢！

【主持人　徐丹】谢谢盛主编。下面时间给一不小心获了中国新闻奖的插画师。融媒体最大的特点是跨界，内容、技术、艺术很多的边界已经模糊了，所以我想问李主编，尤其您平时主要是负责插画，我想知道新闻媒体的信息与艺术化表达如何兼顾？它的边界或者是底层逻辑在哪里？用“岛叔”的话说就是它的“武功心法”在哪儿？能不能简单跟我们分享一下。

【李媛】说到“武功心法”，我自己也做了这么多年，无论是时政类漫画、时尚类插画，文娱类插画，全都做过。因为澎湃新闻其实是原来的《东方早报》，我在传统媒体也画了一两年的社会漫画，所以我也积累了对新闻的认知和对图像抽象化的表达，为我现在的创作打下了非常好的基础。

我这么多年工作下来也累积了一些经验，首先要创新，创新无论是绘画还是写作，各个领域都需要创新。当你拿到一个选题的时候，第一反应肯定要搜一圈，看看别人是怎么做的，但是我觉得这个过程不是一个模仿和效仿的过程，而是一个去激发灵感和创新的过程，怎么做到和别人不一样。这是我工作的一个重要前提，我做的东西一定不能和别人是一样的。

两年前其实也做了不少 H5 风格迥异的作品，有游戏类的，也有装饰性很强的，做了各种各样的体验，那时候是 H5 最风靡的时候，十八般武艺都用进去了，基本上每次都会挖掘一条别人没有走过的路，套用两句广告语：“不走寻常路，一切皆有可能。”

【主持人　徐丹】谢谢。时间非常宝贵，最后的时间我想问彭兰老师，因为在座很多来自全国各地的媒体融合一线的编辑记者，他们都有一个困惑，就是我们怎么样去做爆款？怎么样做媒体融合体的产品创新？请彭老师从学界的角度给大家提一点建议。

【彭兰】今天这个场合应该把时间留给他们，他们很谦虚。

接着刚才的话题解释一下，今天可能在他们这么多的成功作品之后会有一个基本的判断，在媒体融合时代，我们需要技术的创新、思维的创新，其实所有的创新最后为了做出好的作品。3 个获奖作品最终是以内容取胜，不仅仅是技术或者是形式。

第一，现在大家在做媒体融合设计的时候，总觉得要做出某种标志性产品，必须要有一个基本的平台，有“中央厨房”或者是媒体融合这样一种基本的配置。但如果我们还有别的可以选择的路，比如像“岛叔”他们并不需要所谓的融合平台，也不需要 H5，但是他同样也可以做出好的内容。我觉得最终我们可以有千万条路去走所谓的融合的道路，有的融合是技术和内容的融合，有的融合是用户和媒体的融合，其实融合的方式是不一样的，不一定要从一些被大家称为融合的产品当中才能找到方向。

第二，今天我们一方面在担心这种娱乐化的时代，我们的传统媒体的声音会淹没了；另一方面，如果真的要在这样的时代还坚守自己的价值的话，我相信硬核的东西还是我们媒体人的价值所在，虽然需要一些语态上的变化、需要一些思维上的变化，最终我们回应社会最为关注的问题，还是需要在硬核方面发挥我们的特长。这是我们很多获奖作品一个共同的特点。

第三，在今天我们融合的方向怎么去设计，或者是具体的策略怎么设计，可能有一些大致的判断大家是有共识的。我们面临着移动化的大趋势，面临着社交化的一种全新模式的变化，同时受到智能化的冲击。从移动化来说所有的媒体都在做客户端，有些客户端已经有了自己的影响力，但是有些还没有找到自己的特色。总体来讲，市场的影响力还不错，今天的媒体客户端需要进一步在垂直和细分方面做一些探索，大多数的客户端还是一般的资讯客户端。今天的新媒体产品是越来越细分，如果我们有兴趣去研究一下，今天已经可以卖钱的产品，比如说知识付费产品，比我们媒体做的内容分类要细致得多，而且一开始从它做内容细分就在思考应该怎么运营，怎么围绕着内容带来核心的粉丝群体，这些核心的粉丝群体带来所谓的盈利模式。所以从内容到社交到电商整个的链条是我们在做内容策划的时候需要设计和考虑的。今天可能有很多很好的知识付费产品可以在这方面给媒体同仁们提供一些借鉴，这是从移动角度看。当然未来移动方面还要关注各种不同场景的传播、移动化的趋势。“侠客岛”带来的启发是非常大的，我个人认为所谓的社交化就是集中力量做社交化的传播，要把用户的渠道激活起来，能够打动人心，能够唤起人的情感和共鸣。

刚才提到爆款未必是能够设计的，往往是成功之后再回去找原因，可能最核心的原因还是人心、还是人的共鸣，不管是我们媒体做的爆款，比如说冰点周刊前一段做的那一块屏幕，不管有没有争议，但至少能唤起大家的关注，从这个角度来说是成功的。当然，还有自媒体关于疫苗的一些报道等等，也能够击中社会的痛点，人心所向是爆款的原因。

关于社交和传播，“侠客岛”带来更重要的启发，还需要把用户的资源更好地发挥和调动出来，刚才听“岛叔”的介绍好像您在下一盘很大的棋，不仅仅做内容，未来“侠客岛”的周边产品我也很期待。其实用户这种资源是具有无限能量的，需要我们不断地挖掘。

最后是智能化，最近几年我关注智能化的大趋势也很多，我注意到很多媒体在这方面在不断探索，新华社在整个智能化媒体探索方面都是走在前面，不管是前几年用来写新闻稿的“快笔小新”，还有“媒体大脑”做的智能化视频生产，可以看到，虽然人的价值永远不可替代，但是在海量的信息时代，我们还是需要有机器的力量使我们在某些方面提高效率。在这个方面，媒体和企业都在共同探索，如果不远的将来，媒体能够在这方面把自己的价值和机器的价值结合起来，我相信新闻传播的专业能量在未来可以得到更大的发挥。

总体来说，今天大家都已经看到了方向，媒体可能会有不同的路径，不管是在座的获奖媒体，还是其他媒体，未来慢慢都会找到适合自己的道路。

【主持人　徐丹】谢谢彭老师从社交化、移动化、智能化的角度帮我们梳理未来媒体融合发展的路径。

时间关系，本次的互动环节就到此结束，让我们再次感谢彭兰老师和3位嘉宾。谢谢大家！

◆ 第二轮分享：

▶ 人民日报 | 余荣华

【主持人　屈萌】我相信每一个人的心中都有一个当军人的梦想，那么“军装照”H5到底获得了怎么样的传播效果？创作的过程又是怎么样的？有请人民日报社新媒体中心统筹策划室副主编余荣华为我们进行详细讲述，掌声有请！

【余荣华】各位领导、各位同事，大家下午好！

今天非常高兴能够代表我们的创作团队，来介绍一下“军装照”H5背后的故事。这个H5大家应该都非常熟悉了，它的上线时间是2017年7月29日，在8月7日——也就是上线第10天左右的时间，达到了10亿的访问量（PV）。大概在一个星期前，为了准备今天的活动，我又查看了一下H5的后台数据，发现它在没有任何进一步推广的情况下，2018年

8 月 1 日当天的访问量是 30 多万。也就是说，直到今天，这个产品仍然在互联网上实现着一定的传播，的确是一个难得的传播效果。

回顾“军装照”H5 的制作和传播过程，我们大概有 3 点收获。

收获之一，我们要在宣传目标和创新形式的结合点上来寻找一个好的创意。

人民日报社新媒体中心负责运营人民日报微博、微信、中文客户端和英文客户端。每到重要的新闻节点前，我们都会在中心领导丁伟主任的带领下，进行多轮的“头脑风暴”，围绕着主旨要求，提出不同的创意，进行充分的讨论，最后决定选择一些形式生产融媒体产品。

一个新闻节点，比如八一建军节，或者国庆节，或者是庆祝改革开放 40 周年，如果我们最终生产出 5 个产品，那么前期讨论、酝酿的创意至少在 50 个以上。所以我们内部有一个说法：“好创意都是碰出来的，好产品都是磨出来的。”

具体到“军装照”H5 这个作品，我记得大概在 2017 年 6 月底到 7 月初，我们围绕建军 90 周年进行了两三轮的创意讨论。在讨论过程中，“军装照”H5 很快就脱颖而出，基本上没有争议，大家都觉得可以做。原因是建军 90 年来，中国人民解放军的名称和服装都经过了很多次的变化，如果按照传统的方式可能是把这些服装的照片和简单的文字介绍进行罗列，我们认为这样的形式非常正确，但是传播力不会太强。既然我们是移动新媒体，那能不能做一个互动网页，让用户能够自己体验、自己感受人民解放军服装的变化？大家一番讨论之后，觉得这个东西可行。我们当时就觉得这个产品会火，至于后面能火到如今这个程度，的确是当时没有预料到的。

我们对于所有的创意，在酝酿过程中都会有几个判断原则。第一，导向上正确不正确；第二，传播上广泛不广泛；第三，技术上可行不可行。

具体到这个项目上来说，我们觉得最关键的是两点。第一，后来很多评委也提问，这是不是一个新闻产品？我们是这样想，比如说在 2017 年，我们发一条文字新闻稿，标题是《建军 90 周年之际亿万群众为解放军战士点赞》，大家会觉得它是新闻，因为它表现了大家当时的情绪。那么，我们用这样一个新媒体产品来体现这样一个状态，同样也是一个新闻。

第二，这样一个方式，让普通的人虚拟穿上军装，导向上正确不正确？是不是有一些恶搞的嫌疑？我们当时也进行了评估。我们觉得，只要我们把产品设计好，把内容弄准确，让每一个人生成的军装照，的确是体现出了人民解放军英姿飒爽的状态，在导向上就没有任何问题。在实际传播中，的确也印证了我们最初的想法。所有的网友不管他过去在网络上什么样的表现，“晒军装照”的时候他都是说“穿上了军装，向解放军点赞”，说“人民解放军的服装是最美的服装”。

这里我特别想分享一个故事。当时，我们在后台看到一个网友留言，他说他父亲 20 世纪 70 年代参军，在 21 世纪初去世了，由于种种原因，他父亲没有留下自己穿军装的照片。过去这是一个遗憾。但是借助“军装照”H5，他用父亲年老时的照片生成了一张“当年的军装照”，他在留言中对我们表示深深的感谢。那一刻，我觉得，这样一个产品即使没有达到 10 亿的点击量，只有 10 万的点击量，能够产生这样的效果，它也是一个令我们欣慰的成功的产品。

收获之二，我们要在精准内容和先进技术的结合点上去打造好的产品。

这个产品能火，有的网友说是因为它生成的“军装照”漂亮，不管是女性还是男性，生成的照片都比自己本人更加漂亮、更加帅，所以用户愿意秀出来。同时，照片又能够还原用户本人的一些面孔特征，让他人看到这张照片虽然很漂亮，但还是你本人。

实现这样的效果，做出一个成功的产品，其实在内容、技术和运维层面都面临着很大的困难。

第一是内容，作为人民日报推出的时政媒体产品，首先要的是内容准确，不能有错。所以我们当时一方面自己搜集各种军装的照片作为素材，另一方面由报社的军事记者去约请军队院校专门研究军服变迁的专家给我们把关，为我们审核所有的服装素材。后来我们发现很难找到一套成形的、完整的军装照片能够直接使用。所以，我们基本上是一张照片一张照片地找，一张照片一张照片地改。一些来自影视剧里的军装照片，可能看上去大致是对的，但是某个肩章错了、某个纽扣错误，必须修正。这个过程对我们来说是最复杂、最繁重的任务之一。幸好在各方的努力下，最后“军装照”H5 出来之后，没有谁说哪个军装是错的。我们实现了内容的准确度。

第二是技术。要在 5 秒钟之内，用户上传一张照片，生成一张他的虚拟“军装照”，而且是持续不断地生成，在过去是不可想象的。但是这些年来，随着人工智能技术的发展和大数据技术的应用，在技术上已经可行了。之前也有一些同类型的产品出来，虽然人民日报自己没有这样的技术，但我们在创意成型之后去找合作伙伴很快找到了，就是腾讯的天天 P 图团队。

我想分享一个细节。其实我们一开始找的不是天天 P 图团队，是另外一家很有名的同类公司，但是这家公司当时认为这个创意不是特别新鲜，工作时间又非常紧张，没有和我们合作。所以，我觉得主流媒体在借助商业公司的技术力量开展合作时，不仅要靠我们的品牌优势，同时也靠我们对产品、对内容的把握。在内容上，我们能够比这些拥有先进技术的互联网企业有更高的水准，能够给他们提供一些他们没有的东西，这就有了我们合作的基础。

第三是运维，尤其是服务器的资源。大家知道“军装照”H5 在运行过程中出现了很多次“瘫痪”状态，玩的人太多，系统支撑不住了。最高峰的那两三天，我们基本上 24 小时只能睡很短的时间，只有后半夜能睡，因为我们在不断地协调服务器，不管是前端还是后端的服务器，都在不断加机器。大家的每一张虚拟照片都是计算机为大家“算”出来的。最高峰的时候，腾讯云在后端用了 4000 台服务器为这个 H5 服务。

说了这么多技术、资源的需求，由于各方面的原因，主流媒体自己是很难达到的，但我们有创意、我们有想法。所以，“不求所有，但求所用”这样一种机制，可能是主流媒体进行产品创意设计制作过程中，必不可少的一个模式。

收获之三，我们要在传播目标和用户需求的结合点上去实现好的效果。

移动互联网时代和传统媒体时代相比最大的变化，我们认为就是我们的受众——不管是读者也好观众也好，变成了用户。所以我们在传播的过程中，作为传播的主体，不管有什么样的传播目标，都要考虑到我们能够给我们的传播对象、给我们的用户提供什么东西，满足他的什么需求。“军装照”H5 内部总结的时候，人民日报社新媒体中心丁伟主任说了一句话，核心原因还是满足了在那样一个时间节点，在建军 90 周年之际，广大人民群众表达自己情感的需求。因为你满足了所有人的需求，所以所有的人都在为你传播，所以能够打破一般的互联网产品在年龄、阶层、城乡各方面的圈层壁垒，实现了全方位的传播。

同样因为这样的变化，互联网的传播必须高度重视参与感、互动性，要让用户成为一个主动的传播者。“军装照”H5 在一开始设计的时候就是要激励用户成为传播链条中的一环，他不是玩完这个 H5 就结束了，而是应该帮助我们把这个 H5 传播出去，我们在里面设计了很多细节。最后效果也是如此，大家看到“军装照”H5 的链接在微信朋友圈分享 1100 多万次，在微信好友、微信群里面分享 4800 多万次，带着二维码军装照的照片分享自然就更多了。

这 3 个收获，是我们自己盘点包括“军装照”H5 在内一些作品的经验总结。这些年根据类似这样的经验，我们也推出了一些同样很有意思的 H5。

比如，2016 年 2 月 19 日，习近平总书记为我们创作的一个 H5《总书记给你发来了元宵节祝福》，这是习近平总书记在人民日报社新媒体中心值班大厅的现场亲自录音、亲自点击发送推出的 H5，模拟了“打电话”的方式。比如 2017 年全国两会，我们推出的“两会邀你加入群聊”H5。这个 H5 的特点是模拟了一个李克强总理和部长们的微信群聊，总理和部长会跟打开这个 H5 的用户打招呼，征求意见。虽然总理并没有真实地进入这个微信群，但他通过别的形式不断地向广大网友、广大群众征求对政府工作和《政府工作报告》的意见，所以我们认为这样一个表态其实也是在 @ 每一个人。

这两个 H5 产品的传播效果也特别好，尤其是“两会邀你加入群聊”H5 在人民日报客户端创造了用户留言的最高纪录，很多网友纷纷在下面留言，而且是非常严肃、认真地留下了他们的宝贵意见。

最后做一个总结。我们认为，在今天这样一个时代，主流媒体能干什么？在保持导向正确、内容准确这样一个前提下，只要我们能够牢固树立用户意识、遵循互联网传播规律，不断创新，善于利用各种技术、资源和各种创新的跨界方式，就能够在新闻传播的广度、深度上不断取得新突破，实现在传统媒体形态上可能难以想象的传播效果。

以上是我的一些分享，请大家批评指正。谢谢！

中国搜索 | 李 俊

【主持人　屈萌】有一个 H5 的应用也获得了广泛关注。为了深入践行习近平总书记坚持创新为要的指示精神，为党的十九大胜利召开营造团结奋进的主流舆论氛围，新华社多部门以及各大分社合力研发推出了“点赞十九大，中国强起来”系列融媒体互动报道产品。这个产品一经推出就刷新了中国互联网 H5 轻应用的传播极值，也超过了吉尼斯世界纪录同类的最高值。有请中国搜索党委书记李俊为我们进行详细讲述，掌声有请！

【李俊】各位新媒体大会的嘉宾、同行，大家下午好！很荣幸代表“点赞十九大”的主创团队跟大家分享新华社的媒体融合故事。

“点赞十九大”是一支致敬新时代的“多声部合唱”，大家刚才看到的 1 分钟魔性视频，是大合唱的“二次元”声部。下面，我将把每一个声部背后的故事说给你听。

——在党的十九大开幕当天，腾讯 CEO 马化腾在纽约出差。他告诉我，他用手机看完了 3 个多小时的十九大报告直播，并把他的感受和建设网络强国的心声录制成音频传送给我们。

——在党的十九大召开期间，一位来自河南农村的大姐每次骑共享单车都要刷开好几辆才骑走。她说，只是想把“点赞十九大”的几段音频全部听完。演员吴京录制的“我们的征途是星辰大海，为十九大点赞，向着美好生活出发”是她的最爱。

——在党的十九大闭幕的当天晚上，一位来自基层的十九大代表加了我的微信。她说，她错过了参加网上诵读十九大报告活动的机会，想录一段音频纪念盛会。在那个深秋的夜晚，她发来的音频声音温暖、感情真挚、十分动人。

“用爱豆（偶像）连接网友，用 ofo（共享单车）连接民众，用嘻哈连接二次元，互联网思维无非连接二字。”2017 年 10 月 26 日，伴随着最后一条微信朋友圈发出，新华社“点赞十九大，中国强起来”系列互动活动的参与人数定格——接力人次 5.12 亿人次，点赞人次 1.2 亿，页面浏览量 30 亿，一项新的互联网纪录诞生了！

迎接新时代，创造新纪录。空前的数据记录了广度和深度空前的连接力，彰显了党的十九大在人民心中的巨大感召力，也展示了新华社在媒体融合和系统化创新中积累的强劲创新力和传播力。

新“三可”打开新思路

习近平总书记指出，要适应分众化、差异化传播趋势，加快构建舆论引导新格局。要推动融合发展，主动借助新媒体传播优势。

中国幅员辽阔，如何发挥新媒体分众化、个性化、移动化、互动化的优势，不仅让北上广的群众关心十九大、参与十九大，还走进广阔的城市、乡村，让广大民众都参与到十九大的宣传场域中来？新华社总编辑何平的一段话打开了我们的思路——“互联网传播特别是社交媒体传播，不仅要‘可读、可听、可看’，还要‘可互动、可分享、可体验’。前‘三可’是基本要素，后‘三可’是鲜明特点。这次一定要脑洞大开，把可互动、可分享、可体验的窗户纸捅破。”新华社副社长刘思扬也勉励我们，要按照现象级标准，打造新“三可”的标志性产品。

伴随着“点赞十九大”系列报道的推出，街头叮叮当当的共享单车，化作数以千万计的播放器；遍布城市乡村的邮筒，变身绿色的留声机；连接千家万户的手机，唱响新时代的大合唱……悦耳动听的音频、音乐，借助新的传播形态，构成一张连接网上网下、打通虚拟现实的崭新传播网络，为十九大的新媒体报道打开了新思路、创造了新空间。

新思路创造新纪录

博观而约取，厚积而薄发。新纪录的背后是新华社系统化创新的深厚积累。可以自豪地说，报道中的每一个页面、每一段音频、每一个创意，都是新华社记者编辑自主创新的成果。“新三可”成为新时代好记者讲好故事的新方式。

2016 年，新华社启动系统化创新，专门成立了新华社产品研究院，连续两年百万重奖创新，催生了一大批媒体融合的项目组、工作室。

“点赞十九大”系列报道里精美的 H5 页面，是新华网融媒体工作室一页一页画出来的；精彩的音频节目，是 FM 工作室一秒一秒剪辑出来的；100 多位遍布海内外的嘉宾，是新华社体育部、新媒体中心、新青年工作室和海内外的记者在极短的时间内一位一位采访完成的。

2017 年 10 月 18 日党的十九大开幕当天，伴随着设计精美的“十九大首日封”轻应用上线，海量的数据刷爆了朋友圈，点爆了服务器，烤热了扫码后台，短短 7 个小时，仅点赞数就超过了 6000 万次，服务器紧急扩容才抵挡住用户潮水般的热情，成为十九大第一个“爆款”互联网产品。

活动也创造了多项“第一次”：第一次邀请党代表、公众人物和网友在线诵读党代会报告；第一次以“进入新时代”为主题组织网友互动活动；第一次用互联网技术推出党代会纪念首日封；第一次将重大报道与线下扫码活动有机结合产生重大影响；第一次大规模以音频为主打形态开展重大报道。

新纪录带来新启示

“点赞十九大”系列报道为“可互动、可体验、可分享”的传播规律提供了海量数据的试金石，也带来了引人深思的新启示。

第一，“可互动”的关键不仅是互动什么，更要重视如何互动。社交媒体的互动规律，不是深度、多维、多元的“座谈式互动”，而是简洁、简练、简单的“广场式互动”。新华社采取的“强议程、低门槛、广覆盖”的传播策略，为社交媒体“可互动”传播规律探索了有效路径。

新华社领导在产品设计之初就提出，“一流的内容 + 一流的技术 + 一流的渠道共同定义一流的产品”。“点赞十九大”不仅用足了新华社微信、客户端、新华网等自有渠道，还在微信、微博，B 站、A 站等二次元平台，以及蜻蜓等音频平台上持续发力，更首次使用共享单车作为互动平台，伴随着扫码开锁的嘀嗒声，悦耳音频自动播放。以图片、音频甚至游戏互动代替传统文字互动，突出“浅互动”“微互动”成为产品互动性强劲的重要因素。

第二，“可分享”的要义是构成传播闭环，充分发挥社交媒体的传播红利，让阅读者成为二次传播者，让新闻自动找到下一位读者。“点赞十九大”充分挖掘微博、微信等社交媒体的传播特点和各具特色的传播优势，先后邀请各界代表108位，录制音频200多段。广泛的代表性形成大大小小、交叉互联的传播圈，迅速形成正能量的“排浪式传播”。

与此同时，在产品设计的时间轴上，采取了不断迭代开发的策略。伴随大会开幕，推出“点赞十九大·党代表篇”特刊，邀请19位党代表点赞党的十九大；伴随习近平总书记在党的十九大报告中提出“进入新时代”的重大论断，“进入新时代，点赞好声音”互动专题同步推出；与中国邮政合作，发起“点赞赢取十九大首日封”活动，设计精美的首日封和明信片，通过手写签名、摇一摇等“浅交互、低门槛、个性化、高传播”的互动方式迎来传播峰值；会期过半，启动“我是报告诵读者”活动，邀请房方、蒙曼等十九大代表和嘉宾朗诵报告暖人“金句”，吸引大量网友参与互动，形成UGC（用户贡献内容）反哺报道产品的闭合链条……

传播不再是一站式的旅行，不断变化的主题和设计的不断更新，吸引网友体验新鲜感的同时，持续调动分享热情。党的十九大前后，产品共完成4次迭代，十几次调整优化。传播分析文章指出，新华社“点赞十九大”系列产品，富于节奏感地发布产品，始终注意优质议题设置，始终注意网上网下结合，使整个产品高潮迭起，形成滚雪球效应，数字连创新高。

第三，“可体验”的核心不仅要让受众“身临其境”，还要让观众“参与其中”。让先进技术为体验服务，让场景设计以人为本，把复杂的变得简单，把笨重的变得轻巧，把遥远的变得亲近，把严肃的变得亲切。这是让重大报道“可体验”的基本规律。

随着新一代互联网技术的发展，我们正站在万物互联时代的门槛上。新华社“点赞十九大”系列报道把主题宣传与共享单车、邮筒、信封、手机连接，开创了主流媒体打通线上和线下开展重大主题报道的先河，也是

“万物皆媒”时代新闻传播的探路之作。

习近平总书记指出，读者在哪里，受众在哪里，宣传报道的触角就要伸向哪里，宣传思想工作的着力点和落脚点就要放在哪里。随着我们对可互动、可体验、可分享的传播规律的探索和把握，必将催生更多奇妙的化学反应。让我们一起努力！

▶ 新华社

郝方甲

【主持人　屈萌】党的十八大以来，党和国家事业发生了历史性的变革，取得了历史性的成就，我国发展站到了新的历史起点上，中国特色社会主义也进入新的发展阶段。面对新的国际国内形势，中国号这艘巨轮该如何开启新的征程，续写新的辉煌，新华社的微视频《领航》似乎给了我们答案。接下来就让我们掌声有请新华社总编室融发中心全媒产品部副主任郝方甲给我们分享。掌声欢迎！

【郝方甲】大家下午好，我是新华社的郝方甲，今天非常荣幸在这里与大家交流心得。

在党的十九大召开前夕，新华社全媒报道平台第一工作室精心打造了政论微视频《领航》。这部微视频用 8 分 40 秒，展现了党的十八大以来，以习近平同志为核心的党中央领航中国号巨轮破浪前行，将中国特色社会主义理论和实践不断推向新时代的光辉历程。

微视频推出后，舆论反响强烈。浏览量在24小时内突破2亿次，网民在评论区和微信朋友圈掀起了“厉害了，我的国”一句话海量转发，迅速成为互联网爆款产品。有一位名叫“大海”的网民说：“政治性微视频如此制作，从未见过，大气磅礴，令人沸腾。让我更加坚信只要中国人携手并肩，万众一心，就没有过不去的坎，就一定能抵达目的地。”刚刚，这部作品获得了第二十八届中国新闻奖融媒体类一等奖，之前还获得了新华社创新大奖的一等奖。

在我看来，这些沉甸甸的奖励，并不是对《领航》一部作品的肯定，而是对新华社一段时间以来创新方向的肯定。

党的十八届六中全会明确了习近平总书记在党中央和全党的核心地位。同时，世界媒体格局、舆论生态、传播形态深刻变革，媒体融合向纵深推进。如何适应传播格局新变化，推出与核心地位相适应的习近平总书记报道精品，是时代赋予新华社的重要课题。

2016年年底习近平总书记在文艺工作座谈会上指出，要“通过更多有筋骨、有道德、有温度的作品，书写和记录人民的伟大实践、时代的进步要求，彰显信仰之美、崇高之美”。也就是在2016年年底，新华社成立了专门负责习近平总书记报道创新的第一工作室，接连推出了《心中的牵挂》《小账本连着大情怀》《大道之行》等融媒体新闻产品。经过一段时间的内容创新探索和机制创新磨合，由新华社总编辑何平直接点题，我们在党的十九大召开前几个月，开始酝酿创作《领航》。

政论类报道一向是难啃的硬骨头，创新难，特别是短比长难。想要用短短几分钟集中反映5年来中国共产党带领全国人民取得的改革开放和社会主义现代化建设的历史性成就，细思极难。

骨头越硬，越不能硬碰硬。今天我想与大家分享我们是如何通过“加减乘除”四步，提炼出“三句诗，一幅画，一个形象”，最终完成了这一部《领航》。

首先是加法。作为一部政论片，最重要的是思想性。它既要有基于事实的观察思考，也要有对中国发展方略的审视。从党的十八大到十九大，这5年间作出了哪些努力？取得了怎样的成就？历史方位如何？中国正走向何方？……我们与新华社中央新闻资深记者联席策划，首先把这些问题吃透。

然后做减法，大胆打破政论片固有的思维模式，把本需要用大篇幅才能说清楚的内容，用高度凝练的文字和画面表达出来。

《领航》全片没有画外音解说，我们用习近平总书记参观《复兴之路》展览时引用的三句古诗和十八届中央政治局常委亮相地点——人民大会堂东大厅里的巨幅国画《幽燕金秋图》串场。画中的长城寓意“雄关漫道真如铁”，意味着中华民族百余年苦难征程；高山瀑布及雨雾展现“人间正道是沧桑”；以大海扬帆贴合“长风破浪会有时”。通过对三句诗和一幅画的分解，展现了习近平总书记对中华民族的昨天、今天、明天的思考与指引。

八九分钟的时长，作为一部政论片已是高度凝练，但对短视频来说要算“长片”了。如何进一步突出主题、强调中心思想，往往要借助一个或者多个具有象征意义的载体，我们将其称为“除法”。《领航》，顾名思义，我们将航船作为贯穿始终的主线，从开头的嘉兴南湖游船，到结尾的中国号巨轮，领航的意味及领航者的形象由此确立。

最后，乘法则是指将新闻照片、实地拍摄和三维特效融为一体，让所有创意可视化的新手段为主题和内容服务。

由于时间所限，更多的创作故事我不再逐一展开。借用《领航》结尾的一句话：每一代人有每一代人的长征路。方向决定道路，融合发展，我们任重而道远，下一程也许更难走，但不断创新、突破自我是唯一的选择。

▶ 中央广播电视总台　|王　艺

【主持人　屈萌】我们都知道，朋友圈可以说是现在人们交流、互动、了解世界的一个重要窗口，在每年的全国两会期间，如何加强媒体创新报道也成为各大媒体重要的发力点。在 2017 年两会期间，央广主播的《朋友圈》系列报道就在微信公众号的微信群、朋友圈得到了广泛传播。接下来请中央广播电视总台、中央人民广播电台新闻节目中心早间部主持人王艺为我们进行详细讲述。掌声欢迎！

【王艺】谢谢主持人，谢谢大家，我要再次感谢记协新媒体专业委员会给我们这个小小的作品这么大的鼓励。其实我们这个《朋友圈》就是一个实验性的作品，接下来的时间简要分析一下这个作品创作的心路历程。

先大概介绍一下这个作品：我们是在 2017 年 3 月 2 日在中国之声的微信报发布的，后来的转发量数据有 98.3% 的点击量都是来自朋友圈，也就是真正通过中国之声新媒体的微信报进入这个作品里的其实很少，基本上大家都主动转发到朋友圈，这是令我们比较意外的。

为什么要做朋友圈这一个内容呢？是因为在 2017 年两会的时候中国之声有一个策划主题，叫“新媒体先行”，就是说我们所有的广播产品在制作之前都先要考虑它的新媒体传播性。我在 2017 年两会被派到会上做记者，其实我是一个主持人，做记者在两会上没有领域和自己时常所跑的口、跟的团，所以在两会上我做的是自己一些的感悟、一些随想、一些发现，比如当时想的是两会的节俭风、环保理念等一些自己的观察。

有了这个内容的框架之后，我们在想，用一种什么样的方式传递我们的理念呢？最开始大家想的最不济就是发微信报、“图片 + 视频 + 声音”，后来觉得微信报是以一个官方的身份在跟大家聊天，用中国之声的微信报大家会觉得不知道谁在跟你说话，所以我们就在想怎么样将我们的品牌拟人化，我们这样一个想法从一个内容，现在转移到一个形式，就是用“我”来讲。“我”用一种什么样的形式来讲？在 2017 年春节人民日报发了一个 H5，是一个介绍人民日报新版的手机 APP 的版面，有一个小女孩突然蹦出来给大家发红包的内容，我就把这个创意发到我们的群里，当然我们的群里有各种各样的创意。我们的团队一共 3 个人，每天看看 B 站、看看国外的网站、看看我们国内的微博，当时还没有抖音，反正是一些年轻人喜欢看的内容都会借鉴进来，所以就引用了这样一个形式。我发进去就看到我们一个负责技术的同事就把这个视频发进来了，他说其实他在 2014 年的时候就注意到这个形式了，是一个 XP 操作系统停止更新的报道，这样的页面大家都非常清楚。之所以这个形式给他带来一个非常大的冲击，是因为这是大家熟悉的每天都要面对的场面，突然出现一个人的形象，会给我们一种亲切感。那么用什么样的、大家看到不会觉得很陌生的形式，也是我们所追求的。后来想到，就是“朋友圈”。你会给谁看你的朋友圈呢？其实很多时候我们在微博上看热搜，都会说你把父母屏蔽吗，会把自己的朋友圈分组吗？是因为自己只对自己最亲密、最想跟他分享的人开放自己的朋友圈给他看。后来我们想，让大家觉得我是你们最亲密的朋友，同时也是一个人对人、单点对单点的朋友才可以看到我的朋友圈。这个创意的心路历程就是这样的。

就这样，我们基本上确定了表达方式，就是用朋友圈的形式来制作。但是我们也在讨论，具体用什么样的方式来呈现？朋友圈里是用截图还是录屏才能让它动起来？当然不是，大家看我们的具体产品页面，比如说记者群、朋友圈的界面，全是技术同事用 AE 一帧一帧搭出来的，包括我的头像上面也全是一点一点堆出来的，为了达到一个更加逼真的效果，我们付出了很多的努力。

我们一共有 4 期作品，每期都尝试着使用不同的交互方式，第一期是人从图蹦出来；第二期是红包，第二期是两会主题，我们知道在两会的《政府工作报告》中会出台很多民生利好的政策，可以理解为总理为大家发红包，所以我们就通过发红包的形式，使国务院总理和大家建立起来联系。第三是申请好友，前两期的时候有人留言说，你这不是真的朋友圈，没办法加你为好友，所以这一期我们最开始的页面是申请加好友的形式，后面有一个三方通话，这个三方通话是用录屏软件实时录制的。第四期我觉得是一个跨越式的变化。我们在开始时堆砌的长图方式把朋友圈做出来，可能大家看视频的时候我有这样一个动作把所有朋友圈刷下来，我们又回到顶点，回到顶点之后这个朋友圈就变成你的了，你可以去操作，可以点其中的图片和视频，我觉得这种交互方式变成你真的可以去操作的朋友圈。这是我们的一些截图，大家可以看到更多大家想知道的东西，中国之声主持人的群。

我跟大家介绍一下我们团队，我们主创团队是 3 个人，一个是技术，一个是文字编辑，大家看到的看上去是一个具体的链接，但其实不是，这都是我们文字编辑想出来的，哪怕我们在看滚动的朋友圈视频扫了一眼一秒钟呈现在你面前的内容，我们都要让它有具体内容。比如说这一篇，“感人肺腑播音艺术家夏青的珍贵纪录片的资料”，我们知道夏青老师是中央人民广播电台的播音大师，所以在我们希望呈现的每一点元素都是精心设计的，有传播意义的，所有这些都是我们的文字编辑编出来的。我的任务是根据素材来写我的稿子，我们 3 个人就是这样一个分工。

大家看大屏幕，这是我们这期的一个尝试，三方视频通话，通过这样一种形式，让大家可以看到，上会的记者、上会的主持人在两会现场是什么样的。

比如说我跟一个男主持人在人民大会堂的中央广播电台直播间进行连线，一般情况下大家不知道这样一个直播间，我们通过一种自媒体的方式、很轻松的方式告诉大家这个直播间在哪儿，从窗户上看下去可以看到人民大会堂的哪个角落。我们的直播间，位于人民大会堂的主席台左上方耳房，大家看图，就在那个位置，所以我们看下来就是主席台的位置，这样一种形式，也是对我们自己的推广。

技术从简、创意先行。很多人问我们这个作品花了很多钱，主持人的妆发是我自己做的，衣服也是自己的，这个绿布是 260 多元，台里的一个演播室不要钱。整个过程上基本没有花钱，大家付出了不懈的努力。如果说需要给大家分享些什么的话，我觉得能分享的就是自己不要怕麻烦。这是一个实验性的作品，我们没有想到这个作品这么受到大家的欢迎。毕竟这个 IP 就是一个小 IP，没有人知道王小艺是谁，更不要说其他一些中国之声的记者和编辑。中国之声的主持人并没人知道，只是我自己一个小的朋友圈，但是受到大家的关注，可能就是因为这个形式大家感觉很亲切。

我想跟大家分享一点，我们央媒，在时政报道中做新媒体传播的时候，其实也是一个不断探索、不断尝试、不断试错的过程。比如说第二期是跟国办合作的，就在想用这样一个形式，我们怎么进行创新、怎么样能把李克强总理的声音用朋友圈的形式让大家接受、让大家喜欢、让大家听得懂呢？就像刚才“点赞十九大”的形式，是用音乐，把人的声音加在这个音乐里面，相当于让他自己根据这个节奏来进行跳动。我们当时用了一个大家很熟悉的《蔬菜进行曲》，然后把李克强总理在 2017 年政府工作报告中的金句、关键词给串起来了，当时中国政府网也发布了一系列李克强总理的漫画，我们做了一个小视频，想作为《朋友圈》里面的一个元素，比如说看我们有一个李克强总理的粉丝，他为李克强总理制作了这样一个小视频，我们就点开，这个视频是这样的，大家应该知道旋律是这样的……我们把这个旋律加到总理的声音：经济运行稳中向好，“十三五”良好开局，大众创业、万众创新……最后一句是……打响蓝天保卫战。我们觉得是一个挺好的创意，只是最后没有出来。但是我想我们所有的创新在不断地试错、不断地尝试，不断地认清楚很多表达方式去进行摸索和探索。我想我们在座的很多传统媒体的各位老师，每天在绞尽脑汁地想，新媒体应该怎么传播，怎么让年轻人喜欢，我们应该制造出一种什么样的传播方式。我觉得我们这个小小的作品给我自己的一点启示是，我们其实不用去创造更多，当然创造是必需的。我们可以借鉴很多元素、借鉴年轻人喜欢的元素，借鉴大家生活中喜闻乐见、让自己感觉亲切的元素，然后融入自己的作品里，也许就不用花钱，也可以制作出让大家喜欢的作品。

访谈实录

主持人：屈　萌
点评专家：周锡生

【主持人　屈萌】接下来我们进入到互动环节，有请中国搜索信息科技股份有限公司原总裁、中国新媒体专业委员会顾问周锡生，以及刚刚做了分享的一等奖获奖代表上台，我们一起来探讨一下媒介融合环境下的互动报道创新发展。

刚才周社长还在和余主编探讨“军装照”，当时周社长您有没有参与到“军装照”的互动当中来？

【周锡生】很抱歉，我没有参加，当时我比较忙，没能顾上。但我参加了“军装照”的中国新闻奖评选，我觉得这个创意和作品的传播效果都非常好，因此表示了积极赞同的态度。

刚才看了“军装照”的演示，很感动，也很受启发，再次点赞。

【主持人　屈萌】我们都知道在媒介融合的背景之下，媒介形态与媒体模式的重构，内容创新才是这个核心的竞争力。那么如何进行持续性的内容创新？利用平台效应，在新型的文化消费市场中怎样来实现自我的升级和迭代？不知道在座几位有什么想法？

【周锡生】今天参加 2018 中国新媒体大会，感受非常深，学到了很多东西。从上午到下午，我一直听，也一直在想，感觉今天的论坛，感到这个会场，充满了活力、充满了思想、充满了激情、充满了创新。当前，以融媒体为主的媒体创新和产品迭代如火如荼，涌现出了一批又一批的创新，推动主流媒体传播影响力的扩大。这么多创新确实非常不容易，让我也激情澎湃，有好多好多东西确实需要学习。

刚才王艺讲了中央台的创新，我看讲得非常好。作为一个电台的主持人，能在媒体融合的大背景下，积极主动去创新并取得良好的效果，很不容易。现在每天开车的人很多，一边开着车，一边听电台的广播，感到很亲切，也很有收获。中央台的广播，我每天在上班的路上都会听，但不知道播音员是谁，现在终于看到了。

人民日报的“军装照”H5 确实好。李俊刚才讲的新华社的创新，也很感人。这几年新华社在媒体融合方面有一系列创新，从文字、图片到音视频，都在积极探索融合创新，而且取得了很好的传播效果。

关于创新，就媒体融合而言，主要是两个方面，一是如何在总体上把握好媒体融合创新的方向和路径，要抓住重点，抓住根本；二是如何在媒体融合的内容产品上创新，增强核心竞争力。当然，媒体融合的技术创新也很重要，但今天这个论坛恐怕主要是谈内容创新的，所以我围绕媒体融合的内容创新谈几点思考。

第一，创新是必需的。创新是生命力，也是竞争力，在传媒生态、形态和业态都发生深刻变化的新形势下，不创新就会落后，甚至难以生存。创新是中央的要求，是受众的需求，也是对媒体竞争发展至关重要的。

现在的媒体融合势头很好。媒体融合是中央重大决策部署和明确要求，我们必须积极贯彻落实，要把媒体融合作为媒体创新发展的一个重要突破口，坚定不移地往前推进。目前看，媒体融合应该说有了一个良好的开端，但是未来会怎么样发展，我们今天还很难说清楚。当年互联网和网络媒体刚刚兴起的时候，并没有想到今天的网络媒体、新媒体、融媒体能发展得这么快，这么丰富多彩。

刚才彭兰教授作了很好的点评，她是专门研究这一块的，认识比较深。曾祥敏教授，也是专门研究传媒的，我在接触中，听他讲过不少，感到他有不少很前卫性的研究。

之前，我按要求给全国新媒体培训班讲了一堂课，重点是跟大家分享我从 1994 年开始关注互联网、从事互联网和网络媒体工作一直到昨天，我国互联网所走过的道路，经历的一系列变化、变革和创新。

从最早的邮件互联网，信息互联网，到后来国家创建重点新闻网站，社会上的各种网站大量出现，互联网和网络媒体形态不断丰富，从新闻互联网、媒体互联网，到电商互联网、社区互联网、搜索互联网、自媒体互联网、算法互联网、移动互联网，再到最近的工业互联网、物联网和 5G 互联网，等等，确实发展得非常快。

我概括了一下，至少有 36 种形态，而走这段路，仅仅经历了 20 多年。我讲这些，不只是在感慨，更多是在思考，今后 5 年到 10 年，我国和世界的互联网将会发展成什么样，我们讲媒体融合，应该如何结合互联网的创新发展去思考，新媒体、融媒体离不开互联网，因此我们不能简单地把媒体融合理解为传统媒体和新媒体某种形式的结合和浅层次的融合。

第二，媒体的创新关键还是要着力抓好内容，夯实内容基础。现在的媒体，特别是新媒体，平台、渠道、终端、形态非常多，光是手机 APP、新闻客户端就有一大批。

但作为媒体人，特别是主流媒体，我们应该不断思考的问题是我们的媒体创新优势究竟在哪里？我们的主要潜力和潜能究竟在哪里？我们现在和今后的主要发力点和竞争优势在哪里？

我认为，我们不能盲目地去同社会上的商业公司、商业互联网资讯公司拼技术，拼平台。今后不管新媒体、融媒体是什么样子，我认为内容还是根本的、主要的。人们爱看新媒体、融媒体，主要还是看中内容，如果没有好的内容、内容品质、原创稿件，我想再好的新媒体技术也不能长久吸引受众。

现在很多人看今日头条，是因为今日头条上整合和拓展了很多内容，如果没有丰富多彩的内容，最好的智能算法和推送也是白搭。技术算出来和推送出来的内容不是受众需要的、喜欢的，今后这个 APP 会有人长久使用吗？

因此，我认为作为党和国家办的媒体，作为主流媒体，我们必须加强创新，但切不可为了创新而创新。创新，不能忘了初心；创新，不能丢了核心；创新，不能忽视和轻视内容这个根本。这非常重要。我们一定要想清楚、弄明白，我们是谁，我们从哪里来，我们要干什么，我们的传播重点、使命和任务是什么。

还有一个观点，就是作为主流媒体，在新媒体和融媒体时代，一定要稳妥处理好、理性把握好主流媒体的内容创新和技术创新的关系。内容和技术，犹如汽车的双轮，互联网时代，如果还是推着独轮车，显然就严重落伍了。买过 SUV 车的人都知道，现在很多人到 4S 店买车的时候，会问这车是双轮还是四轮驱动的，四轮驱动的当然更好。

从媒体创新和融合的角度讲，我们一定要做到内容和技术的双轮驱动，才能走得更稳更好。除了内容和技术，还要在运营推广上发力，这两方面同样非常重要。有了好的内容不推广，是很难传播出去的，至少传播影响力会大打折扣。在新媒体技术上，要注意共享，尽量借助社会成熟技术，不要什么都自己去开发，购置一大堆所谓先进的技术设备，结果把有限的资金大多投到技术设备上去了，而用不了多久又落后了。

在媒体创新、媒体融合方面，一定要注意移动互联网的加速发展。要坚持移动优先，不能再停留在 PC 时代的思维。当然移动端和 PC 端的关系也要处理好，应该注重移动优先，但作为传统媒体创办的新媒体和融媒体，PC 端仍有很多人在看。比如，刚才国际台的同志讲到他们的“国际锐评”，我看办得很好，但如果全是移动化的，让美国人怎么看？所以，这方面也不能片面，还是要比较全面，但是移动化不可阻挡。

当然，还有视频化，也要更加注意，尤其对那些过去一直以文字或图片为主的媒体，在新媒体和融媒体时代，要密切关注媒体的视频化创新发展，几十秒到几分钟的短视频，有时更吸引人，因此要挖掘和发挥好自己的采访优势，积极开发一些视频化的内容产品。

【主持人　屈萌】人民日报一直走在创新道路上，也出了很多创新报道的产品，我们想问一下余主编在创新报道上有压力吗？

【余荣华】当然会有压力。我觉得，每一次报道，我们说要做出互联网上的“爆款”，其实有一个基本点就是超出预期。这个产品如果超出了网友的预期，他就会觉得这个产品特别新、特别好。如果你拿出的产品，是重复过去，即使做得再好、制作再精良，给人的感觉也完全没有第一次出现时的惊喜。

举一个例子，这次庆祝改革开放 40 周年的报道，我们做了一个类似“军装照”H5 的产品。这个产品的传播数据，如果从绝对数量上来说，的确也很不错。但是相对“军装照”H5 来说，它的访问量数值就下降了一个量级。我觉得这里面很重要的一个原因就是，它的创新性差了很多。

对于我们来说，每一次新闻竞争、每一次新闻产品的生产都是这样。你每一次都要有一些不一样的东西拿出来，能够超出用户的预期，让他能够从内心深处对你表示赞叹，这才能实现比较好的效果。所以，从事新媒体传播这项工作，一直会感受到压力非常大。

说到创新，对于我们来说创新分两种，一种叫原始创新，一种叫集成创新。原始创新当然是最好的，也是大家最期望的。但事实上，对于在媒体从事互联网内容生产的人来说，真正意义上的、纯粹的原始创新其实不是那么容易，也不那么常见。因为毕竟整个互联网的发展，技术的发展也好、载体的发展也好，其实是在市场化的环境当中诞生的，原始创新总是容易出现在市场化、商业化的机构中。我们去拼真正的原始创新，未必那么容易。所以，我们的创新更多是要聚集到集成创新上，能够跟踪业界最新的技术，发现最好的方式、最新的载体形式，能够把它和自己所要承担的宣传任务、传播目标，很好地结合在一起，这样就能够实现出比较好的效果。这样的创新其实我们一直在做，一直在努力。谢谢！

【主持人　屈萌】我们还是回归到了问题的本质，如何持续性地创新，在本身的产品上进行升级和迭代，这是一个难题。李俊有什么想说的？

【李俊】刚才说的是创新，其实锡生同志讲了创新的本质。就是今天我们讲内容创新和技术创新二者是不能分开的，所谓产品创新，实际上就是给内容插上技术的翅膀。你看我们的媒体演进的过程，报纸、调频广播、有线电视、有线互联网和无线互联网，报纸的用户不可挽回地在减少，调频的频率不可避免地在下降，有线电视年轻人也不爱用了，就连用有线互联网的人也慢慢迁移到无线互联网中去了。但是报纸、电视、互联网的内容本身是不可改变的。所以我们的创新实际上要守住，守正创新，守住这个根和魂，然后再给它们插上最新的技术翅膀。

但是有一个难点，就是当我们的记者和编辑在技术上疲于奔命的时候，你就很难发挥自己的长项。包括我原来在新华社的产品研究院也好，现在我在的中国搜索也好，很重要的一件事就是把技术的基础设施搭好，让编辑和记者去做。不要把技术做得那么神秘，要内容创作者很方便地使用技术，这样的话，不管什么新的形态，记者能够保持好记者讲好故事的能力。

【主持人　屈萌】谢谢李俊，我们把话筒交给郝方甲。

【郝方甲】大家都在讨论传统媒体如何创新，我们在实际工作当中，要面临两个最实际的问题，第一是谁来创新，第二我们拿什么来创新。

先说谁来创新。新华社 2015 年成立了全媒报道平台，有很多新鲜血液加入进来。那么随着团队人才的多元化，所谓的跨界、转型是不是就自然而然发生了呢？肯定不是的。比如我本人过去是文字记者，驻外了两三年，后来加入全媒报道平台，我们还有从其他编辑部、分社来的小伙伴，每个人的职业经历和专业背景都不一样。所以在这种情况下，怎么样把每个人身上最适应现在时代发展的能力、积极性和价值观调动起来，其实是融合发展首先要考虑的一个基础问题。就是你有没有找对人、用对人，这是第一个问题。

第二个问题说到拿什么来创新，我们平时常听到一些岁数偏大的同事说，“90 后”说话他们听不懂，但为了赶时髦追求“爆款”，不得不硬着头皮模仿所谓“90 后的语言”，结果往往很令人尴尬。一味取悦当然不可取，但该怎么办呢？其实传统媒体有时会守着巨大的宝库而不自知。我们从 2016 年开始做了一个栏目，叫作“国家相册”，它把新华社中国照片档案馆中 1000 多万张老照片，用微纪录片的方式盘活，回望历史，观照当下，已经做了 100 多集。做“国家相册”让我们意识到，虽然新闻是一项永远看着明天朝前跑的事业，但在新闻领域里，只要选对方式，历史也大有可为。融合发展大大拓展了新闻类产品的边界，基于自身优势充分挖潜，才能胜人一筹。

【主持人　屈萌】也许创新创意的点就是在我们不经意间的生活当中的某一个小地方。王艺刚才也说，你们的产品是在不断试错当中产生的，对于创新你有什么想说的？

【王艺】我想跟大家讲一个发生我自己身上的事例，这个例子大概体现了短短两年我们受众和媒体之间交流方式的变化。2016 年我到里约奥运会报道，当时我在前方做一些视频直播的任务。大家知道 2016 年是网红特别红火的一年，大家没事的时候不是看抖音就是看网红的直播。

所以到了里约之后，我是用一种主持人的方式在跟大家去介绍，“大家看我身后的这个场馆就是里约奥运会的跳水场馆”，我第一场直播是用这样的语言拿着自拍杆在直播的。

然后我们有一个领导就跟我说，你这个样态不对，说如果都这样直播，我为什么不去看电视？我为什么要拿着手机看你在微博上的直播？然后我们的领导就说，直播的时候你也要学学人家，他说“感谢谁谁谁送的礼物”，我当时也是拒绝的，但是领导的要求我又不能不执行，所以当时我的直播都是“好，我现在是在哪哪哪，好，感谢谁谁谁送的礼物，我们现在接着往里走”。大概就是这样的一种方式，而且我的镜头不停切换自拍和现场。

我觉得当时的网友很喜欢这种方式，但是我有一个大学老师当时给我发了一条微信说王小艺，我不得不跟你说，你的这个直播跟央视的直播比起来特别 Low，其实我挺难过的，我解释了半天，我就把刚才跟大家说的这些跟他说，我就说其实我也不想这样，我觉得我也是一个新闻主播、播音员，我这样的话其实跟我自己的气质、形象也是相悖的，但是领导有要求，而且我们这次报道我所肩负的任务就是新媒体，我的受众就是网络上的一些用户。老师当时不是特别理解，然后跟我说了很多建议，说你可以在什么样的夹缝中求生存，你可以怎么样。

我记得当时最明显的一场直播是孙杨在失败了一场之后，在中国的七夕之夜那场比赛中拿了金牌，因为版权的问题我没有办法直播现场的比赛，我就站在通道去直播：我说大家跟我一起等待孙杨过来。其实在现场看我直播的很多人都在电视上看到了孙杨，而且孙杨比赛完第一个可能会接受央视的采访，大家如果盯着电视看可以看到孙杨。但是当时跟我互动的人，因为我看不到，他们会告诉我你稍微等一下，我们在央视还没看到他。就这样，我就跟我的网友不停地在互动，他们反而给我在网上进行了反哺。

与其说在这个时候我在给大家进行报道，不如说我们在交互，他把他所看到的元素再告诉我，我把我在现场看到的元素再告诉他，然后这场直播 1 个小时，孙杨只在我的镜头前出现了差不多 2 分钟，我这场直播关了之后实时最高观看量是 65 万，1 个小时累计观看量是 550 万。我当时蒙了，回来之后我们也策划了一些直播。

2016 年到现在不到两年的时间，2018 年两会我做了一场直播，同样的一个老师，给我发来微信说王小艺你不要起范儿，你要放下来。所以我感觉到的是我们的变化，是我们变换一种方式再和我们的受众说话，就是怎么样跟我们的受众去建立起联系。

我想这是我的一个例子，其实每一家媒体在我们传播的方面都是有自己的长处的，新华社有他们的图片库，像我们也有广播库、声音库，我们最近也在做这个东西，我们每年也推出比如说抗战记忆、城市记忆等声音作品来传递给大家。像 2018 年我们发布了第二季的《中小学语文示范诵读库》，我们邀请三台的优秀播音员主持人，把中小学的语文课本用全中国可能最好的声音把它表达出来。所以我想内容是最重要的，我们在创新的时候一定要掌握住自己的核是什么，我们把自己的核用适合现在的传播方式传播出去。

【主持人　屈萌】随着社会的不断进步，现在进入了万物互联时代，媒介融合已经成为一种大的趋势，我们也希望在座的各位也能为我们多多生产出更加值得我们推广和更加有用户互动的一些产品。我们的互动环节就到这里了，感谢各位的参与，谢谢周社长，再次感谢各位，谢谢！

◆ 第三轮分享：

▶ 中央广播电视总台　唐晓艳

【主持人　曹煊一】尊敬的各位领导、各位来宾，亲爱的媒体同仁们，大家下午好，我是曹煊一。接下来由我来主持这个短视频新闻和移动直播获奖作品的分享环节。

我们知道，从 2016 年开始，直播和短视频等新型的传播形式呈现井喷式发展，已经成为新闻传播中信息的重要表现载体，主流媒体也在融媒体发展过程中创造出大量丰富精良的融媒体作品。在接下来的时间，我们特别邀请到 4 位中国新闻奖媒体融合奖项的获得者在现场给大家分享创作心得。同时我们也邀请到中国新闻奖的评委、中央电视台发展研究中心主任汪文斌和获奖代表一起共话融媒体的未来。接下来，让我们进入第一个获奖作品的欣赏。

2017年11月23日，一部展现习近平总书记以人民为中心的工作情怀的时政类短视频《公仆之路》在全网同步上线。根据统计，这个视频全网播放量达到2.5亿次，成为党的十九大之后第一部爆款短视频。下面我们就先来欣赏一下短视频新闻一等奖的获奖作品——《公仆之路》的精彩片段。

（播放视频）

【唐晓艳】各位领导、各位同仁，大家好！非常荣幸能够参加2018中国新媒体大会，并与各位前辈同仁进行业务交流与分享。作为中国新闻行业的风向标，中国新闻奖首设媒体融合奖项，正是乘此东风，《公仆之路》才能从众多优秀作品中脱颖而出，荣获第二十八届中国新闻奖媒体融合短视频类一等奖。

刚才大家看到的视频短片就是《公仆之路》的浓缩版，全片原长5分26秒，于2017年11月23日播发，一周内全网播放量达到2.5亿，在微信公众号、朋友圈累计发布、分享超过43万条次，可以说是党的十九大之后第一部爆款时政微视频，引发了各界的广泛关注与讨论。

自2016年以来，短视频被推到新媒体的风口浪尖，成为不少传统媒体融合发展的前沿阵地，时政微视频是其中最受关注的一支，近年来涌现出不少佳作，比如新华社的《红色气质》《大道之行》，中央广播电视总台央视新闻中心的《初心》等，即便是我们央视网自己，在这两年发力时政微视频领域，也取得了不小成绩，截至2018年6月，央视网微视频工作室共制作推出时政微视频35期，全网播放量23亿，平均每支6500万。其中，《公仆之路》2.5亿，《家国天下》1.73亿，《贺新春：长长的记忆》1.69亿，《崇尚劳动的习近平》1.5亿，《新时代 致敬英雄》1.3亿，《习近平为你描绘“新时代”》1.2亿……

创作过程中，我们总结了时政微视频的创新“四字诀”：定魂要“准”，题眼要“凝”，信息要“密”，形态要“新”。在《公仆之路》上，这些标准进一步具化为四个“一”：“一以贯之”的主题表达，将“公仆”作为核心命题；“一脉相承”的深刻内涵，宣示以人民为中心的执政理念；“始终如一”的公仆底色，“永做人民公仆”的初心不变；“一镜到底”的创新形态，借助极致表现形成沉浸式体验。

下面我就以《公仆之路》为例，对此进行详细的阐释。

第一，定魂要“准”。这支片子推出的时间节点，正是党的十九大胜利召开之后将近1个月的时间。党的十九大这么宏大的主题，什么是最核心的表述？我们最后选取了两个关键词，“新时代”和“人民公仆”。中国特色社会主义进入了新时代，这是党的十九大带来的崭新境界；但中国共产党人有一个核心不变的东西，就是“人民公仆”的使命与初心。

基于这两点，我们创作了两支时政微视频《习近平为你描绘“新时代”》和《公仆之路》，分别于党的十九大召开期间和闭幕之后播发，上线时间正好相隔1个月，时长都是5分26秒，切入角度各有侧重，表现形态瑜亮互见。

一支成功的微视频，一定是把主题当作灵魂，聚而不散、凝而不偏。从这个意义上说《公仆之路》是典范之作。

什么是公仆？在习近平总书记的表述里，公仆是“做一些为老百姓办好事的工作”；公仆是“清清白白做人，干干净净做事，坦坦荡荡为官”；公仆是“当县委书记一定要跑遍所有的村，当地市委书记一定要跑遍所有的乡镇，当省委书记一定要跑遍所有的县市区”；公仆是“永远把人民对美好生活的向往作为奋斗目标”……党的十九大报告中，习近平总书记203次提到“人民”；《公仆之路》中，习近平总书记以自己的所思、所想、所言、所行，为这个词做了最佳注解，为全体党员和公仆群体作出最佳表率。

第二，题眼要“凝”。《公仆之路》在 5 分 26 秒内完成 48 年的时空漫游，再现党和国家领导人习近平从黄土地到中南海，初心不变、始终如一、为民服务的公仆历程。虽然讲述的是习近平同志从 1969 年年初插队梁家河到 2017 年再次当选中共中央总书记不同阶段的经历，但整个片子浑然一体，丝毫没有割裂之感，这正是得益于创作者对于主题的牢牢把握与凝练呈现。

《公仆之路》紧紧围绕“为人民服务、永做人民公仆”的初心使命，精心选取习近平总书记自己的话娓娓道来。在梁家河，网友能听到他讲述自己的信念初心和所知所获；在正定，能听到他“郡县治、天下安，清白做人、干净做事、坦荡为官”的谆谆教诲；在福建这片当时开发开放的前沿热土，他说“爱拼才会赢”；在浙江，他超前提出“既要金山银山，又要绿水青山”的生态观；在上海，他督促其要勇做“全国改革开放排头兵、创新发展先行者”；到了中央、当选为中共中央总书记，更是始终强调要“永远把人民对美好生活的向往作为奋斗目标”，告诫全体共产党人“不忘初心、牢记使命”“不忘初心、方得始终”。

习近平总书记的原音朴实无华，在平实叙述中让人自然代入情境，结合历史性的画面，使报道更加真实可感。这样重剑无锋的表达，引来网友的“刷屏”传播也就在情理之中了。

第三，信息要“密”。短视频并不意味着信息量就要相应减少，反而对信息密度提出了更高要求，我们内部推崇一个公式：画面信息 / 时长 = 信息密度，信息密度越大，欣赏价值就越高。

《公仆之路》创作时长将近半年，我们查阅了几乎所有有关习近平总书记的音视频、图片、文字资料，从中搜集整理出每个阶段最能代表他的理念的同期声，整合成和谐统一的一个主题。这是一个由厚到薄、又由薄到厚的过程，习近平总书记 48 年的公仆历程要在 5 分多钟的时间内塑造完成，这就需要画面语言和同期声极为聚焦凝练，每一句话都要有其信息价值所在；每一帧画面都能让人引发内涵意义联想。片子的信息密度大了，厚度也就油然而生。

第四，形态要“新”。《公仆之路》运用了“一镜到底”和三维投射技术。“一镜到底”对创作者来说是一种束缚，但《公仆之路》恰恰是用这种人为的束缚去传神表达一个 48 年始终如一的思想境界。从 1969 年来到陕北插队，从一个少年逐渐成长为大国领袖，周围的环境发生了天翻地覆的变化，这么扎实的经历如何用短视频来表现？我们原来是想做 18 集微纪录类短视频的，但最后却成功压缩进一集短视频中，“一镜到底”既是破题利器，又是始终坚定不移的最佳选择：一方面，通过连贯的画面和叙事，让受众产生时空穿越的感觉，增添了观赏性和可看性；另一方面，通过巧妙的场景转换，清晰地呈现总书记的人生轨迹，传递了其始终如一为老百姓办好事的价值追求。

纵观整部短片从那个开向陕北高原、载着知青列车的场景开始，到正定、福建、浙江、上海、中央，一幅幅总书记与人民在一起、为人民服务的照片依次扑面而来，带着岁月的厚重，也带着暖心的温度，致敬创造历史的人民，也致敬为人民服务的总书记。

这部短片不仅是一个人的史诗，更是我们的国家和人民几十年来砥砺奋进的真实写照，习近平总书记的奋斗足迹，也折射着千千万万普通中国人的奋斗历程。我想，这也正是第二十八届中国新闻奖评委们将媒体融合短视频类一等奖授予《公仆之路》的原因。

谢谢大家，我的分享到此结束。

上海广播电视台　朱厚真

【主持人　曹煊一】接下来我们把目光转向调查类的短视频。2017 年上海频频出现网红店大排长龙的现象，备受公众的质疑。是供需不平衡，还是恶意炒作？网红店背后是不是有什么不可告人的秘密呢？上海广播电视台的记者以调查短视频的方式为公众还原了事情的真相，形成了现象级的传播，引发热议。下面我们就一起来欣赏一下短视频新闻二等奖获奖作品《网红店假排队调查》的精彩片段。

（播放视频）

【主持人　曹煊一】我们掌声有请获奖作品发言代表，上海广播电视台融媒体中心记者朱厚真女士上台分享，有请！

【朱厚真】大家好，我是来自上海广播电视台融媒体中心的记者朱厚真。2017 年 6 月 5 日、6 日、7 日我和我的团队连续 3 天推出了平均时长在 5—6 分钟之间的调查类短视频《网红店假排队调查》。为什么会想到做这样一个视频？其实从 2017 年的二三月开始，上海的一些网红店的门口就频频出现大排长龙的现象，很多人都会问有这么好吃吗？还有人问这当中真的是供需不平衡吗？还是说有什么猫腻呢？

来给大家看一张图片，这是我 2017 年年初的时候自己因为嘴馋购买的第一次喜茶，当时排队要在漫漫的冬夜里排 4 个小时才可以，实在忍受不了所以我花了 80 块钱一杯、160 块钱 2 杯的高价，从“黄牛”的手上把原价大概 19 块钱一杯的水果茶买了下来。喝的同时我就在惊叹这么可观的利润，对这个“黄牛”群体感到非常好奇，所以我们团队也想好好地去把握住这个选题。

6 月 5 日，我们第一集视频上线了，当天就冲到微博热搜的前 5 名。“黄牛”直接指出了喜茶和鲍师傅在刚刚开业的那几天都在雇人进行假排队，吸引消费者的目光。第二集我们用了偷拍暗访的形式，把前门买后门还，商家雇用“黄牛”假排队炒作的整个流程曝光在了阳光之下。第三集，我们深度参与到了来沪打工者、群演、“黄牛”的身边，去感受他们在这个过程当中的现实利益以及生活的压力。

我们这三集视频获得了大家的认可，也得到了很多媒体的转载。接下来我想分享一下我们做调查类短视频的一些经验。最初我们在操作这个选题的时候是选择了蹲点，我们在人民广场的鲍师傅旗舰店门口，架设了 3 个长焦机位，拍摄了 20 多个小时。对于一些衣着有明显特征的“黄牛”进行连续抓拍，把他们在队伍里面乱插队、扰乱秩序、在店外加价销售面包的整个过程都记录下来。但是随着我们的蹲点越来越深入，内心的疑问也越来越多，比如说“黄牛”，上海退休的阿姨、大妈，年轻的务工者、群演他们是怎么被有机地组合在这样一个队伍里面来假排队的？再有，我们现在已经知道“黄牛”的触角伸到了餐饮业，还有话剧、演唱会这些领域，是不是还有一些别的行业我们不知道，但是他们的魔爪已经伸进去了。还有网红店除了雇人来假排队，是不是还有别的操作模式也可以帮助他们获取原本不该有的消费者的目光和金钱呢？

所以说，我们没有办法再满足于只是作为一个消费者来观察这个群体。那我们就升级了一下自己的身份，装作也想做网红店的老板、老板娘，以一个行业“小白”的姿态去请教这些“黄牛”，我有一家奶茶店，你可以不可以帮我炒红一下，要付多少钱？怎么买软文？公众号上面多少钱一天，慢慢了解之后获得了很多行业秘诀。

之后我们又想了解这个秘诀在实践中到底有没有效果？于是我们又变成假排队的“黄牛”中的一员。随着一个一个地方地排队排下来，像售楼处第一天的摇号现场，餐饮业的开业，还有一些服装店充场，我们离真相也就越来越近了。

在具体操作上，为了把拍摄做得更加生动，我们也下了很大功夫。比如在 2017 年端午节，一家餐饮店推出了一款粽子产品，我们的记者兵分两路，一路记者是加入到了假排队当中去，拿着手机把整个队伍循环的过程记录了下来。另一路记者则是扮演成美食节目的记者，公开地去采访一些消费的顾客。有女孩子就直接对着镜头说，“我今天就得赶紧买，这么火爆，明天、后天可能队伍越来越长了，必须今天买”。这样生动的采访，跟我们实际拍摄到的真实的、假的操作画面一对比，“黄牛”在队伍里面到底在做什么？对我们的消费者形成了怎样的视觉冲击和心理影响？其实就一目了然了。

在第三集中，我们同样也是想了解这些“00 后”的“黄牛”为什么要从事这样一个行业？我们每天凌晨 5 点钟就到上海的郊区，跟着他们从群租房坐地铁到市中心，上午一场假排队，下午一场假排队，一天的日薪只有 50 块钱，所以说第三集做得比较生动和形象。

现在我们的网络观众都喜欢 70 秒以内的短视频，我们在总结的时候也说能短的话尽量短，标题也想更加好看。但是我觉得对于传统媒体记者来说基本功不应该荒废，我们的调查类报道无论是做得更加生动放在新媒体上播出，还是把它放在我们电视的深度报道专题里播出，我们都应该坚持去拿到第一手的资料，用事实的画面来印证我们内心的想法。这是万变不离其宗的。

还有，我们想说一说时间。看了我们的新媒体产品之后，会觉得一个案例的拍摄其实不会超过一天的时间就可以完成，但是等待拍摄机会的时候是非常艰难和煎熬的过程，从最初的蹲点，到逐渐获得一些“黄牛”领头的信任，再到摸到这个行业里，全面了解他们的分成模式，前前后后需要 3 个月的时间。在报选题的时候，没有人会知道要完成到这个程度到底要花多少时间，这考验的是记者的耐心，也考验记者背后的媒体可以支撑记者去等多久。

做这个报道的时候，正好是我们上海广播电视台融媒体中心成立一周年的时候，我们成立了一个深度报道组，我就是其中的一员。我们对于记者在做这样的有价值的选题的时候，没有一个明确的工作量要求。一些值得好好做的选题就给予我们足够的时间和团队上的支持，随着报道里面的采访对象、采访案例越来越多地堆积，我们这 3 个月的时间、价值的味道就出来了。

再有一点，想说一下调查类短视频的后期处理。传统媒体现在往往会陷入一种误区，什么是新媒体产品，就把一天所有的新闻全部拆分开来，加上一些音乐，再放一点黄颜色的字幕、红颜色的字幕，分发在网上这就算是新媒体产品了，其实这样在网上的传播效果并不好。我们深度报道组目前已确定下来，所有的选题和处理方式全部以新媒体为主，首先服务我们的新媒体产品。所以说《网红店假排队调查》的首发平台选择了看看新闻网和微博，为了减少时间把解说尽可能去掉，我们加了很多花字放在里面，标题也尽可能吸引更多的人可以点进来。

在网上达到一个比较好的宣传效果之后，我们又反哺了电视平台，3集加起来正好是十五六分钟，再重新编辑一下稿件，就可以给电视深度报道专题来播出。3集再把它压缩一下，就可以在日间新闻滚动播出，这样在电视上面也可以收获一个比较好的收视效果。

我们整个团队都是“90后”，所以追求这样的调查报道也要用年轻的调查方式、拍摄方法、剪辑方法，来让我们的传播一直可以年轻下去。虽然这次在舆论上获得了非常大的关注，但是真正要去推动一个行业不规范的转变，其实还是要更多的商家、媒体还有消费者的努力，还有监管部门，所以说希望“酒香不怕巷子深”这句话可以流传下去，而不是大家都想去走捷径。

我的分享就是这些，谢谢大家！

【主持人　曹煊一】谢谢朱老师，分享得非常精彩。这种调查类的短视频，需要记者、创作团队付出很多的时间、精力、心力甚至是体力，才能把事实的真相呈现在广大网友的面前。通过镜头我们可以看到，像这样的商家雇人排队、“黄牛”炒作已经不仅仅局限于网红店，各行各业都已经涉及了，所以，记者向社会讲述了事实，同时也是为监管部门敲响了警钟。

▶ 中国日报 | 张　霄

【主持人　曹煊一】在 2016—2017 年全国两会期间有一位名字叫方丹的英国小伙子走红于中国网络，这是中国日报推出的系列微视频节目“好运中国”栏目两会特别策划作品。据不完全统计，该视频的首播有效传播量超过了 5600 万次，是 2017 年两会期间单集传播量最高的视频作品，并且在海内外也引起了广泛的关注。接下来我们一起来欣赏短视频新闻二等奖的获奖作品《老外看中国：英国小哥细数两会关键词》的精彩片段。

（播放视频）

【主持人　曹煊一】下面有请获奖作品发言代表中国日报新媒体中心视频总监张霄先生上场分享。

【张霄】谢谢主持人。大家好，我是来自中国日报新媒体中心的张霄，很高兴今天有这个机会能够和大家一起来分享“英国小哥”幕后的故事。

在 2016 年之前如果有人问谁是英国小哥，可能很多人都不知道。2016 年，我们在两会报道当中第一次推出了英国小哥的形象，英国小哥方丹实际上是中国日报新媒体中心的一名外籍员工，他平时的主要工作是文字稿件的编校。但是这一次，我们想在全国两会报道中做一个新的尝试，以外国小伙的身份来看两会，期待能用新的视角带给海外受众新的感受。

中国日报是做国际传播的。我们在两会的报道当中会面临一个问题，就是外国受众到底关注中国两会的什么内容？我们在以往的工作中发现，其实大多数海外受众对中国政治生活不是特别了解，所以我们在想，是不是可以在报道中国政治生活的过程中，把海外受众——尤其是社交媒体受众——理解内容的门槛放低一点？

所以我们在2016年的两会报道中做了一个新的尝试，第一次推出“英国小哥”的形象，以英国小哥方丹用手机自拍的形式推出视频《英国小哥自拍侃两会》。这个视频主要介绍的是中国的全国人大代表是如何产生的。这个视频播发之后，在社交媒体上取得了意想不到的效果，很多媒体进行了转载，也有很多卫视频道在节目当中播发了我们的视频。

从此以后，我们觉得这个探索可能是一个比较好的方向。后续推出了很多以英国小哥方丹的形象以及视角制作的短视频作品。比如说在 2016 年全国两会之后，推出了英国小哥回顾中国铁路发展史的视频节目，英国小哥通过穿越的形式，分别乘坐中国的绿皮车、特快列车和高铁，通过不同阶段的列车乘坐体验，来回顾中国铁路发展的历程。

还有一集视频是英国小哥通过讲述英国下午茶和中国茶的关系，来回顾中国茶文化的发展历程。2016 年 G20 杭州峰会前夕，我们还做了一个视频，英国小哥通过穿越体验3座桥来回顾中国的桥文化——桥起到连接的作用——进而讲到中国文化对连接沟通的重视，最后和G20杭州峰会具有江南水乡风格的桥造型Logo联结在一起，表明此次峰会的主旨。英国小哥系列视频在结构设计上，都是以一种穿越的形式来将中国文化和我们要传达的信息与理念结合在一起。

时间很快又到了2017年的全国两会，这一次我们要用什么样的形式来讲述中国两会的故事？我们想到了这样一个方式，就是把英国小哥微缩之后放在办公桌上，通过办公桌上的不同物体来回顾中国两会的热词。这个视频的创作也经过了一个漫长的策划过程，在这之前我们组织部门中的小伙伴们召开了几次“头脑风暴”会，大家提了不同的方案，经过认真讨论，最终确定了这样的方案。

方案确定之后我们开始进行分工，分工主要分两部分，一个是内容，一个是形式。在内容方面，我们邀请有10年以上报社工作经验的老记者，由他来执笔撰写脚本。因为我们要回顾中国两会40年当中的热词，大多数新媒体小编都比较年轻，他们的体验和经历可能不够丰富，所以我们就请了一个老记者来讲这个事情。

在确定了要表达的信息之后，我们很快确定了主题、结构、表达方式和形式，在形式方面我们主要是由新媒体中心视频组的同事来完成技术、成本、执行的测算。比如方案在技术上是不是可行？在成本上要考虑除了资金的投入之外，还要考虑时间和精力上是不是可行，执行上是不是有不可预知的困难？这些都评估完，脚本和设计都已经确定之后，我们就进入到执行阶段。

在那之前，我们也进行了一些技术测试，我们通过技术测试发现了很多可能存在的问题。找到解决方案之后，我们才启动了正式的拍摄。

进入到正式的拍摄环节，我们没有拍摄场地，场地条件也不具备。正好赶上我们三楼办公室在装修，工人已经把原来的办公桌都拆掉了，有一个比较大的空地。我们就自己买了绿布、自己打光来进行拍摄。有同事问我说，你们做这个视频是不是有请外面的技术人员或者外包出去做？我说没有，就是我们这个小团队，算上文稿撰写、策划执行，还有拍摄、后期剪辑，我们总共就有 5 个人，大家一起把视频做完了。

这个视频播发了之后，也取得了一些意想不到的效果。有很多媒体开始转载，转载的范围也越来越大。也有很多 APP 把这个视频作品推到了比较显著的位置。大家看到的第一个是秒拍，第二个是 A 站，第三个是腾讯新闻。这个视频也引起了很多业内人士的关注，他们也非常认可以这样的形式来表达政治议题的报道。

后来，《中国记者》杂志在盘点当年的两会报道时提到这么一句，说这个视频是 2017 年两会媒体报道当中内容创意最显理论功底的一件作品。我觉得这得益于我们请有工作经验的记者和新媒体记者一起来搭成一个项目组，来完成这个视频作品的创作。我觉得很重要一点是得益于这个经验。

这个视频也被央视的《东方时空》栏目全片播出，这是比较意外的一点。BBC 也报道了这个视频，说这个视频可能是对中国政治议题传播的一个创新。

以上是我的分享，谢谢大家！

【主持人　曹煊一】非常感谢张霄先生的分享。我特别高兴看到现场的各位老师也都是特别耐心、特别认真地在聆听各位老师的分享，分享的内容也都非常精彩，都是干货满满。张霄先生和央广的王小艺老师都说到了，他们的视频其实都是让大家感觉很有科技感的，但是他们都说到当时的钱算了一下，主要就花在那块260元的绿布上，当然这里面肯定还有一些没有办法去细算的支出，但是我想这些都不重要，通过这些作品我们可以看到，我们的内容还有我们的创意和点子真的是无价的，也是更能被观众喜爱的，因为他们是站在受众的角度来思考这个问题的。

▶ 中央广播电视总台 | 吴 双

【主持人 曹煊一】与此同时，移动直播这一新闻传播方式也有了新的尝试。2017 年 4 月 20 日，CCTV-1“中国相册”栏目联手央视网，对中国文昌航天发射场某次发射任务进行了近距离的 VR 直播，这一次电视直播融媒体形态的尝试，又将为我们带来怎样的启示？下面我们先来欣赏一段移动直播一等奖获奖作品《“天舟一号”发射任务 VR 全景直播》的片段。

（播放视频）

【主持人 曹煊一】我们感到视觉上强烈的震撼。接下来邀请吴双女士上台分享。

【吴双】非常感谢，谢谢大家！

2017 年的 4 月 20 日，我国第一艘货运飞船“天舟一号”在中国文昌航天发射场圆满完成发射任务。央视综合频道联手央视网，对此次发射任务做了 VR 全景直播，刚刚大家看到的就是 VR 视频的一个集锦。现在屏幕上出现了一个巨大的二维码，各位老师可以打开手机扫描二维码，进入 H5 页面，里面有完整的 VR 视频点播，还有一些相关主题的微视频内容。如果配合头戴设备（VR 眼镜）来观看的话，空间位置关系会显得更清晰，仿佛真的站在 100 米开外观看火箭发射一样，效果会更加震撼。

这次直播是中国航天领域内的首次 VR 直播，也是我们的一次探索和尝试。作为国家电视台的旗舰频道，我们一方面探索未来制作视频新闻的工作方法，视频新闻应该关注哪些内容，又可以与哪些技术手段相结合；另一方面，我们也在探索，符合新时代融媒体规律的视频新闻，如何与优质的内容相结合，如何与主流价值观和讲好中国故事相结合。

首先是视频新闻。视频新闻不是文字报道的影视版，有着特定的题材、垂直的用户和相匹配的技术手段。具体到 VR 技术在视频新闻上的应用来说，由于 VR 视频制作成本高昂、制作准备周期较长，一般来讲不适用于绝大多数的新闻报道。在目前的 VR 新闻报道中，也呈现出泛娱乐化的倾向，一般用于一过性的，比如说体育赛事或者是娱乐现场的报道。但是我们在节目策划过程中考虑到，因为 VR 有一种极强的“临场感”，它其实是可以和严肃题材相结合的。在我国，航天发射是举国关注的大事，但是由于航天发射的特殊性质，大部分人没有机会到现场观看。因此，VR 报道能够给受众带来一种身临其境的感觉，一定程度上可以弥补普通人不能到发射现场的遗憾，我们就策划了这场 VR 直播。

海外比我们更早使用 VR 全景技术来拍摄航天发射，但是也都是录播，然后将经过剪辑的 VR 视频投放到流媒体平台上。北京时间 2017 年 4 月 19 日凌晨，美国宇航局（NASA）也进行了首次火箭发射 VR 全景直播，这场直播比我们大概早了一天半。当然是因为人家的火箭比我们早发射了一天半，在策划上可以说我们和人家是同步进行的，应该说不谋而合。

其次是首次直播的操作标准，追求极致的沉浸式体验。

做 VR 直播区别于传统新闻报道的重要思路，就是更加重视用户体验。本次直播我们开创性地达成了最近距离全程直播火箭发射。在现场架设了 3 个机位，其中最近的一个机位距离发射塔架只有不到 100 米的距离。我们刚才提到了 NASA 在早我们一天半进行的那场 VR 直播，它的最小观看距离也离发射点有数英里之远。可以说我们的观众当时的观看体验还是很震撼的，如果戴上头戴设备，感觉就像火焰和热浪在一瞬间扑面而来，这种冲击力让大家很难忘。很多网友也反映视频画面很清晰，效果很震撼，信号传输也不错。这让我们感到非常欣慰。

为了给大家带来极致的用户体验，我们整个技术团队提前一个半月到现场进行了前采和勘测。因为火箭的发射现场需要考虑的因素比较多，包括不能有任何干扰，包括电磁信号和物理的干扰，还有在发射的一刹那可能火箭的热量和冲击力对于整个系统、包括信号传输的稳定性，都是一个巨大的挑战。我们当时跟有关单位多个部门反复协商，最后确定了一套技术方案，还经过了严格的审批流程。在发射现场最终设计了 3 个无人值守的机位，考虑到安全，现场全部采用有线传输，先到达几公里外的一个无人值守的导播间，再通过监看后，推流到互联网上。

分享几张图片，这是我们工作人员铺设铠装光缆的过程，我们为了践行“最小动工，最大保护”的原则，采用了现场的下水道，保证不裸露也不开凿。第二张是一个无人值守的导播间，因为火箭发射的时候其实有一个无人区，在这个范围的全部人员都要撤离，我们的机位到这个导播间的自动操控设备还是在无人区里，我们再推流一波，第二落点到达一个有人值守的监看间，最后再推流到互联网上。因为火箭发射场的特殊性质，有安全、保密等很多因素，我们也是提前1个月跟有关单位打报告，层层审批，最终同意了我们动工的方案。最后发射完以后，工作人员回收了设备，并在第一时间制作出混剪视频。

再次是交互式体验，能够带给人平等的交流和人际传播。

大家都知道，摄像机就像是观众的眼睛。那么VR摄像机架设在发射现场，就好像是用户真的站在那个地方，在发射塔架下100米远，然后随意可以360°转动来观看。但是可能对于一个缺乏背景知识的普通用户来讲，用户反而会陷入一种迷茫，不知道应该朝哪儿看、看什么。为了解决这个问题，我们从进入倒数30分钟的时候就引入了一位主播，但是不同于传统的新闻有一个演播室类的第二现场，可能会再请一个专业的主持人和一个专家型的解说人员，我们在直播中邀请了一位现场工作人员小张，他就是一个普通的发射场工作人员，用一种很亲切、很接地气的方式，来跟网友唠唠家常，讲一讲他们的工作环境，分享一些专业知识。我们对小张的定位不是一个专家型嘉宾，而是一个“导游”。这可能也更加契合了我们对节目的定位，就是邀请普通人能够足不出户就进行一场太空之旅。

最后是产品化的操作思路。

根据不同的阶段、不同的受众，我们设计了同一系列同一主题的不同产品内容，无缝覆盖了发射前后的72小时。大家可以在刚刚分享的H5页面上看到，包括“中国相册”栏目针对飞船调试、火箭吊装、垂直转运等关键的任务节点，做了一系列微视频纪录片，还有可供点播的VR录播画面，以及一个讲述“太空快递小哥”的针对“天舟一号”货运飞船的科普性动画片，这些内容全部提前在融媒体端放出，给发射当天的VR直播做预热。此外，还有一个H5的小游戏，邀请网友拼火箭，如果拼成功可以看到对火箭型号背景知识进行科普的小板块。在发射当天，我们还集中组织北京的小学生做了一个“VR 观看火箭发射进校园”的活动，集中在学校里面组织学生戴着头戴设备来看火箭发射。这些系列化产品，最终全部都引向“中国相册”栏目主办的一个主题图片征集活动，叫作“家国航天梦”，大家现在看到的我们项目的海报，其实也是这个征集活动最终的获奖作品。

这张照片其实很简单，给大家介绍一下：夫妻两个人都是现场的工作人员，因为岗位不同、系统不同，平时没有时间团聚，直到发射前一天，他们的工作基本告一个段落了，他们俩才很平静地抱着孩子走向发射塔架，一家三口，其乐融融。这张图片我们觉得完美契合了整个节目的设计思路：其实 VR 也好，其他的技术手段也好，只是为新闻内容服务的一种媒介形式，而最终我们是想打破空间和时间的限制，邀请每一位对中国航天有所关注的人，到达新闻第一现场，和我们一起分享家国情怀的航天梦。谢谢大家！

【主持人　曹煊一】谢谢，非常感谢吴双老师的精彩分享。从画面上我们的确感受到了 VR 技术对于火箭发射进行近距离的全程直播，所带来的画面的震撼和视觉冲击力，让观众能够有一种全方位沉浸式的体验，并且通过多屏互动的方式，也增强了新闻传播的互动性，提供了全新的收视体验，这无疑是一次非常成功的尝试。

访谈实录

主 持 人：曹煊一
点评专家：汪文斌

【主持人　曹煊一】接下来的时间，我们将再次邀请4位获奖作品的代表，同时邀请中国新闻奖的评委、中央广播电视总台发展研究中心主任汪文斌来跟4位获奖代表一起分享经验、展望未来，进行一次思想的碰撞。有请汪主任，有请唐晓艳老师、朱厚真老师、张霄老师、吴双老师。

非常感谢大家耐心的等待，接下来因为时间的关系，我们可能没办法特别深入讨论一些问题，各位老师可以用精练的语言把满满干货在有限的时间内传递给在座的各位。

汪主任我比较了解，因为也是我的老领导，见证着我的成长。并且汪主任对传统媒体和新媒体的发展有着丰富的经验，您先给我们说一说，获奖的这4个作品，你看完之后有什么感受，简单地点评一下。

【汪文斌】短视频和移动直播无疑是当前媒体发展的大风口，中国记协非常敏锐地洞察到这一风口，专门在媒体融合奖里把短视频和移动直播作为重要奖项，引领风口，在座4位的作品就是引领风口的领头雁。《公仆之路》我们把它叫作短片和小片，但构思的时候是按照大片构思的，制作的时候也是按照大片制作的，正是因为其短、小，但最后达到长和大的效果，这种反差造成了意想不到的效果，非常震撼的效果。

通过参加2018年中国新闻奖媒体融合奖的评奖，我感觉所有送评的节目新闻性偏弱，主题策划性偏强。中央电视台发展研究中心做过一个监测，在2018年1—6月，短视频播放量TOP100的节目，有25个是新闻类的，其他是生活类、情感类的，25个新闻类节目中有一个不是三大央媒的，其他24个都是三大央媒的，其中有18条是时政类短视频，而时政类短视频都是主题策划性的。从这个结果来看，短视频这一块整体新闻性偏弱。造成这个问题的原因是缺乏短视频新闻的制作团队和领军人物。我们能够取得像《公仆之路》这样好的作品效果是因为有这样的团队、这样的人。之所以出现刚才说的新闻性偏弱的问题，还是整体上缺乏这样的团队、这样的人。如何做到先网后台，由长转短？我们现在的一线新闻记者，还是围绕着电视做、围绕着广播做、围绕着传统媒体在做，而没有真正转到围绕着融媒体、围绕着网络、围绕着新媒体来做，这是一个大的问题。

央视唐晓艳成立有专门的微视频工作室、有专门的从传统媒体转过来的团队，给我们做了示范，如果这个示范得到推广，真正做到面向互联网、面向新媒体、面向短视频，我觉得我们做的就不是一个两个，或者是少数几个好作品。如果说我们大家都往这个方向走，主流媒体往这个方向转型，我们一定能够占领这个主阵地和舆论场。

【主持人　曹煊一】接下来的问题本来就是想问大家，主流媒体的融媒体如何占领舆论阵地？汪主任讲的这些我觉得特别尖锐，也特别引人深思。为什么新闻类的短视频在数量上比较少，或者说我们主流媒体应该如何占领更多的舆论阵地？先请唐晓艳来说说吧。

【唐晓艳】我补充一下汪主任刚才所提的信息，我所在的机构叫作央视网微视频工作室，其实我觉得这也是我们从台领导到公司领导，特别有先见之明的一个举措。我们在 2017 年 4 月就单独成立了一个融媒体工作室，我们覆盖的范围很广泛，除了刚才汪主任提到的时政和主题主线的微视频之外，还有资讯、军事、纪实、人物、国际等各类题材范围，而且不光有短视频，也有长视频，所以说是一个长短结合的、以视频和移动直播为主体的工作室的架构。

刚才汪主任也提到，觉得新闻类的内容比较少，其实短视频领域有两个比较突出的现象值得我们思考。一是我们能看到地方媒体在整个短视频领域，或者说在机制上比央媒转型更早，投入更多，甚至是比较 All in 的状态，比如看看新闻、澎湃，包括传统媒体转型而来的梨视频等，很多地方媒体他们其实有很多很好的作品，做了很多努力和尝试。这些地方媒体更偏新闻、偏民生、偏社会化、偏故事性、偏个体，在这方面，我觉得他们比中央重点新闻网站尝试得多，品牌性也更好。

另外一点，政务这一块是我们比较关注的领域，类似于共青团中央、北京特警等，这些政务媒体不是专业的媒体，但是我们发现它在短视频领域、在短视频的渠道平台上运营的效果相当好，甚至比很多传统媒体做得还要好，所以我觉得这方面需要传统媒体认真思考，我们是不是要在整个的机制、体制、资金、团队、人才各方面进一步去聚焦、去打出品牌，我觉得是从平台到内容、到品牌，都要有所提升。在内容上，虽然央媒在时政、主题主线大节点上做的视频比较多，但常态化、品牌化、矩阵化、规模化的视频体系还没有搭建起来。我知道，并不是所有媒体都有一个专门的视频工作室，我觉得在整个平台上一定要努力去加强，进而形成我们整个短视频的传播体系和品牌的矩阵，这可能是我们所谓的主流媒体未来努力的方向。谢谢！

【主持人　曹煊一】也就是说，我们现在设计了很多类型的视频，短的、长的，或者是各种类型，其实这里还是有更大的发展空间，或者说可以更系统化地去发展。纵观短视频的发展过程和市场状况，我们会发现短视频特别容易火爆，但是也很容易转瞬即逝，对于主流媒体而言如何能够找到我们真正要抓住的那一根稻草，然后把它发挥得更好。提到新闻类短视频，我们请上海广电融媒体的朱厚真老师跟我们分享一下，上海广电融媒体在新闻类的调查短视频上做了哪些探索？

【朱厚真】我觉得地方媒体在做新闻性更强的报道的时候，还是更加好操作的。看了这么多央媒的分享，其实我觉得如果让我来做的话，是挺难做出一个精品来的，可能我们的资源没有那么多，但是抓住地方上的一些舆论监督、调查类，或者说一些当地的新闻时政，这是我们应该更多去占领的一个方面。现在可以说自媒体跟主流媒体已经是三分天下，但是我们应该去把握住主流媒体的优势，就像现在新闻反转特别多，当然可能最初报得最快的、做得最好看的是一些自媒体上的新闻，但是会因为它的快和追逐一些博取眼球的东西，反转可能会很多，反而是丧失了公信力。作为主流媒体有时候大家会等待我们的发声，我希望应该把我们可以做好的优势牢牢地把握住，所以，守正创新还是守正先放在第一位，再想着怎么精益求精把我们各种技术手段用上去，然后再做得更好看一些。

【主持人　曹煊一】谢谢朱老师，另外我看到张霄老师，“英国小哥”

系列作品让人耳目一新，其中的创意和创新，包括融入了很多科技上的一些想法和技术含量。在这样一个信息化、科技化飞速发展的背景下，如何能够把很多新的科技手段，包括新的形态能够利用起来，做出更精品的融媒体作品？跟我们分享一下。

【张霄】我们做的这个视频在技术层面，我个人感觉并没有太多创新，我觉得创新更多的是在创意层面。这个视频可能给大家找到了一个反差，换句话讲，就是给大家提供了一个不同寻常的视角，然后把内容和形式联结在一起。在座有很多广电媒体的同事，大家应该都很熟悉绿屏抠像，这个是一个非常成熟的技术，我们只不过是把这个技术应用到这样的创意当中来。

一方面，我个人觉得对于我们这种以报纸为主业的媒体来讲，在现在的环境当中做短视频也面临一些困难，我们没有像央视这样现成的视频团队和视频生产的经验，对于我们来讲很多方面都是从零起步。

另一方面，对于我们来讲——可能也有稍微好一点的地方——我们没有那么多的包袱。比如在视听语言的选择上，我们能够很快吸收社交媒体短视频新鲜的形式和创意。怎样的表现形式是能够有助于内容传播的，我们马上就借鉴吸收。我觉得这是我们相对来讲比较有优势的地方。

这几年，影像技术发展非常迅速，新技术、新设备层出不穷。在这方面，我觉得对于内容生产者来讲，可能还是要把握一个平衡、把握一个度，我个人理解并不是所有的新设备、新技术，大家一定都得要追得上，更重要的是要把新技术消化好、运用好。很多新技术在现阶段没有那么成熟，一个新技术从研发、应用到大规模应用需要时间和成本，对于内容生产者而言，这个过程存在不确定性。这不是对新技术的排斥，而是更强调投入产出比。对于内容生产者而言，还需要更多地深耕内容本身，用创意让新技术为内容服务，为传播服务。我觉得这是当下对内容生产者而言比较好的一个途径。

【主持人　曹煊一】吴双老师给我们介绍的是 VR 全景直播“天舟一号”发射的过程，这是央视和央视网、传统媒体和新媒体的一次合作、一次融合的尝试，可以说是非常成功的。习近平总书记说媒体融合其实不是“你中有我，我中有你”，而是“你就是我，我就是你”，要做到这一点。那么请吴双老师通过你们这样一个融合创作的过程，给大家分享一下您是怎么来理解媒体融合的？包括未来的发展趋势，您有什么样的建议？

【吴双】这个话题还挺大的。其实我们作为一线的工作者，央视一套在做新闻上并没有太多传统优势，我们只有一个很小的团队，也不像前面提到的央视网，有一个比较成熟的新闻队伍。但是领导也在不断地给我们提要求，说转型要运用真正的互联网思维，因为在互联网时代，我们看待内容和用户看待内容的方式，真的都彻底不一样了。现在有一些机构的政务号，在一些新兴的平台上，比如抖音这种比较有流量的地方，它们生存得也很好。过去我们作为主流媒体有权威发布的属性优势，可能得到用户或者大众天然的关注；而现在很多需要被宣传被报道的主体，已经有了自己的话语权和相应的渠道，不一定要借助于主流媒体，人家自己也可以发声。

在这个过程中，我觉得真的不需要刻意去区分传统媒体和新媒体了，央视网和央视综合频道，大家是一家人，我们都在一条船上。作为主流媒体的工作人员，所有人都应该转换思路，应该真正地去思考我们作为一个职业的媒体工作者，如何将自己区别于那些 UGC，如何区别于其他单位自己开设的政务号的视角、落点，如何把我们的专业性、人文情怀以及在新闻工作中的严谨性体现在我们的作品当中。

【主持人　曹煊一】谢谢，最后一个问题我还是想请问汪主任，现在您也提到了4位老师对于各自的领域也有一些自己的见解，请您分析一下在融媒体的发展过程中还有哪些问题是亟待解决的，未来融媒体的发展趋势会怎样？

【汪文斌】我觉得刚才李俊的一句话说得非常准确，就是说如何让内容插上技术的翅膀腾飞，就是如何能够把创意跟技术结合起来，这是我们新媒体发展、媒体融合发展非常重要的一个根本性的问题。因为整个新媒体就是由新技术来驱动的媒体。事实上整个“天舟一号”的直播，本身还是很简单的，但是为什么被评委们评为一等奖，就是为了要鼓励运用新技术，因为他们在尝试用最新的技术来做，别人没有做。

包括“英国小哥”用了虚拟抠像的技术，这些新技术跟内容、主题结合起来之后，你会发现让你确实耳目一新，跟我们看电视已经不一样了。我们传统媒体的新媒体短板恰恰在于技术。

我们不是技术出身、技术起家、技术驱动的，我们是内容驱动、内容出身、内容起家的。所以如何在技术上提高，就跟我们要做微视频工作室一样，做新技术的工作室、实验室，能够把技术和创意很好地结合，既要在内容方面策划创新，更重要还要在技术上研发实验，两个结合起来，我觉得这才可能真正实现让内容插上技术的翅膀，真正地腾飞起来，这个领头雁能引领我们的方向，一定会引领得更好。

【主持人　曹煊一】让内容插上技术的翅膀，就是要勇于创新、勇于变革。让传统媒体和新媒体在融合当中百家争鸣、飞速发展。同时我们也看到一线的新闻工作者也在努力地奋进，踏实前行。

今天非常感谢汪主任，也感谢4位分享嘉宾，也非常感谢在座的各位认真地聆听，谢谢你们！

业界研究

透视中国新闻奖媒体融合奖项的设立

詹新惠　中国传媒大学新闻学院副教授

近日，中国记协发布公告，宣布中国新闻奖自2018年起增设媒体融合奖项，设立6个评选项目，分别为短视频新闻、移动直播、新媒体创意互动、新媒体品牌栏目、新媒体报道界面和融合创新，共50个奖数。如何解读中国记协增设的这个奖项？是对过往成绩的肯定还是对未来的期盼，抑或是对当下现状的激活呢？是启动盘还是指挥棒、风向标呢？

网络新闻奖项设立的演变及背后的解读

2006年第十六届中国新闻奖首设网络新闻奖，当年设立的奖项有3个：网络评论奖、网络专题奖和网络新闻专栏，获奖作品13个。人民网的《我们怎样表达爱国热情》、新华网的《网民感动总理　总理感动网民——总理记者招待会网上答问》、河南报业网的《焦点网谈》分获评论、专题和专栏一等奖。

1999年10月，中共中央办公厅转发《中央宣传部、中央对外宣传办公室关于加强国际互联网络新闻宣传工作的意见》，指出要把中央重点新闻网站尽快办成全球性名牌网站。同期，各省区市等单位也逐步建立起地方重点新闻网站。面对越来越多的网络媒体和影响力日益彰显的新闻网站，中国记协在跟踪调研的基础上，在2006年第16届中国新闻奖的评选中，将具有登载新闻业务资质的新闻网站的网络新闻作品纳入评选范围，彰显对网络新闻报道的认可和对新闻网站新闻业务的鼓励。

随着网络新闻业务的快速发展和网络影响力日益增强，从2008年第十八届中国新闻奖开始，网络新闻奖项增加了网络访谈和新闻网页设计，同时网络新闻作品增加新闻漫画、新闻摄影和国际传播奖项的评选。网络新闻作品的实际参评奖项达到8项。

根据有关资料统计，2008年开始网络获奖作品数量激增，所占年度获奖总数比例总体维持在9%上下，只有2014年稍有回落，2015年之后网络新闻获奖作品占比又开始提升，2017年获奖作品数占到总体数量的11.4%。特别值得一提的是在2014年第二十四届中国新闻奖中，中国经济网的网络评论《限制“公款消费”本质是制约权力寻租》首获特别奖，2017年新华社的融媒体专栏“新华全媒头条”也获得了特别奖，后者可以看作是设立媒体融合奖项的一次铺路。

分析近10年的网络新闻获奖作品可以看到，一是10年来网络新闻作品的获奖奖项没有变化，但相应的网络与新媒体业务发生了巨变，新形态、多媒体、多样式的互联网新闻作品层出不穷，但依据目前的网络新闻作品奖项很难对号入座、准确参评；二是2014年之前，大多数网络新闻获奖作品刊播终端主要在PC端，2015年之后获奖作品激增主要源于移动端内容产品逐渐增多，比如2016年澎湃新闻获得的新闻摄影三等奖《亲历尼泊尔震后：整座城市都在艰难愈合累累伤痕》，2017

年新华网、新华社新闻客户端获得的新闻专题三等奖《一条天路，一个梦想——藏族“愚公”斯那定珠传奇》，浙江日报报业集团全媒体平台（浙江新闻客户端、浙江在线网站）获得的国际传播三等奖《最燃倒计时！G20，精彩浙江与世界美妙对话》，都是来自移动端的产品，从互联网新闻业务长远发展看，需要为移动端单独设计出参评奖项；三是过去的网络新闻作品奖项是基于 PC 端网络新闻传播特征和规律设立的，进入移动互联网时代，新闻报道的方式和内容生产的流程都发生了变化，而且移动互联网有自己的传播特征和规律，评判的依据和标准需要重新审度和制定。

媒体融合奖项的三大权重

综观中国记协发布的媒体融合奖 6 大奖项，凸显 3 个权重。

移动权重。在《中国新闻奖媒体融合奖项评选办法》（简称《评选办法》）中明确要求，“原创并在其移动端首发”“应用数字技术、移动互联网技术进行融合传播的新闻作品”。在每一个奖项的具体要求里，也都有基于移动端的严格要求。“短视频新闻”要求是在移动端发布的短视频类新闻作品（含纪录片）；“移动直播”的名称就已经点明了其移动属性；“新媒体创意互动”虽然没有直接指向移动端，但众所周知，用户交互最好的呈现场景自然是移动端，且目前对“新媒体”的理解都是归类为移动媒体；“新媒体品牌栏目”限定的范围是“在自有平台或第三方平台官方账号”，鉴于已有网络新闻专栏奖，相信此次设立的“新媒体品牌栏目”应该是会授予移动平台上的新闻板块（单元）；“新媒体报道界面”确定的是“移动端发布的新闻作品界面”；“融合创新”

所涵盖的自然是传统媒体和新兴媒体、PC 端和移动端的内容与渠道、生产与消费的全面融合。从 6 个奖项的具体要求可以看出，“移动”的权重是第一位的，因为用户都已在移动端，移动端内容是他们的第一选择和长期依赖。因此，在媒体融合发展到现当下阶段，mobile first 是一种必然选择。

视频权重。在《评选办法》里，直接提到视频的有“短视频新闻”，间接关联的有“移动直播”“新媒体创意互动”“新媒体品牌栏目”“融合创新”。无论是直接还是间接，都是针对即将到来的 5G 时代一种前瞻性的布局。一方面，5G 将提升移动网络运行速度，可以一秒钟完成一部高清电影的下载，具体到新闻内容生产层面，不仅现在的短视频可以畅快收看，长视频在移动环境下也没有收视障碍。另一方面，5G 的到来指日可待，三大运营商披露的信息显示，5G 基站已经开始搭建，5G 手机已经在研制，5G 推行的时间表也已经进入倒计时。因此，视频在媒体融合奖项的评选中必然占据重要的一席。

创意权重。“新媒体创意互动”奖项直接指向创意，“新媒体报道界面”极其需要创意，“融合创新”也自然是建立在创意基础上。可以看出，“创意”成为此次媒介融合奖项设立的另一个重要权重。在中国记协给出的媒体融合奖项评选十大标准里，多处强调“即时性强、交互性强、共享性强，技术应用效果好，传播效果好”“体现新闻性、互动性、技术性的高度统一”“界面设计主题鲜明、风格独特、布局合理、互动性强”“鼓励内容呈现方式创新和技术应用创新”，其中互动、技术、传播效果是关键词。媒体融合的核心和关键是技术在内容生产和渠道对接上的创新应用，而要想让技术渗透到媒体融合深处，就必然需要更多的创意和创造，需要以用户为依归，设计更多的交互应用。创意虽然不能在语言上有精准的描述，但作品是可以说话的，好的创意自带流量和传播效果。

迎接全新的融合媒体时代

设立某类奖项，是希望通过嘉奖符合评选标准和话语体系的作品，来倡导主流价值观，在社会上营造相应氛围，达到舆论风向引导的作用。中国记协在《评选办法》中明确提出，设立媒体融合奖项，是“顺应传统媒体和新兴媒体融合发展趋势”，是“贯彻落实中央关于推动媒体融合发展的决策部署，发挥新媒体传播优势，提高新闻舆论传播力、引导力、影响力、公信力”。

2014 年 8 月《关于推动传统媒体和新兴媒体融合发展的指导意见》出台后，媒体融合发展提升到了国家战略高度。近 4 年来，无论是传统媒体还是新兴媒体，都在积极探索媒体融合的路径，推进媒体在内容、渠道、平台、经营和管理等多个方面的融合发展。通过媒体融合奖项的评选，及时总结媒体融合的经验，发现媒体融合的精彩作品，梳理媒体融合的经典案例，自然能够推动媒体深度融合，促进各类媒体紧随技术发展步伐不断创新，用优秀的融媒体作品占领新媒体渠道，引领新媒体潮流。

相比中国新闻奖已有的 29 个评选项目，每年 280 个左右的奖项总量，此次媒体融合奖项设立的类别和数量都超乎寻常，不仅是对新媒体从业者的鼓励和肯定，对媒体融合创新的重视，更是要促进传统媒体与新兴媒体深度融合，让媒体融合常态化、体系化，创作出更多、更好、更有创意的融媒体产品。目前，在一些重要节点及重大新闻事件报道中，或偶有融媒体“爆款”产品涌现，或是少量的优秀 H5 作品“刷屏”，或偶尔启动“中央厨房”开展重大新闻报道，缺少持续生产优质融媒体内容的能力，也没有形成完善的、日常化的媒体融合运行机制。相信通过中国新闻奖这样大规模奖项的设立，能够掀起一场媒体融合创新、创意热潮，迎来全新的媒体融合时代。

新闻类短视频的内容特征及其应用

宋建武　中国人民大学教授、博士生导师

郭沛沛　中国人民大学新闻学院博士后

当前短视频已成为公众记录生活和自我表达的一种新的内容形式和媒体手段，短视频精短、直观、便捷的视听传播形态，也使其必然成为新闻信息传播的恰当工具。上述特性，使短视频平台正在成为社会信息交互的主要场所。

一、短视频的界定及内容特征

相较于传统电视机构制作的、通常被结构化为节目的视频内容而言，短视频是一种基于互联网尤其是移动互联网进行信息传播的新的内容呈现方式，“短”是其基本特征，一般认为，短视频的时长不超过5分钟，且构成独立信息单元，以满足用户使用碎片化时间获得资讯及娱乐的需求。本质而言，短视频与文字、图片、语音、传统影像等相同，均属于具备某种特定功能的传播形式，不同的是，短视频能够综合上述媒介形态，是充分利用了多种信息技术的“高阶”媒介。

在内容特征上，我们认为，新闻类短视频具有“新、短、快、实、

美”五大特征。

“短”是短视频在时长上的衡量维度。短视频简洁明了的内容，有助于用户使用移动终端时，利用碎片化的时间接收信息；短视频简短精练且相对完整的形式适合用于新闻报道，有利于社会整体传播效率的提升。这既是当下移动传播带来的必然趋势，也是用户的必然选择。

“新”是指新闻类的短视频应当具有新闻性，是对具有社会意义和公共价值的事件或其他新近发生的社会与自然环境的变化以及各种新发现、新事物所作出的记录和报道。

“快”是讲求时效。新闻类短视频的上传和发布都应该是快节奏的，从事件发生到相关短视频在公共平台上出现，要尽可能在最短时间内送达用户。

“实”是对短视频拍摄场景的要求，新闻类短视频作为真实场景的视频记录手段，应当在现场实景连续拍摄记录，用最真实的画面为用户营造“在场”感，而不是事后摆拍或者刻意的炫技。

“美”是审美要求，是指短视频的内容要符合社会主义主流价值观，表达人民群众对美好生活的向往，满足公众的审美需求。习近平总书记在党的十九大报告中强调，要“使人民获得感、幸福感、安全感更加充实、更有保障、更可持续”，新闻类短视频应该体现的，就是这样的审美价值。

2018 年，中国新闻奖首次设立媒体融合奖项，“短视频新闻”成为新增的 6 个评选项目之一。荣获“短视频新闻”一等奖的作品《柳州融水突围记丨广西日报记者“失联”数十小时，在穿越 40 处塌方后发回灾区最新画面！》就较好地体现了上述特性。2017 年 7 月广西柳州水灾发生后，广西日报柳州记者站站长谌贻照（“照哥”）在通信、交通、电力、供水均中断的情况下，用短视频记录下了融水苗族自治县杆洞乡受灾情况，并历经数十小时，突破 40 余处塌方，突围出来，将已与外界“失联”超过 24 小时的杆洞乡情况进行了报道。

“照哥”拍回的水灾现场视频截图

这些视频没有精美的画面，没有炫目的制作技巧，没有字正腔圆的播音语言，甚至由于自然条件和环境限制，画面都不能保证基本的平稳，出现一定的抖动和模糊，却不妨碍它们是最真实的记录，最生动的表达，蕴含了最直击人心的力量。这使得该作品脱颖而出，在全体评委投票结果中高居榜首。

二、短视频在新型主流媒体平台构建中的应用

短视频作为公众表达和社会交往的新工具吸引了相当数量的用户参与，已迅速发展为一个新的互联网风口，正在成为一种新的主要传播手段和互联网舆论引导的新阵地，一些短视频平台也已经借此时机成为公共信息传播新的重要渠道。对于主流媒体来说，在利用这一新手段生产优质新闻产品的同时，更应该思考的是，主流媒体在媒体深度融合进程中，能否借助短视频这一新技术新应用，构建自主可控平台。

媒体融合的本质是主流媒体的互联网化[①]，其关键在于自主可控平台的建设。目前主流媒体已充分认识到建设自主可控平台的重要性，纷纷开放部分入口和权限给予其他媒体和用户，尤其近年来注重在视频生产和传播方面搭建自主可控平台。如新华社 2017 年 2 月 19 日推出的智能新闻在线生产系统“现场云”，截至 2018 年 2 月 12 日，该平台入驻机构已达 2400 多家，覆盖全国省级、地市级媒体，入驻记者、编辑 1.2 万多人[②]；人民日报社“人民视频”组建“人民拍客”系统，据了解，目前 VIP 拍客超过 400 人，年均可生产短视频内容 5 万余条，为新闻报道贡献了大量视频素材；中央广播电视总台下属的原中央电视台也开通了央视新闻移动网，聚合了一大批省级和副省级城市的专业电视机构所生产的新闻内容。目前，这些主流媒体的视频平台开放入驻的对象仍以 PGC、GGC（政府生产内容）为主，UGC 尚有较大发展空间。

从互联网短视频平台兴起的过程看，为每一个社会个体成员提供记录和表达的空间，给予以往最没有表达能力的群体记录生活、表达感受的能力，从而吸引到海量用户，是这些平台得以迅速成长的根本原因。

这些平台的成长告诉我们，互联网空间不应该仅仅是专业精英炫技的场所，它所具备的草根性、原发性等特性，这是人民群众力量的体现。这也是主流媒体在构建自主可控平台的过程中，不可忽视的因素。马克思主义新闻观要求我们“群众办报”，习近平总书记指出要“走网

---

① 宋建武：《融合平台——媒体融合发展的基石》，http://www.sohu.com/a/165827917_157267。

② 新华网：《新华社“现场云”面向智能化在线生产传播全面升级》，http://media.people.com.cn/n1/2018/0220/c40606-29826443.html。

上群众路线”，这些理念，都要求主流媒体充分认识到人民群众的力量，按照互联网规律，遵循互联网思维，进一步开放平台，在PGC、GGC的基础之上，逐步加大开放UGC所占比例，真正做到“群众办报”，让每一个用户都能成为平台的“记者”，让平台具有随时触达“第一现场”的可能。近日，西藏自治区江达县波罗乡境内（江安村）突发山体滑坡，造成金沙江断流并形成堰塞湖，网上有关灾情的珍贵现场视频资料并不是由专业媒体记者拍摄，而是由就近最先到达现场的白玉县公安局民警提供；2018年中央电视台有关我国首届“中国农民丰收节”的相关报道视频，部分素材来源于快手平台。这些事例说明，只有构建起人民群众普遍参与的自主可控平台，才能够第一时间向公众提供现场感十足的新鲜资讯，得到人民群众的喜爱和用户的拥簇。

在融合中释放媒体创新活力

宋建武　中国人民大学教授、博士生导师

媒体融合始于数字化（数码化）

首先我们应该做一个历史的考察。媒体融合从哪儿来？我认为它是来自信息的数字化。信息的数字化发展，也就是说人类可以用0和1这样的格式去传递信息的时候，我们开始了媒体融合的过程。不管是图像、声音还是文字，都可以把它融在一个渠道去发布，在一个终端上去展现。最早的媒体融合可以说最直接地体现在终端上。个人智能化移动终端的出现，实际上是在宣告作为技术终端、技术体系的媒体融合基本实现。这方面最大的贡献者是伟大的乔布斯，他使人类的通信终端和处理信息终端融为一体。

媒体融合本身其实是来自数字化，数字化启动了这样的一个过程，使得媒体形态、媒体机构的融合成为一种必然，无论是报纸、广播还是电视，这些在未来的发展中我认为必然融为一体。我们不需要那么多不同种类的媒体形态，这些将会在互联网的平台上合而为一，融为一体。

媒体融合将终于数据化（智能化）

从信息总汇到数据总汇。媒体融合是从技术、终端到了组织这样的一种发展。它背后的逻辑是人类对信息处理的方式在不断进步。关于人类怎么来区别信息和数据，我认为，信息是我们人的感官、人的意识可以直接反应和处理的信息和符号。就像人类在分析客观物质世界的时候，我们最早是在分子层面去把握客观世界的存在。而随着科学的发展，人类能够从原子层面去把握，这是一个巨大的突破。今天人类在对外部信息的处理方面突破了旧的认知方式，开始进入通过数据来进行分析，把它加工变成信息的阶段。就像霍顿所说，信息是为了满足用户决策的需要而经过加工处理的数据。也就是说，信息是数据处理的结果。

数据化的标志是数据库的建立。这样的一种进步，使得人类对于外部世界的理解比过去更深刻，而且跨度更大，因为这个时候可以利用各种各样的机器算法分析和匹配数据，突破人类认知的局限。有了机器作为辅助，我们可以把不同领域各种各样的数据进行统筹处理、加工，这就是数据库。这种数据库技术也叫应用云技术，也叫数据中台技术，核心就是对数据进行聚合、比对、分析、加工。没有这样的一种加工分析，数据的作用就无法充分发挥。

互联网过去 20 年的发展，特别是移动互联网的发展，带来了大量的数据，这样的数据以爆炸式的方式增长。个人化的终端，会把人们生活的各种场景的数据都上传到互联网平台上，从而可以对每一个个人用户的行为进行准确记录和分析。当然也可以通过这种分析，推知其可能采取的任何行为。这样的一些数据，如果是无序状态的存在，它不会产生什么样的作用。我们在实践中发现，来自不同方面、不同应用的数据进行比对、匹配才更有价值。所以我们现在需要使用大数据技术、数据中台的技术，对数据进行汇聚、加工、处理、结构化，当然包括很重要的一个方面——标签化。因为只有标签化，才可以进行有效的匹配。数据库类似大型衣柜，而标签是放置其中的衣物（数据）分类和标记的标准体系，是用于表明特定的数据的意义的。所以如何对数据进行加工、整理，很大程度上是对它进行分类和标签化。

我曾经撰文说，媒体业将从信息总汇发展成为数据总汇。在此我大胆预测，媒体融合将在主流媒体实现数据化也就是成为数据总汇的时候终结其历史使命。

媒体发展有三大核心趋势。首先是平台化，这是就整个外部形态上而言的，也是对互联网作为一项技术产生应用的认识和分析。互联网技术具有非常强大的平台化特征，所以就出现一个人口红利，使用的人越多，这个平台的价值越大，平台能够汇聚的资源就越多。包括很多资源的交换，都是通过平台实现的。而且我们也看到，多种的垂直应用正在汇聚成超级的生态级平台，这就是 BAT 的存在。第二就是移动化。移动化是一个基本的趋势，它带来了移动传播革命，对传统的大众传播是本质上的颠覆。因为移动传播必然是精准传播，而精准传播与大众传播的逻辑在本质上是相悖的。第三就是智能化。大数据如果想进行有效处理，必须通过人工智能来实现。就像马化腾所说的，未来所有的互联网应用都可以理解成是“大智云”，就是大数据、智能化和云计算。

基于互联网平台的媒体融合创新

第三个问题是如何创新。习近平总书记关于媒体融合的指导思想，提出要“充分运用新技术新应用创新媒体传播方式”。我最近在思考，为什么我们的媒体融合整体上讲没有达到中央的要求，进步并不是很快，尤其是和互联网的各种应用相比远远落后。我觉得核心问题在于我们对“充分运用新技术新应用创新媒体传播方式，占领信息传播制高点”这句话没有充分理解和实践。坦白说，我们传统媒体人更多的是用新点子、新创意去创新，这种创新在制作优秀的产品方面可能有作用，但是在构筑一个强大的互联网平台方面，基本上没有用。

我认为我们今天进入了一个新阶段，主流媒体要顺应整个技术发展的趋势和社会发展的趋势，把我们自己打造成平台。成为平台的关键在于你要有强大的数据处理能力，所以央视网总经理钱蔚女士发布了央视网要做数据中台这样的一个战略方向，并且他们也做了很多具体的工作。我个人认为这个方向才是媒体融合最核心的技术方向。我们也看到传统媒体这几年在各种技术应用方面做探索、做实践。坦白地说，我不认为其中的有一些举措具有这样的一种战略意义，不是核心技术。今天在互联网上的核心技术是什么？我个人认为是平台技术、是分发技术。突破了这些核心技术，我们才有可能真正在媒体融合中占据主导地位。

中国新闻奖首设的“媒体融合奖项”获奖作品评析

田晓凤　张　伟　中国传媒大学新闻学院2016级硕士研究生

雷跃捷　中国传媒大学传播研究院舆论研究所所长、教授、博士生导师

一、重大直播报道技术化

新闻融媒体作品的一大特色是数字技术在新闻报道中的创新与应用。在《中国新闻奖媒体融合奖项评选办法》中明确规定了参评作品的范围为“于上一年度应用数字技术、移动互联网技术进行融合传播的新闻作品”。2018年中国新闻奖的媒体融合奖特别奖——《两会进行时》是人民网法人微博发布的融媒直播作品。2017年全国两会期间，平台累计直播时长超过120小时，累计观看达1.38亿余人次，其时间之长、规模之大、成果之突出，开创了传统媒体新闻网站长时段直播历史的先河。直播的节目内容丰富，有部长通道、人大闭幕式、总理答记者问等环节的同步直播，还有人民日报记者在两会现场进行的独家点评。前方报道与演播室访谈相互穿插，并配有会场花絮和创意微视频。形式可谓丰富多样。

而这场直播面临的最大挑战就是技术问题，如何在全天候直播的过程中保障信号稳定传输、如何打造可靠的网络环境，人民网在技术层面进行了充分准备。基于 2016 年研发的移动直播平台这一技术储备，节目团队在极短时间里，搭建了一站式移动直播解决方案，包括内容采集、实时转码、分发加速、网络优化等核心功能。在输出端口方面，除 PC 端、手机客户端口外，网络电视部为《两会进行时》制作了微信小程序，通过小程序的“两会”和“推荐”两个板块，实现微信实时观看及分享。

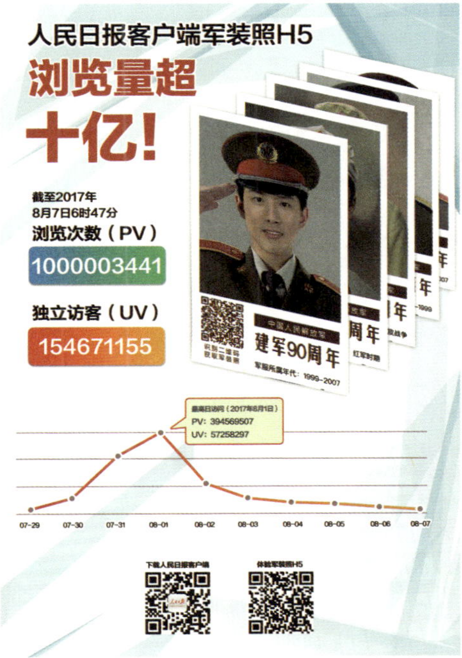

两会中的 VR 直播是 2018 年获奖作品的又一大亮点。二等奖获奖作品《“钢铁侠”VR 直播：全国政协十二届五次会议新闻发布会》是 2017 年 3 月光明网“钢铁侠”多信道直播云台首次开展的全国两会报道，这套直播设备一亮相，就引起了广泛关注。“钢铁侠”多信道直播云台是光明网打造的全媒体报道单兵设备，记者通过穿戴式云台，单人操作该系统集成的平板电脑、VR 全景相机、高清摄像头、录音设备等，通过云控制台、云存储及流媒体服务系统，同时为 15 家平台提供高达 3K 画幅、4M 码流的视频和 VR 信号，记者还可以一键同步实现 PC 端、新闻客户端及H5页面等跨平台视频内容的分发与适配，观众无须安装任何软件，就可以通过手机裸眼观看高清VR直播。

在获奖作品中，还有诸如抠像技术、人脸识别、3D空间设计等都得到淋漓尽致的体现，极大地丰富了新闻作品的表现手法。中央出台的《关于推动传统媒体和新兴媒体融合发展的指导意见》中指出“推动媒体融合发展，要将技术建设和内容建设摆在同等重要的位置”，要“以新技术引领媒体融合发展、驱动媒体转型升级”。新传播环境下，新闻生产必须适应新媒体传播特点，依托先进技术，优化呈现和传播方式。通过综合运用多媒体表现形式，实现新闻作品从可读到可视、从静态到动态、从一维到多维的升级，满足多终端传播和多种体验需求。

二、突发危机事件报道现场化

利用手机开展直播报道，打破了以往广播电视直播装备重、声势大、受各种因素影响，难以深入突发事件现场的局限。记者手持手机，可以方便地深入突发事件现场，开展直播报道。受众同步跟随记者的视角和解说，观察突发事件，体验突发事件报道。获融媒短视频一等奖的作品:《柳州融水突围记丨广西日报记者“失联”数十小时，在穿越40处塌方后发回灾区最新画面！》，报道的是2017年8月，广西柳州融水杆洞乡突发两次山洪，通信、水、电全部中断，成为“孤岛”。广西日报社紧急成立融媒体专项报道组，记者第一时间赶赴灾区一线，用手机记录和直播了当地乡镇干部组织营救、自救的珍贵视频画面，并结合背景信息，运用网络语言将拍摄的短视频精心编排成为一篇记者突围险境的冒险新闻故事。

这组短视频新闻全面、迅速、准确地采集与传播了新闻现场的关键信息，回应了社会关注，新闻价值巨大，成为很多媒体的暴雨灾情权威信息源，获大量转载；在微博、微信、客户端等多条渠道发布，新闻素材得以充分有效利用，呈现形式融合了图文、视频、直播等多种媒体报道形式，现场感强，引发了读者强烈的共鸣。在回应社会关注焦点、及时辟谣的同时，生动呈现基层党员干部在暴雨洪水灾情面前，把人民群众生命放在第一位，勇于跑在灾情第一线，有组织、有纪律、有担当、有作为的优良品质。

如此重大的题材，广西日报反应迅速，充分利用了融媒体报道时效性强、新闻信息容量大的特点，采用新闻事件现场目击加直播的直击报道方式，由于报道及时、真实、现场感强，有效制止了流言及谣言的传播，起到了正确引导舆论的作用，提高了传播的影响力。

三、呈现方式多样化

融媒体新闻报道的最大优势，就是它涵盖了所有媒体的报道形式，呈现方式丰富多彩，无论文字、图片、音视频还是VR、H5，融媒体作品中都可以灵活运用。在融媒体获奖作品中，可以看到，除了文字稿件、图片、音视频之外，还有很多是“产品”“朋友圈直播”“互动问答”“报告”“思维导图”等新鲜的形式。多种呈现方式，也更加吸引受众注意，提供给他们更多的选择空间。

澎湃新闻制作的《长幅互动连环画丨天渠：遵义老村支书黄大发36年引水修渠记》获得融媒体界面类一等奖，该作品不落俗套，创新了主旋律报道和典型人物报道的表达方式，取得了很好的传播效果。作品是一幅长达 17 页的 H5 作品，以水为主线，用下拉式长幅连环画、渐进式动画、360° 全景照片、图集、音频、视频、交互式体验等多种报道形式，全景展现了黄大发带领老一代修渠脱贫、带动新一代致富的历史长卷。背景音乐浑厚雄壮，凸显了黄大发的人物形象；民谣、山洪、炸药的音频增加了报道的接近性，让受众有身临其境的感觉；为了提高新闻的真实性，采用村民的同期声，也借由村民之口，评价黄大发为修渠不懈努力、无私奉献的大半辈子，同时配以文字解说，方便受众明白理解。整个 H5 制作与画风选用了朴实且带有平面装饰意味的黑白风格创作，角色处理采用写实的手法，同时穿插人物照片，生动传神，画面背景与人物主体关系黑白布局得体，以金色作为点缀，稳重大气又不失活泼的细节，提高了事件还原的真实度。在这个新媒体与手机阅读时代，带给了读者更全面立体、更轻松却更震撼的阅读体验。

另外一部一等奖获奖作品《“央广主播的朋友圈”系列 H5 报道》是央广新闻节目中心新媒体部成员内部创新生产的原创作品。该作品是业内首次使用虚拟朋友圈与主播实拍视频抠像结合的方式，来构建一个适合在受众朋友圈传播的两会报道产品。用户点击链接进入后，好像进入了真正的微信朋友圈，在一个全屏模拟朋友圈的画面中，央广主播王小艺就站在屏幕右下角，通过滑动、点击等肢体动作，口播解读朋友圈里的内容，少了宣传解读式的报道，朋友圈的内容更像是同事朋友之间的交流对话，容纳了图文和音视频等各种内容，生动、有趣又具备良好的内容价值，具有鲜明的新媒体产品特点。虽然不是用户亲自点击，但是王小艺点击朋友圈图片的放大效果、点击朋友圈视频的播放效果，与受众自己的点击感受完全相同，没有丝毫违和感，这一场景像是普通人们的日常生活常态，极易使受众产生沉浸式的体验，必然能吸引受众注意，产生良好的传播效果。

四、受众参与互动化

观察融媒体类获奖作品可以发现，与其他类型的获奖作品相比，这类作品与受众的互动性更强，受众的参与度更高，这与融媒体作品本身具有的技术手段、呈现方式等方面的优势密不可分。无论是《柳州融水突围记丨广西日报记者“失联”数十小时，在穿越40处塌方后发回灾区最新画面！》《长幅互动连环画丨天渠：遵义老村支书黄大发36年引水修渠记》《“央广主播的朋友圈”系列H5报道》，还是其他诸如《你收到的是1927年8月1日发来的包裹》《最奇妙的一日游　看砥砺奋进的浙江嘉善》等，融媒体获奖作品大部分都呈现竖屏化的观看特征，只要动动手指，轻轻一划，就可以轻松参与。这与人们选择观看新闻的接收渠道有关，移动互联网时代的崛起，使手机成为人们获取信息的首要工具，竖屏化的呈现更加方便了受众的观看习惯，提高了受众的观看体验。《中国新闻奖媒体融合奖项评选办法》中规定了“原创并在其移动端首发”，契合了新闻产品移动化的趋势。

除此之外，2018年中国新闻奖融媒体获奖作品中，H5作品占了很大比重。在一等奖作品中，除了《长幅互动连环画丨天渠：遵义老村支书黄大发36年引水修渠记》《“央广主播的朋友圈”系列H5报道》，还有人民日报客户端推出的引爆朋友圈的《“军装照”H5》。为纪念建军90周年，人民日报客户端借助人脸识别、融合成像等技术，制作了互动 H5 产品《快看呐！这是我的军装照》（简称《“军装照”H5》），只要扫描二维码，选择年代和性别，再上传正面照，就可以生成自己的虚拟“军装照”。流程方便简单，互动性强，实现了“沉浸式传播”。《“军装照”H5》发布后，立即形成了“裂变式”的传播，不同年龄、区域、行业的网友都踊跃生成、分享自己的“军装照”，在网络上形成刷屏效应。《“军装照”H5》成为把爱国主义植入融媒体产品的现象级力作，也成为融合报道的经典成功案例。

同样为纪念建军 90 周年制作的还有由中国军网、军报记者微博、腾讯新闻客户端等联合开发的 H5 作品《你收到的是 1927 年 8 月 1 日发来的包裹》。该作品依据军报刊登的文章——《波澜壮阔 90 年，难忘的 90 个第一》进行的二次创新。主体设计成文字快闪与答题抽奖两部分，在文字快闪部分，首先出现在眼前的是一份包裹，显示的是从 1927 年穿越而来，点击签收后出现了一枚八一军章和一把火炬，作品由此展开，以快闪的形式展示了从 1927 年南昌起义开始的中国人民解放军 90 年的光辉历程。观看完毕后受众可以传递火炬，进行转发并参与互动答题。这成为纪念建军 90 周年众多产品中效果突出的优秀作品。该 H5 作品上线后，全网总计参与人数达到 688 万，通过头条问答、微头条等渠道参与传递活动的人数总计约有 5400 万。

《中国新闻奖媒体融合奖项评选办法》中，在中国新闻奖中设立媒体融合奖项是顺应传统媒体和新兴媒体融合发展趋势，巩固宣传思想文化阵地、壮大主流思想舆论的重要举措，有利于贯彻落实中央关于推动媒体融合发展的决策部署，发挥新媒体传播优势，提高新闻舆论传播力、引导力、影响力、公信力。通过这些获奖作品，我们也确实看到融媒体的强大生命力。习近平总书记强调，要研究把握现代新闻传播规律和新兴媒体发展规律，运用互联网思维，推动传统媒体和新兴媒体融合发展，构建立体多样、融合发展的现代传播体系。而作为中国新闻行业的风向标，中国新闻奖此次进行如此重大的奖项新设，更是代表了行业内对媒介融合发展的高度关注，相信有了融媒体作品入驻中国新闻奖，媒体融合结出的果实，将会以更加新鲜娇艳的颜色，展示在大众的面前。

媒体报道

2018 中国新媒体大会开幕
聚焦增强“四力”创作融合精品

余俊杰　王爱华　新华社记者

2018 中国新媒体大会 24 日在京召开，100 多家新闻单位的新媒体负责人以及新闻院校、新闻研究机构专家学者会聚一堂，以“增强‘四力’，守正创新，多出群众喜爱的融合精品”为主题，交流媒体融合经验，分享优秀作品创作体会，为开拓新媒体事业献计献策。

按照中央批准的《中国记协深化改革方案》和中宣部要求，中国记协于 2018 年 7 月成立新媒体专业委员会，这是建设新时代“记者之家”的改革举措，是团结引领新媒体及其从业人员的重要抓手。举办中国新媒体大会，是中国记协贯彻中央精神、适应业界需求，加强新媒体服务工作的重要举措。

大会设置主题演讲、媒体融合精品创作系列访谈等交流活动。围绕 2018 年中国新闻奖首次设立的媒体融合奖项，获奖团队和评委代表通过图文直播方式，与场内外观众分享“刷屏”之作、“爆款”产品的创作经验和创新价值。

本次大会由中华全国新闻工作者协会主办，中国记协新媒体专业委员会和人民日报社、新华社、中央广播电视总台新媒体部门共同

重庆市江北区观音桥街道人民调解员马善祥——

『岗位退了，事业没退』

本报记者 王斌来 蒋云龙

12月20日上午，在重庆江北区观音桥街道办事处一楼，“老马工作室”里，63岁的马善祥拿着笔记本，坐等下一拨群众……

“你都退休了，怎么还天天按点上班？”马善祥挺乐呵，“群众离不开我，我也离不开调解这项活儿。”

这活儿，老马已干30年。

马善祥，人称“老马”，重庆江北区观音桥街道办事处原调研员，也是“老马工作室”的创始人。1988年从部队转业后，老马来到观音桥街道当了一名调解员。

需要人民调解的，往往都不是喜事。老马说，“群众带着意见或者误解来，我就想办法让他们的思想发生积极变化，让问题得到积极解决。”

23岁的姑娘小刘（化名）就是带着委屈来的。一时冲动，她扔出去的高跟鞋砸瞎了朋友小张（化名）的一只眼。司法部门已有处理意见，姑娘想不通就来找老马。一番疏导，一番摆理，老马没白忙活，这对曾经的朋友放下了芥蒂：情绪平复的小刘愿意赔偿，小张也表示原谅。

一个56岁，一个58岁，老姐妹俩来找老马。“马老师你看，我妈刚写的遗嘱，说财产只留给我们姐俩，其他孩子不给，这到底有没有效？”“遗嘱法律上有效，情理上却有些问题。”马善祥说，“老人家年纪大，考虑未必周全，你们要多问问多劝劝。一家人闹起来，从亲人变仇人，值不值得？”听完老马的话，姐妹俩心里敞亮了……

讲法不离情，讲情不离法。这两件事，就是老马刚刚调解完的群众来访，记在他最新的一个笔记本上。这样的笔记本，30年间，他记了160多本。

调解之余，老马经常翻看笔记，总结规律，归纳群众工作的新方法。“起立迎接，请坐倒水，倾听记录，交流引导，解决问题，出门相送”，他归纳的接待群众24字规矩，已成为重庆人民调解的工作范式之一。

“老马工作室”不只有老马，还走出一批又一批“小马”，奔赴多个基层岗位。最近，又新来了3名“小马”，都是研究生毕业的基层干部，跟着老马学习。“我跟年轻的‘小马’们讲，岗位面临困难、问题和矛盾，这不是坏事，是好事。”马善祥说，“没有这三样，年轻人得不到锻炼，又怎么进步呢？”

重庆的冬日渐渐阴冷，走进“老马工作室”，群众心里暖融融的。老马说：“岗位退了，事业没退。群众信任我，我就要为群众想办法、出主意。”

上图：马善祥在“老马工作室”内整理工作笔记本。

新华社记者 王全超摄

国网天津滨海供电公司配电抢修班班长张黎明——

『黎明出发，点亮万家』

本报记者 吴储岐

最近，天津滨海，张黎明创新工作室内热闹非凡：当第二代人工智能带电作业机器人——“钢铁侠”自主识别并稳稳地抓住引流线时，张黎明和团队成员激动地欢呼起来……刚刚荣获“改革先锋”称号的张黎明感慨：“我是伴随着改革开放成长起来的产业工人，亲身经历了祖国的伟大变革、电力行业的快速发展！”

张黎明是国网天津滨海供电公司配电抢修班班长，他还有一个更响亮的“头衔”——滨海黎明共产党员服务队队长。

2012年7月26日，天津地区遭遇特大暴雨。那段时间，父亲病危，张黎明白天上班，晚上陪床。“这么大的雨，一定有灾情，你就不要在这里了。”父亲的敏锐让张黎明沉默不语。话音刚落，一阵急促的手机铃声响了起来……“好，我就来。”挂了电话，张黎明欲言又止。“快去吧，我没事，注意安全。”父亲的目光和张黎明一样坚定……

报修单就是出击的命令。那一晚，张黎明带领大伙跋涉在风雨中，车陷下去，就用手推，路面坑洼，就蹚水走；那一晚，张黎明带领大伙在暴雨中苦干近8个小时，完成报修工作81件。常年奋战在抢修一线，张黎明怀里揣着时间表，永远走在时间前面：24小时待命，无论三更半夜还是刮风下雨，只要接到报修单，立马奔赴现场。

“靠技术吃饭，永远不落伍。”这，就是当代工人的智慧与力量。走进张黎明创新工作室，一个不寻常的“工具箱”映入眼帘。打开箱子，里面是一页页的“书页”，人称“急修专用BOOK箱”。“原先，我们急修班出现场，工具、备品零散放在袋子里，手忙脚乱，经常找不到。张黎明设计的这个箱子，将工具和常用备件分门别类地放置在适当‘页面’上。任务来了，拉起箱子就走，干活方便多了。”配电抢修班师傅杨伟华对“急修专用BOOK箱”赞不绝口……

这些年来，张黎明从一名普通工人成长为响当当的创新先锋，堪称新时代的“蓝领发明家”。

捧着一颗滚烫的心，滨海黎明共产党员服务队践行着“黎明出发，点亮万家”的宗旨。“最欣慰的事莫过于看到万家灯火！这是一代代电力工人的初心，也是我的初心。”张黎明说。

上图：张黎明（右）在天津滨海新区一处老旧居民小区义务安装节能灯。

资料照片

改革先锋风采

范迪安当选新一届中国美协主席

本报北京12月24日电 （记者王珏）12月24日，中国美术家协会第九次全国代表大会在北京会议中心闭幕，选举产生了新一届主席团，范迪安当选中国美术家协会主席。王书平、许江、闫平、李翔、李劲堃、李象群、杨晓阳、吴为山、何家英、周京新、庞茂琨、徐里、鲁晓波、曾成钢当选中国美协副主席。

范迪安在发言中说，我们要坚持以人民为中心的创作导向，脚踏人民生活的热土，深入现实生活的现场，用心、用情、用力表现生活的丰富多彩，为人民抒写、抒怀、抒情，提高中国美术的思想性含量，展现中国美术的人民性特色，提升中国美术的艺术性水平。“经历了现代中西方文化碰撞之后，面对中外文化新的交流交融情境，我们更加意识到，中国美术只有植根中国大地，传承中国文化基因，聚焦生机蓬勃的社会现实，描绘人民群众的奋斗追求，才能在主题、观念、内涵、形式语言和价值阐述上形成国际文化对话，讲好新时代的中国故事，为世界美术发展作出有文化影响力的贡献。”

中国美术家协会第九次全国代表大会于12月22日至24日在北京召开，各省、自治区、直辖市和新疆生产建设兵团、解放军、中央国家机关以及港澳台地区的400余名美术工作者代表参加会议。

2018中国新媒体大会开幕

聚焦增强“四力”创作融合精品

据新华社北京12月24日电 （记者余俊杰、王爱华）2018中国新媒体大会24日在京召开，100多家新闻单位的新媒体负责人以及新闻院校、新闻研究机构专家学者汇聚一堂，以“增强‘四力’、守正创新、多出群众喜爱的融合精品”为主题，交流媒体融合经验，分享优秀作品创作体会，为开拓新媒体事业献计献策。

按照中央批准的《中国记协深化改革方案》和中宣部要求，中国记协于2018年7月成立新媒体专业委员会，这是建设新时代“记者之家”的改革举措，是团结引领新媒体及其从业人员的重要抓手。举办中国新媒体大会，是中国记协贯彻中央精神、适应业界需求，加强新媒体服务工作的重要举措。

大会设置主题演讲、媒体融合精品创作系列访谈等交流活动。围绕今年中国新闻奖首次设立的媒体融合奖项，获奖团队和评委代表通过图文直播方式，与场内外观众分享“刷屏”之作、“爆款”产品的创作经验和创新价值。

本次大会由中华全国新闻工作者协会主办，中国记协新媒体专业委员会和人民日报社、新华社、中央广播电视总台新媒体部门共同承办。

中宣部部务委员、国新办副主任郭卫民表示，中国记协举办中国新媒体大会，以改革创新精神拓展工作领域，团结引领广大新闻工作者不断增强“四力”，加快推进媒体融合，进一步做好新闻宣传工作，具有重要意义和促进作用。

中宣部、中央网信办、国家广电总局、中国记协负责同志出席会议并致辞。人民日报社、新华社、中央广播电视总台分管新媒体工作的负责同志到会作了主题演讲。中国记协新媒体专业委员会负责人、中国新闻奖媒体融合奖项评委代表对获奖作品作了评析和介绍。

今后，中国新媒体大会将一年举办一次，力争成为融合精品“博览会”和新媒体同行的“研讨会”。

农闲传技

贵州省黔东南苗族侗族自治州丹寨县排调镇也改村远景苗寨是国家级非物质文化遗产“苗族蜡染”传承地，冬至时节，村民们趁着农闲，聚在一起切磋蜡染绘画技艺、传授蜡画技巧。图为12月23日，非遗传承人王阿板（中）给孩子们示范蜡染绘画技艺。 黄晓海摄（人民视觉）

（上接第一版）担任中央宣讲团成员的中央和国家机关有关负责同志，按照中央统一部署，日夜兼程，到机关、到基层、到国（境）外广泛开展习近平新时代中国特色社会主义思想和党的十九大精神宣讲。各部门党组（党委）成员带头深入基层党组织和本系统工作一线进行宣讲。中联部组织多个对外宣介团组，分赴一些国家和地区开展宣介交流，往访国媒体广泛报道，反响热烈。中央党校（国家行政学院）、教育部、中国社科院成立习近平新时代中国特色社会主义思想研究中心，集中优势资源，全力推动理论研究。中央党史和文献研究院充分发挥理论研究优势，组织领导班子成员和有关专家集中发表理论文章40余篇。人民日报编委会形成第一时间集中学习研讨机制，辐射带动全社学习，并及时开辟专题专栏，集中时间、版面刊发学习文章，不断推动学习宣传和贯彻落实工作向更高水平、更深层次迈进。国务院发展研究中心履行高端智库政策解读职能，党组成员和业务骨干围绕乡村振兴战略、建设现代经济体系等发表解读文章200余篇。

“习近平新时代中国特色社会主义思想，从理论和实践结合上系统回答了新时代坚持和发展什么样的中国特色社会主义、怎样坚持和发展中国特色社会主义这个重大时代课题。正是在这一思想引领下，党和国家事业取得了历史性成就、发生了历史性变革；正是在这一思想指引下，我们国家前所未有地靠近世界舞台中心，前所未有地接近实现中华民族伟大复兴的目标。”中央和国家机关各级党组织在学习中一致认为。

“深入学习贯彻习近平新时代中国特色社会主义思想就是要深刻体会习近平总书记为党和国家谋强盛、为民族谋复兴、为人民谋幸福、为世界谋大同的使命情怀，不断寻求心灵深处的共鸣，牢固树立‘四个意识’，在思想上、政治上、行动上同以习近平同志为核心的党中央保持高度一致。”中央和国家机关广大党员干部在学习中形成共识。

锲而不舍、持续发力，咬定学习不放松，确保学习培训全员覆盖、一个不落

场外凉风习习，场内暖意融融。“现场聆听总书记铿锵有力、直抵人心的报告，心潮澎湃、感慨万千。”2017年11月16日，中央和国家机关“一线代表亲历十九大”巡回宣讲报告会在全国政协礼堂举行，一线代表姜颖激动地分享着自己参加党的十九大的喜悦心情。

党的十九大刚刚胜利闭幕，中央和国家机关各级党组织立即行动起来，上下联动、层层跟进，迅速兴起学习贯彻热潮。中央和国家机关工委第一时间印发学习贯彻通知，组织召开多场“一线代表亲历十九大”巡回宣讲报告会，开办11场学习贯彻习近平新时代中国特色社会主义思想专题辅导讲座，召开“党组（党委）书记谈十九大”座谈会……

力度空前，持续发力。从党的十九大闭幕到今年7月底，短短8个月时间里，中央和国家机关各级党组织集中开展了形式多样、各具特色的大学习大培训。目前，处级以上干部已经实现了全员覆盖，并向全体党员和干部职工延伸。中央和国家机关党校开设“深入学习贯彻习近平新时代中国特色社会主义思想”主体班次167个，培训党员10045人次，党务干部3206余人。中央宣传部举办8期培训班，对宣传思想文化系统1000多名县处级以上领导干部、宣传思想文化领域500多名高层次人才进行培训。中央统战部举办统一战线专题研讨班和留学人员、民营重点骨干企业主要负责人研讨班，召开党外知识分子、新的社会阶层人士专题座谈会。中央台办分24批次培训对台系统干部。团中央先后举办32期培训班。全国妇联分批对全国800多名妇联主席进行全覆盖式培训。农发行集中轮训了全行3153名处级以上干部和1826名县级支行主要负责人。

走出机关学，走到基层学。工信部采取“理论辅导+实践指导”的“两段式”培训形式，结合工业和信息化工作实际特别是深入实施制造强国和网络强国战略开展研讨交流。公安部抽调10名机关正局级领导干部、20名公安院校教师和全国公安系统党的十九大代表，组成10个宣讲团分赴各地公安机关开展巡回宣讲。中央广播电视总台在井冈山、西柏坡、正定等地举办播音员主持人、专兼职党务干部、专职组织员培训班，召开青年编辑记者交流座谈会，累计培训1000多人次。中国铁路总公司组织20位铁路系统党的十九大代表进机关、下现场、到班组，举办43场报告会，26万名干部职工通过不同形式收听收看。参加培训的同志普遍认为，这样的学习教育接地气、生动鲜活、收获很大。

聚焦重点学，着眼长远抓。各部门党组（党委）从确保党的事业薪火相传、后继有人的战略高度，坚持把习近平新时代中国特色社会主义思想作为年轻干部教育培训的重中之重。中央和国家机关工委及时研究出台《关于推进中央和国家机关年轻干部深入学习习近平新时代中国特色社会主义思想的意见》。中央办公厅制定机关年轻干部深入学习习近平新时代中国特色社会主义思想工作方案，厅局两级均成立了青年学习小组。中央政法委、中央财办、司法部等部门成立青年理论学习小组，围绕“学出真理的味道，悟出信仰的力量”等主题，召开《习近平的七年知青岁月》《梁家河》读书交流会。中央编办制定“《习近平谈治国理政》（第二卷）100天精读计划”，创建青年学习小组微信平台，开展“像青年习近平那样，砥砺无悔的青春”线上交流活动，引导广大年轻干部自觉将习近平新时代中国特色社会主义思想作为终身必修课，用一辈子来学习贯彻。

创新方式方法，拓展渠道载体，切实使学习贯彻工作往深里走、往实里走、往心里走

“没想到大家的学习热情这么高！”只要一有空，中央纪委国家监委机关党员干部每天都通过机关网站的“习近平总书记全面从严治党重要论述数据库”栏目，第一时间学习总书记最新重要讲话。

即时、互动、共享。建立和运用“互联网+学习”平台，打造“全天候、开放式、菜单化”学习课堂，实现24小时学习“不掉线”，利用新媒体平台开展理论学习已经成为中央和国家机关党员干部的一种时尚。中央网信办组织11家全国重点理论网站推出“十九大·理论新视野”宣传专栏和“理上网来·辉煌十九大”理论解读专题。中国人民银行开设《习近平新时代中国特色社会主义思想导学》等网络课程。广电总局开发“党员小书包”手机APP等新载体。

丰富多彩的学习形式，鲜活生动的学习内容，受到广大党员干部的欢迎。“非常适合青年人的特点，我为这样的学习活动点赞！”新华社推出《@所有人：来自新时代的一份考卷，请查收》《党的知识应知应会》等小程序。中国农业银行开展“不忘初心、见微知著”微党课竞赛。中信集团依托集团“先锋在线”党建云平台设立“学用新思想”专栏。国防科工局采取“飞花令”形式开展习近平总书记用典知识竞赛，吸引了上万名青年干部职工自发参与。

大讲堂座无虚席，学习品牌遍地开花。外交部的“外交部大学堂”，供销总社的“改革发展大讲堂”“青年讲堂”，国务院扶贫办的“扶贫大讲堂”……各具特色，精彩不断。中国日报社面向国内外受众推出英文“新时代大讲堂”，生动讲述中国故事、宣传中国成就、分享中国经验。文化和旅游部、审计署、中国证监会等20多个部门与下级单位、地方单位开展主题联学。住建部、市场监管总局、国家统计局、中国建设银行、中国人寿保险（集团）公司、中国邮政集团公司等45个单位广泛开展“学用新思想 笔谈千字文”活动。

建制度、立规矩、明责任，各级党组织切实在建立完善学习制度机制上下功夫。中央外办基层党组织探索形成了“读原文、找要点、讲理解、谈体会、作交流”的“学习五步法”。全总、人社部、中科院对学习贯彻工作进行督导和专项检查，组织应知应会知识测试，打造各层次、全覆盖的链条式责任“倒逼”体系。光明日报社制定完善集中学习、自主学习以及小组学习等多项制度，确保学习贯彻工作见人见事见成效。

聚焦时代使命学，围绕时代课题干，努力建设让党中央放心、让人民群众满意的模范机关

从现在到2020年，是全面建成小康社会决胜期。从十九大到二十大，是“两个一百年”奋斗目标的历史交汇期。这是一个大有可为的历史机遇期。

“中央和国家机关首先是政治机关。”广大党员干部在认真学习习近平总书记关于推进中央和国家机关党的政治建设重要指示精神时一致认为，“作为执行党中央决策部署的‘第一棒’、作为推动党中央决策部署贯彻落实的领导机关，必须在学习贯彻习近平新时代中国特色社会主义思想上走在前、作表率，而学习的成效最终要体现到坚决维护习近平总书记的核心地位、坚决维护党中央权威和集中统一领导上，体现到坚决贯彻落实党中央决策部署上，体现到推动中央和国家机关党的建设和各项事业发展上。”

5月31日，随着国家医疗保障局在北京月坛北小街2号正式揭牌，不到3个月，深化党和国家机构改革方案确定的25个应挂牌的新组建或重新组建部门全部挂牌。党的十九届三中全会作出深化党和国家机构改革的重大部署，涉及机构改革的中央和国家机关80多个部门自觉提高政治站位，深入学习习近平总书记关于党和国家机构改革的重要论述，切实用以统一思想，努力将完成好机构改革任务作为检验学习贯彻习近平新时代中国特色社会主义思想实际成效的“试金石”，蹄疾步稳，不折不扣圆满完成了机构改革各项任务，实现了思想不乱、工作不断、队伍不散、干劲不减。

理论学习的目的全在于运用。国务院办公厅党组理论学习中心组围绕习近平总书记强调的“加强民生工程建设”等重大问题，先后开展了7次集中学习研讨，研究提出贯彻落实的具体举措。最高检党组成员分别围绕1—2个调研主题深入省级检察院进行实地调研，形成《关于新时代检察工作创新发展的意见》。国家民委坚决落实习近平总书记全面建成小康社会、一个民族都不能少的重要指示要求，实施《“十三五”促进民族地区和人口较少民族发展规划》，着力加快少数民族和民族地区脱贫奔小康步伐。税务总局深化“放管服”改革，以优化税收营商环境为主线，开展“便民办税春风行动”，推出5类20项便民办税措施。

联系职责学，带着问题学。最高法围绕“一带一路”等国家重大战略，研究制定《关于建立“一带一路”争端解决机制和机构的意见》。国家发改委研究起草《关于推动落实高质量发展的实施意见（2018—2022年）》《乡村振兴战略规划（2018—2022年）》等事关改革发展重大问题的政策文件。生态环境部等7部门持续开展“绿盾2018”自然保护区监督检查专项行动，严肃查处祁连山生态破坏等一批典型案例，中央环保督察实现31个省（市、区）全覆盖。

“习近平新时代中国特色社会主义思想既是改造主观世界、解决‘总开关’问题的‘金钥匙’，又是增强执政本领、破解工作难题的‘思想库’。”商务部制定新时代商务改革发展六项主要任务和八大行动计划，全力抓好筹办首届中国国际进口博览会、应对中美经贸摩擦等大事。水利部围绕“水资源短缺、水生态损害、水环境污染”三大问题以及“节水优先”“系统治理”等专题开展集中研讨，研究制定政策措施。海关总署牵头起草世界海关组织的《跨境电商标准框架》，持续开展打击走私“国门利剑2018”联合专项行动。

……

“东方欲晓，莫道君行早。”中央国家机关各级党组织和广大党员干部一致表示，要坚持不懈以习近平新时代中国特色社会主义思想为指引，牢固树立“四个意识”，坚定“四个自信”，不忘初心、牢记使命，切实在深入学习贯彻习近平新时代中国特色社会主义思想上作表率，在始终同以习近平同志为核心的党中央保持高度一致上作表率，在坚决贯彻落实党中央各项决策部署上作表率，建设让党中央放心、让人民群众满意的模范机关，努力为实现“两个一百年”奋斗目标和中华民族伟大复兴的中国梦作出新的更大贡献。

《人民日报》对中国新媒体大会进行报道

承办。

中宣部部务委员、国新办副主任郭卫民表示，中国记协举办中国新媒体大会，以改革创新精神拓展工作领域，团结引领广大新闻工作者不断增强“四力”，加快推进媒体融合，进一步做好新闻宣传工作，具有重要意义和促进作用。

中宣部、中央网信办、国家广电总局、中国记协负责同志出席会议并致辞。人民日报社、新华社、中央广播电视总台分管新媒体工作的负责同志到会作了主题演讲。中国记协新媒体专业委员会负责人、中国新闻奖媒体融合奖项评委代表对获奖作品作了评析和介绍。

今后，中国新媒体大会将一年举办一次，力争成为融合精品“博览会”和新媒体同行的“研讨会”。

（《人民日报》2018 年 12 月 25 日）

当新闻插上新技术的“翅膀”

——首届中国新闻奖媒体融合获奖者分享“独门秘籍”

新华网

2018年12月24日下午，2018中国新媒体大会媒体融合精品创作系列访谈在京举行。获得第一届中国新闻奖媒体融合奖的11位获奖代表分享了宝贵的创作经验，3位专家对作品进行了深入评鉴。本次访谈设立了3个环节，分别邀请人民日报社新媒体中心徐丹、新华社新媒体中心屈萌和央视网曹煊一3位主持人来主持分享环节。

在第二阶段环节中，共有4位获奖作品代表发言。来自人民日报社新媒体中心统筹策划室副主编余荣华、中国搜索党委书记李俊、新华社总编室融合发展中心全媒产品部副主任郝方甲、中央广播电视总台中央人民广播电台主持人王艺分别分享了《“军装照”H5》《点赞十九大，中国强起来》《领航》《“央广主播的朋友圈”系列H5报道》的创作历程和心得。

在互动环节，中国搜索信息科技股份有限公司原总裁、中国新媒体专业委员会顾问周锡生分享了他在本次大会上的几点感受，他说，第一，创新是必需的，创新是生命力，也是竞争力，是受众的需要，竞争的至要，发展的必要；第二，视频化、互动化也是不可阻挡的。他同时表示，互联网上不缺信息，而是缺好的内容，作为媒体，一定要明确知道我们的优势是什么，我们能做的是什么，受众对我们的期盼是什么，要把这几个关系处理好。

随后，获奖代表表达了各自的观点和见解。在谈到创新报道的议题时，余荣华认为，创新分两种，一种是原始创新，一种是集成创新。真正意义上的原始创新并不容易，创新更多的是要聚集到集成创新上，能够跟踪业界最新的技术、最好的方式、最新的载体结合起来。李俊在谈创新的本质问题时表示，创新实际上要守住，守正创新，守住这个根和魂，然后再给它们插上最新的技术翅膀。郝方甲则提出了两点思考，一是谁来创新，二是拿什么来创新。她表示，有没有用对人、找对人是第一个基础性的问题，此外，她还以“国家相册”为例，介绍如何做到用历史照片的巨大宝库，让老照片讲述时代故事，并且观照现在的话题。王艺用她在采访中亲历的变化，阐述了创新是如何在试错中实现的。她说，内容是最重要的，我们在创新的时候一定要掌握住自己的核是什么，我们把自己的核用适合现在的传播方式去进行传播。

本次系列访谈的现场报道获得了良好的社会反响，新华社客户端以文字、图片实时播发的现场新闻报道《2018 中国新媒体大会》浏览量超过 55 万。

爆款是怎样炼成的？

——中国新闻奖媒体融合奖获奖者分享秘诀

人民日报客户端

12月24日下午，2018中国新媒体大会媒体融合精品创作系列访谈在京举行。获得第一届中国新闻奖媒体融合奖的11位获奖代表分享了宝贵的创作经验，3位专家进行了精彩点评。本次访谈设立了3个环节，分别邀请人民日报新媒体、新华社新媒体和央视网的3位主持人来主持分享环节。

人民日报社新媒体中心微博运营室主编徐丹主持了第一个环节。他首先邀请本次媒体融合奖项一等奖的3位获奖代表上台讲述获奖背后的故事和心得体会。人民日报海外版融合协调处处长、著名"岛叔"张远晴分享了人民日报海外版"侠客岛"栏目的运营经验。他表示，作为传统媒体工作者，在这个众声喧哗的时代，我们需要重新赢得读者，重新跟读者之间建立一种信任。怎么去做？他觉得有两点：一个是思想的厚度，一个是情感的温度。"关键是我们能不能放下身段，放下我们党媒的身段，真正去跟他们交朋友，跟他们去交流、交谈。"

中央广播电视总台中国国际广播电台"国际锐评"主编盛玉红在分享栏目经验时强调，一定要注重大数据，对网友的兴趣、群体以及年

12 月 24 日下午，2018 中国新媒体大会媒体融合精品创作系列访谈在京举行。图为“新媒体品牌栏目”和“新媒体报道界面”获奖作品访谈现场（刘厦　摄）

龄构成要有一个准确把握，立言立论突出思想性，分析论证方面要突出专业性，语言表达突出国际化，传播效果突出精准性。

澎湃新闻插图主编李媛介绍了《长幅互动连环画丨天渠：遵义老村支书黄大发 36 年引水修渠记》的创作过程，她说，选择交互式插画的方式贯穿始终，是用更平易近人的手段去传播给受众，激发他们的阅读兴趣，而不是灌输教导。

在互动环节，清华大学新媒体研究中心主任彭兰首先作了一个点评。她表示，这 3 个栏目获奖，是实至名归。“侠客岛”在今天这个“移动 + 社交”时代，对硬新闻怎么软着陆的问题给出了一个很好的解决方案。“国际锐评”把自己的定位落在可以源源不断地去做内容生产的一个专栏，是非常精准的一种定位。除了定位的精准之外，还有专业性。澎湃新闻的长幅互动连环画《天渠》做了一个很好的示范——融合报道的技术和界面怎么样为内容去服务。

在点评之后，大家开始各抒己见。针对“如何保持对读者的吸引力”的问题，张远晴表示，最重要的是不断给他们一种新鲜感。谈及国际环境的变革，盛玉红表示，遇到文化、价值观、民族等障碍，怎么能够让他们明白我们的观点？一定要抓住“人类是有共同价值的”这一点。说起新闻媒体的艺术化表达，李媛认为，首先要创新。怎么做到跟别人不一样，她引用了两句广告语表达：不走寻常路，一切皆有可能。

怎么样去做爆款？彭兰表示，在媒体融合时代，我们需要技术的创新、思维的创新，其实所有的创新最后都是为了做出好的作品。她认

12 月 24 日下午，2018 中国新媒体大会媒体融合精品创作系列访谈在京举行。图为人民日报社新媒体中心统筹策划室副主编余荣华介绍新媒体创意互动一等奖获奖作品：《“军装照” H5》（冯振宇　摄）

为，爆款未必是能够设计的，往往是成功之后再回去找原因，可能最核心的原因还是人心，还是人的共鸣。

在系列访谈第二环节，人民日报社新媒体中心统筹策划室副主编余荣华分享了新媒体创意互动一等奖获奖作品《“军装照”H5》的创作经验。回顾这个10天访问量达到10亿的H5的制作和传播过程，余荣华表示有3点收获：收获之一是在主题宣传和创新形式上，找到了一个好的结合点。第二个收获是要在精准内容和先进技术的结合点上去打造好的产品。第三个是要在传播目标和用户需求的结合点上去实现好的效果。

在分享中，余荣华分享了许多精彩观点。说起这款H5的诞生，他说，“好创意都是碰出来的，好产品都是磨出来的”。谈及主流媒体在技术等方面的短板，他表示，“‘不求所有，但求所用’的这种机制，可能是主流媒体产品创意设计制作所必不可少的一个模式”。谈到传播目标和用户需求的结合，他认为，“因为你满足了所有人的需求，所以所有的人都在为你传播，这就能够打破一般的互联网产品在年龄、阶层、城乡各方面社群的壁垒，实现全方位的传播”。

余荣华最后总结说，在今天这样一个时代，主流媒体在保持导向正确、内容准确的前提之下，只要我们能够牢固树立用户意识、遵循互联网的传播规律，不断地创新，善于利用技术手段、资源手段和各种创新的跨界方式，我们就能够在新闻传播的广度、深度上都取得一些新的突破，实现在传统媒体形态上可能难以想象的传播效果。

接下来，中国搜索信息科技股份有限公司党委书记李俊介绍了新媒体创意互动一等奖获奖作品《点赞十九大，中国强起来》的创作心得。新华社总编室融发中心全媒产品部副主任郝方甲分享了荣获中国新闻奖一等奖的《领航》的创作过程。中央广播电视总台中央人民广播电

12 月 24 日下午，2018 中国新媒体大会媒体融合精品创作系列访谈在京举行。图为“新媒体创意互动”和“融合创新”获奖作品访谈现场（刘夏　摄）

台主持人王艺介绍了融合创新一等奖获奖作品《“央广主播的朋友圈”系列 H5 报道》的制作传播经验。之后，中国搜索信息科技股份有限公司原总裁、中国新媒体专业委员会顾问周锡生，以及获得新媒体创意互动融合创新奖项的 3 位一等奖获奖代表，一起互动探讨了媒介融合环境下的互动报道创新发展。

中国新闻奖第一届媒体融合奖分为 6 个奖项，评出了 50 个重量级、现象级、代表性、标志性的融合产品。

本次系列访谈获得了良好反响，仅在人民日报客户端上的直播观看人数就达 11.8 万，有网友评论：“讲好中国故事！不负伟大时代！”“增强‘四力’！守正创新！”

封面新闻首获
中国新闻奖媒体融合奖项

余行　李智　华西都市报记者

封面直播《超燃！俯瞰超级工程“川藏第一桥”159米隧道锚世界第一》

2018年11月2日，中华全国新闻工作者协会主办的第二十八届中国新闻奖、第十五届长江韬奋奖评选结果揭晓。封面新闻、华西都市报喜获两个奖项。

由封面新闻直播视频团队精心打造的新闻直播《超燃！俯瞰超级工程“川藏第一桥”159米隧道锚世界第一》，荣获第二十八届中国新闻奖媒体融合奖项移动直播三等奖。华西都市报常务副总编辑赵晓梦撰写的新闻论文《“顺势”与“逆势”下新一轮报纸副刊热剖析》，荣获第二十八届中国新闻奖论文类三等奖。

中国新闻奖自2018年起增设媒体融合奖项，设立6个评选项目，分别为短视频新闻、移动直播、新媒体创意互动、新媒体品牌栏目、新

媒体报道界面和融合创新，共 50 个奖数。共有 5 个移动直播项目获奖：人民网法人微博《两会进行时》获特别奖，央视影音、腾讯视频《“天舟一号”发射任务 VR 全景直播》获一等奖，浙江新闻客户端《浙江一小时 · 急救 | 记者跟拍直升机到山区接病人》获二等奖，封面新闻 APP《超燃！俯瞰超级工程“川藏第一桥”159 米隧道锚世界第一》和新华社客户端《红色追寻 · 足迹 | 上海：国之重器大揭秘》获三等奖。

被称为“云端天路”的雅（安）康（定）高速，连接西藏和西南地区，对于国防安全、稳定民族地区、脱贫攻坚等具有重大意义。作为控制性工程的泸定大渡河兴康特大桥，建设在高海拔、高地震烈度带上，施工极其困难。经精心策划，2017 年 5 月，封面新闻直播视频团队对“川藏第一桥”开启首次专题直播。直播团队登上 200 米高桥墩，踩着镂空钢丝网，让上百万网友身临其境。记者深入地下 159 米，探寻世界第一长隧道锚，探究中国工程师的高超智慧。

封面新闻始终坚持打造“年轻态、正能量、视频化”的内容特色，实施“移动优先、视频优先、故事优先”的传播策略。目前，封面新闻已培育出西部第一、全国领先的直播平台，年产直播场数 1000 余场，短视频年产量超过 1 万条，覆盖新闻、人文、消费等领域。

扫二维码看本文视频

捍卫英烈群像
弘扬英雄主义

朱晓华　陈丽斯　湖南日报社新媒体中心

铭记历史、缅怀英烈，一直是习近平总书记心之所系、情之所牵，同时也是伟大祖国生生不息的精神原动力。2018 年 4 月初，中宣部向全国媒体推荐 793 名英烈，要求各媒体开辟专栏集中宣传他们的英雄事迹，用他们的精神激励全国人民在中华民族伟大复兴中奋勇前进。

“为有牺牲多壮志，敢教日月换新天。”古往今来，湘人素重血性，为国为家，践道殉道，无数英烈不惧牺牲，慷慨赴死。彰显了“敢为人先”的湖湘文化，诠释着“敢于牺牲”的湖湘精神。如何在新媒体语境下更好地讲述英烈故事、弘扬湖湘精神，一直是我们的心之所系。2015 年 8 月 15 日上线伊始，湖南日报“新湖南”客户端就在其独有的特色频道“湘人”中开设“湖湘英烈”专栏，通过集纳、整合湖湘英烈的英雄事迹，讲述震撼人心的先烈故事，展示了谭嗣同、宋教仁、蒋翊武、夏明翰等数百位湖湘英烈的光辉形象。

2018 年，该专栏捷报频传：先获评湖南新闻奖新闻名专栏，又在第二十八届中国新闻奖媒体融合奖项评选中荣获新媒体品牌栏目二等奖。

移动互联网时代，如何讲好“湖南故事”？“湖湘英烈”专栏用对“湖湘英烈”的3年特别关注进行了探索和诠释——

一、传播数据

发布平台：新湖南（“新湖南”客户端APP）

创办时间：2015年8月15日

作为全国第一个宣传英烈的新媒体专栏，“湖湘英烈”栏目自开辟至今，已刊发相关稿件500余篇，三年如一日持续发力英烈报道，主动捍卫英烈形象、传播英烈精神，全面展示了湖湘英烈群像，总点击量超过 5000 万。栏目原创整合作品《视频丨我沐着春风，怀想你们当年壮丽青春的模样》《血许苍生泪许卿：湖南党史上 12 对著名英烈夫妻》等催人泪下，激奋人心；栏目互动产品《H5丨湖湘青春英烈志：献花致祭弘义湖湘》与网民互动热烈，参与点烛献花致祭的网民达 5 万多人次，各门户网站和社交媒体也进行了大量转载转发。体现了“新湖南”客户端的精神特质和政治责任感。

二、经验分享

关注个体：立体多维的报道方式。“湖湘英烈”专栏通过立体多维的报道方式，专注讲述“湖湘英烈”的故事，解读他们每一个个体身上蕴藏的湖湘精神。对于同一英烈，往往通过不同的报道形式、在不同的时间节点进行多角度的报道，挖掘湖湘英烈们与父母、与妻儿、与友人等之间的故事，将他们还原成有血有肉的儿子、丈夫、父亲、朋友，使英烈形象更加可感可触。如对英烈夏明翰的报道，《铁血男儿夏明翰，家书里竟有这样的柔情一面》一文表现了夏明翰作为一个伟大革命者的侠骨柔情、深情厚谊和忠贞不渝的革命爱情；《你知道夏明翰，可晓得他们家满门忠烈》，从大家所熟知的夏明翰，引出他们家一门五烈士：夏明震、夏明翰、夏明衡、夏明霹、邬依庄；《夏明翰：从仕宦子弟到革命志士，你认定的主义从未清冷》，则表现出一个纯然决然的革命者形象；3 月 20 日刊发的《历史上的今天丨1928 年夏明翰汉口就义留下著名“就义诗”》从时间角度再现英烈慷慨就义时的荡气回肠；《夏明翰烈士之母陈云凤：她 6 个儿女为革命奋斗，4 个牺牲》则表现出他们家慷慨大义的家学传承……多篇稿件从多个角度讲故事，使英烈的形象更加丰满。

突出群体：讲求效应的呈现模式。在专注刻画个体的同时，“湖湘英烈”通过分群体讲述，凸显出英烈们的整体湖湘精神特质：如“中国近代史上为变法流血牺牲第一人”谭嗣同、“誓志杀贼，保障共和”的首义元勋蒋翊武……无不彰显着湖湘精神中的“敢为人先”；“余惟有一身受之，毋令残害我湘民”的焦达峰、“为警醒国民以身投东海”的陈天华、抗战时死守南京饮弹殉国的萧山令……书写了湖湘精神中“舍生取义、杀身成仁”的生死大义；如“为苏维埃流尽最后一滴血”的中国共产党创始人之一何叔衡、“牺牲我小，成功我大”的长沙骄杨杨开慧、“直以国家为性命”的革命志士夏思痛、“爱国岂能怕挂头”的工运先驱郭亮……正诠释着湖湘精神中“心怀天下”的宏大格局；一腔热血溅荒丘的唐才常、指断骨折为革命的蒋长卿、从容不负少年头的何孟雄……都体现了湖湘精神的壮怀激烈、豪气干云。

浏阳人，1865—1898 牺牲时仅 33 岁

他是清末谋求变法的知识分子中最积极的那个

他是原可逃走他乡却迎着敌人的铡刀而上的那个

他是中国近代史上为变法流血牺牲的第一人

“各国变法，无不从流血而成，今日中国未闻有因变法而流血者，此国之所以不昌也。有之，请自嗣同始！”

——谭嗣同临刑前说的话

细分类别：提炼整合的编辑意识。在做好湖湘精神的整体提炼的基础上，“湖湘英烈”栏目将英烈们通过不同的分类辅以标签，使网民们对湖湘英烈群体有了更立体的感知。如按时代分类的“辛亥群体”：湖南，这个近代中国“最有生气之省份”，作为辛亥革命的首义之地，用一连串闪光的名字——黄兴、蔡锷、宋教仁、蒋翊武、刘复基、焦达峰……照亮晚清黑暗的天空，唤醒了中华民族的黎明；其余如“抗日群体”“民主主义革命群体”“新中国建设群体”等都灿若星辰。按牺牲年龄分类的“青春英烈”：谭嗣同33岁喋血帝都、蒋翊武29岁慷慨就义、夏明翰28岁抛却头颅、寻淮洲22岁陨落疆场、陈天华30岁蹈海自杀期唤醒国民、焦达峰25岁从容赴死致浏水坠泪、雷锋22岁因公殉职却烛照千秋……怒放年纪甘洒碧血，英雄浩气直贯长虹。另有“夫妻英烈”类别：如《血许苍生泪许卿：湖南党史上12对著名英烈夫妻》《湘女多情亦重义：这些著名烈士的夫人都是湘妹子》等；“抗洪英雄”群体：《人民不会忘却——致敬为抗击洪魔英勇献身的湖湘子弟》……在湖湘英烈群体的基础上进行多层次细分，整合出来的大量作品让人印象深刻。

三、创作手法

创新表达：融媒时代的翻译意识。融媒体语境下，受众对于表达方式的要求日益提升。“湖湘英烈”栏目除常规的文配图外，还采用视频、长图、H5等移动新媒体时代年轻人喜闻乐见的表现形式为原来单一的文字类作品做好翻译。如2017年清明节系列多媒体产品《视频 | 我沐着春风，怀想你们当年壮丽青春的模样》音、画、文字配合，相得

益彰。《缅怀岳阳籍歼15飞行员张超，还有这些湖南军人曾血洒长空》将张超、杨锋、余锦旺等血洒长空的英烈图像进行制图展示，让受众更直观地了解了英烈形象和事迹。另有《H5 | 清明“祭忆”：40年，长沙53名民警因公牺牲》《作别2017，最不想和他们说“再见”》等作品，美感与情怀俱在，形式与内容齐飞。

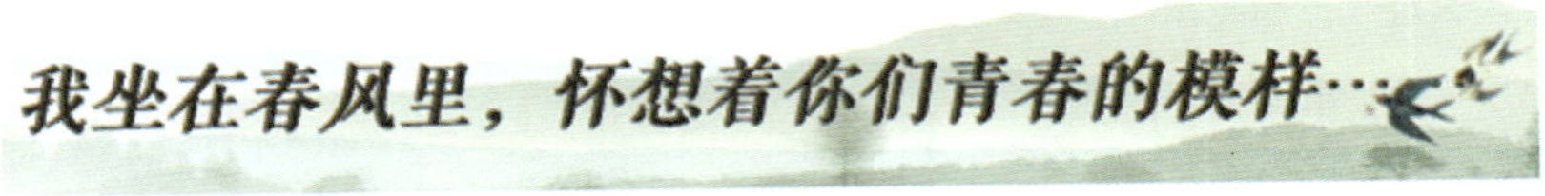

唐才常：浏阳人，戊戌变法后就义，牺牲时仅33岁；

宋教仁：常德桃源人，1913年被暗杀于上海，时年31岁；

宁调元：醴陵人，二次革命失败就义，牺牲时仅30岁；

刘复基：常德人，辛亥先驱，牺牲时仅26岁；

易白沙：长沙人，因报国无门投海自杀，时年35岁；

张挹兰：女，醴陵人，与李大钊一同被杀，牺牲时仅35岁；

熊亨瀚：桃江人，被国民党杀害，牺牲时仅34岁；

黄　爱：常德人，工运先驱，牺牲时仅25岁；

庞人铨：湘潭人，工运先驱，牺牲时仅25岁；

柳直荀：长沙人，在肃反运动中被杀害，牺牲时仅34岁；

黄公略：湘乡人，革命战争中牺牲，时年33岁；

雷晋乾：祁阳人，祁阳县第一个共产党员，牺牲时29岁；

何孟雄：炎陵人，在上海就义，牺牲时仅33岁；

宛旦平：新宁人，遭桂系军阀突袭牺牲，时年仅30岁；

郭　亮：望城人，工运领袖，牺牲时仅27岁；

10

互动反馈：移动互联的受众意识。移动互联网时代，受众的体验变得越来越重要，只有与受众真诚互动，才能获得他们足够的注意力。“湖湘英烈”栏目深谙这一规律，在做好线上传播的同时，从受众角度出发开发互动话题，将湖湘英烈精神的挖掘在线上线下同时掀起高潮。如2017年清明节推出的《H5 | 湖湘青春英烈志：献花致祭，弘义湖湘》引入互动献花，实现了网上文明祭扫。如2017年，与中国邮政发行百强的集团内兄弟媒体文萃报共同发起《家族英雄传》征文，发动读者同

写家族中有历史厚重感、有传奇色彩、引以为荣、值得崇拜的人物。持续一年的征文发掘了不少家族英雄，寻觅了不少湖湘名人未曾被挖掘的历史，打捞了很多湮没民间的家族英雄故事。

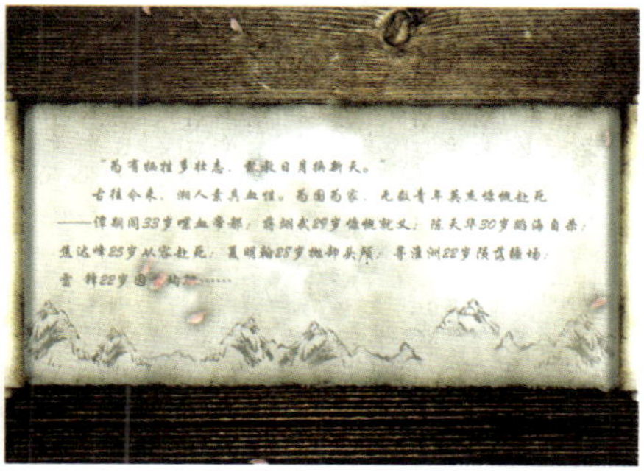

渲染情境：以情促情的编辑手法。在大众文化中，情感是非常重要的调动因素，纵观新媒体时代火爆朋友圈的爆款作品，无不在于巧妙地引发了受众的“情感共鸣”。作为一个很具情怀的新媒体栏目，“湖湘英烈”在编辑过程中就特别讲究渲染情境，以情促情，引发受众的情感共鸣，从而大大增强了受众的认同感。具体而言有着如下亮点：

一是渲染情境，调动受众情绪。对于不同时期的英烈，着重表现不同的时代特质。如在讲述新民主主义时期的英烈故事时，多突出他们“一腔热血酬天地”的理想主义精神；在塑造辛亥英烈群体时，通篇采用民国风的表达方式，着重表现他们的浩然正气；在讲述抗战英烈的故事时，多通过还原战场情境的方式，凸显他们同仇敌忾的民族精神和不顾生死的爱国大义；在讲述社会主义建设时期的湖湘英烈故事时，往往通过对他们成长轨迹的探索表现他们公而忘私的大同精神。

二是巧用修辞，精编标题，讲好故事。故事是人类独有的也是人们最容易接受的语言形式。故事力是一种高概念、高感性的能力，它通过将一件事置于另一种情境的方式，加深我们对事物的理解。好的故事则包括画面感、体验感、共鸣感和意义感4个方面。3年来，“湖湘英烈”正是凭着这种“善讲故事”的方式，通过栩栩如生的现场画面、跌宕起伏的故事情节、引发泪点的情感共鸣，达到潜移默化的思想升华。如在讲述夏明翰的故事时，突出“在写给妻子的绝笔信上留下带血的吻痕”这样的细节；在讲述蒋翊武的故事时，突出他临上刑场时“着白绸衫坐在红地毯上给围观的群众宣讲革命大义”的画面感；在讲述夫妻英烈陈觉与赵云霄的故事时，突出陈觉写下的“谁无父母，谁无儿女，谁无情人！我们正是为了救助全中国人民的父母和妻儿，所以牺牲了自己的一切”。引发受众情感共鸣。另一方面，“湖湘英烈”对标题的制作格外重视。新媒体时代信息繁杂，好的标题才能确保受众“在千万人中独独选择我”，引发受众“原来你也在这里”的情感共鸣。如2017年清明节时的整合作品“湖湘青春英烈志”，着重表现“怒放年纪，甘洒碧血”的青年英烈，制作的标题是《我沐着春风，怀想你们当年壮丽青春的模样》；2017年7月1日建党节时发布的整合作品《血许苍生泪许卿：湖南党史上12对著名英烈夫妻》标题也特别打动人心；2016年清明节期间发布的整合作品《以我一山葬国魂：岳麓山上长眠着这么多湖湘英烈！》，光看标题已觉荡气回肠。

扫描二维码
一起聆听英烈故事吧

超燃！5000 名群演都不要盒饭！看大河报在高密集人群中咋舞一面《旗》

赵　红　大河网络传媒集团副总编辑

《旗》开得胜，《旗》耀中原！

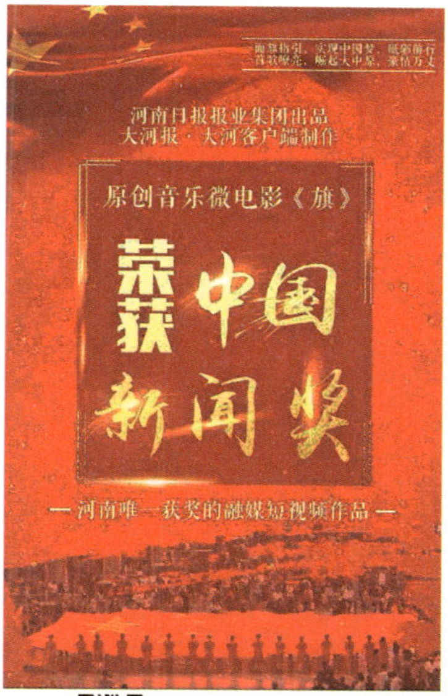

2018 年 11 月 2 日，第二十八届中国新闻奖正式揭晓，由河南日报报业集团出品、大河报大河客户端制作的原创音乐微电影《旗》名列其中，荣获中国新闻奖三等奖，成为河南唯一获奖的融媒短视频作品。

2018 年中国新闻奖新增设的媒体融合奖竞争激烈，仅有 50 席。代表了官方评选机构对新媒体产品在探索期和上升期的足够重视和尊重，是一次具有里程碑纪念意义的突破，集中体现了传统主流媒体整体转型的进展和成效。在 50 个媒体融合获奖产品中，《旗》是唯一以大型快闪方式生产的作品。地方媒体的作品能跻身其中，非常不容易。

余音绕梁，三日不绝。原创音乐微电影《旗》讲述了什么？为何会代表河南新闻类短视频勇夺一席之位？让我们一起来回顾。

一、传播数据

首发平台：大河（大河客户端 APP）

首发时间：2017 年 10 月 16 日 18：30

据大河舆情研究院数据统计，截至 2017 年 10 月 21 日 8 时，微电影《旗》，累计获得 68 个有效信息源（含网站及各类新媒体平台）刊发、转载，全网累计阅读量为 3183 万人次。

“国旗耀中原”快闪活动现场，吸引了现场乘客的热情参与，2000 多名乘客成为自发参与的群众演员，并通过手机自媒体传播了现场活动。微电影《旗》10 月 16 日上线，不到 24 小时，全网点击量已突破 150 万。郑州市近百块街头阅报栏大屏上、郑州铁路局 8 辆进京进沪进粤重点列车的电子屏幕上、郑州机场集团的全部工作大屏上，都持续一个月播放了这个短视频，分发平台的多样化，是取得良好社会效果的保证。

二、创作过程

大河报自 2016 年 11 月起，成立了新媒体的营销策划部，负责内容产品的创意推广和新媒体平台运营。在日常工作中，这个部门的任务，主要是提取大河报每天的重点原创稿件，进行二次深加工和各渠道分发，制作推广海报和内容提要，逢重点报道、品牌活动及地推的落地执行也放在这个部门。

党的十九大召开前两个月，我们在小组“烧脑大会”上，和时政采访中心、豫直播团队一起，确定下来最初方案，想在这座以米字型高铁和火车著称的国家级中心城市的地标——郑州高铁东站里，做一场音乐主题快闪活动。一是我们的时政采访团队，通过万里追踪中欧班列全程等“一带一路”报道，和郑州铁路局建立了无缝对接的合作；二是我们搜集了以往郑州地面上所有快闪活动的视频录像，感觉尚未有高水准的制作出现。

活动报告和预算打给报社和集团后，有领导提出，习近平总书记在郑州提出了“打造空中丝绸之路”的概念，郑州不单单有铁路优势，随着航空港和自贸区的建设，空中的优势更加凸显。建议我们的主题快闪地点再加一个地标——郑州机场 T2 航站楼。

2017 年 9 月 27 日，郑州机场航站楼。活动现场（大河报记者平伟　摄）

要做就做标杆式、现象级的产品。一次以爱国为主题的快闪活动逐渐成型。

大河报的创意，一呼百应，众多业内人士积极支持与参与。以大河报、大河客户端为主导，我们请来了河南省音乐家协会主席、国家一级作曲周虹担纲现场快闪音乐总导演，他亲自选歌把关，并对演员反复强调：第一嗓就要吸引在场的人！河南歌舞演艺集团的40位专业演员和报业集团合唱队，临时混编，身披河南日报报业集团的战袍，前来助阵，著名女高音歌唱家、国家一级演员陈静领唱，让专业的气场第一时间吸引更多观众。

活动取得了河南机场集团、郑州铁路局两家单位的共同支持，最终确定2017年9月27日在新郑机场航站楼上演首场，两天后的9月29日，在郑州高铁东站继续上演。两次快闪16个专业机位的素材，加上后期场景补拍，兰考县和尉氏县的相关镜头补拍，所有素材精心混剪，凝结成为8分钟微电影。

两次正式快闪，加上两次提前彩排，每一次活动执行都调动群众数千人。我们数十人的活动执行团队，整整忙活了两个月。

一场快闪，两地生花。歌声、红旗、爱国热情在河南两大窗口单位间传递，并通过这两大人群高度密集的窗口单位，通过南来北往的旅客，像蒲公英的小伞一样，飞往祖国各地。

三、作品的创意亮点

1. 写新闻的也要学会写脚本和分镜

原创音乐微电影《旗》，讲述了4个河南人的故事：梦想做指挥家的小姑娘、在郑州奋斗10年的都市女白领、背负即将退役压力代表河南参加比赛的武术少年、为脱贫攻坚不遗余力的驻村第一书记。他们演绎的既是4个普通人物的故事，也是一亿河南人的缩影。他们奋斗的身影，在新郑机场T2航站楼、郑州东站汇合，巧遇两次快闪活动，与众人共同加入到《歌唱祖国》的动情演唱中。

这4个人物，我们经过了反复推敲，台词尽管不多，场景转换比较繁复。在最初选择场景的时候，光中药店拍摄团队就跑了六七家，三口之家的空间选择也换了几个地产商的样板间，尽量遵循脚本的原作，很多道具都是编辑记者自己的私人物品。

每一个人，都如同一个个微小的火苗，都有被时代的进步与发展逐渐点燃，再深情投入现实生活的过程。这一个片子，既是微电影又是纪录片，既是4个普通人物的故事，也是1亿河南人的缩影。

2. 一次活动三个产品多轮传播的现象级呈现

在正片出来之前，我们先剪了一个一分钟预告片，第一轮的轰炸已赚足眼球。接下来的两场活动，全部放在自己的视频平台“豫直播”上现场直播，共有25万余名网友观看自觉产生自媒体互动。活动现场数千群众，大河报50多位小记者身穿红马甲，十几分钟内发完5000面红旗，郑州铁路局200名下了夜班的“高姐”淡妆出镜，风采卓然，护卫着最大的一面国旗。当15米×10米的巨幅国旗，热烈庄重，在候车大厅缓缓穿行时，路过的旅客情不自禁主动加入，跟着国旗放声高歌。这些“群众演员”，丝毫没有意识到他们已经成为快闪活动和视频产品的重要组成部分。他们不要盒饭，不要报酬，聚而又散。每个在现场的人，自动生成内容，既是生产者，又是传播者。

2017年9月29日，郑州东站的运输高峰。人流为国旗驻足

感受一下微信工作群的现场气氛

3. 重大主题与河南元素的交融，一场多兵种多平台融合之战

2017年10月16日，新华社发布党的十九大开幕之前的重要社论文章——《高举伟大旗帜，实现伟大梦想》，重申旗帜引领方向，道路决定命运。在中国共产党的领导下，13亿多中国人民将继续高举中国特色社会主义伟大旗帜，坚定不移沿着中国特色社会主义道路，向着实现民族复兴的伟大梦想奋勇前进。

原创音乐微电影《旗》选择当天晚上震撼上线，真实与演绎结合，奋斗与震撼交织，亦真亦幻的背后，是主创人员的苦心付出与奇思妙想。

仔细去听，我们在主旋律《歌唱祖国》之外，音乐的编排中还包含河南民歌《编花篮》、小提琴独奏《一条大河》、豫剧《朝阳沟》里“亲家母你坐下”和“祖国的大建设一日千里”选段，充分体现了河南元素和中原特色，做到了“演员一开口，一嗓子到河南”。

大河报主报＋“两微一端”、社群推广及河南日报报业集团、大河网络传媒集团全平台推广助推了这一产品的传播，郑州高铁东站活动成为当天全路热点，官方微博被团中央的官微转发。除此之外，大河全媒体百块街头大屏，8 辆重点列车，机场电子屏以及多家联合出品方的微博、微信公众号，也成为我们的产品分发渠道。

四、心得体会

1. 传统媒体做短视频，不需要等条件成熟的时候

因为，根本也等不到那个时候。需要在现有的条件下大胆尝试。做不了大的、成系列的，就先做小的、短的、简单的。不能被技术主义、专业主义束缚住探索的步伐。

大河报的“豫直播”团队，是由原来的摄影部拆分而来，2017 年拍这部片子的时候，还只有 10 余名专业摄影师。没有足够的摄像设备，也没有足够的经验。我们请来电影学院科班出身的摄像，临时培训，把记者分组，用借来的器材和专业照相机的摄像功能，合理搭配，组成现场 16 台控制预订机位。

河南最顶尖艺术演出团队助阵，人还不够，我们请来集团刚刚参加合唱比赛的队员友情出演，机场和铁路部门，把会唱歌的职工挑挑，

也加入进来。大河报韩谨伊、高鸿鹏、程兰、刘皓文4位年轻的一线编辑记者在影片中友情触电，饰演片中重要角色，演得不露痕迹有模有样，堪比专业演员。

2. 借助社交平台玩法扩大传播效果，主旋律话题同样引爆网络

把线下活动与视频产品有效结合，让用户参加线下活动后，继续参与线上话题互动，数十万网友参与评论，主旋律的十九大话题在微博平台上热度居高不下。

国旗耀中原。一亿河南儿女砥砺奋进的精气神，用一首歌凝聚。起到了集聚人气、组织“围观”的引导功能，放大了正能量内容的传播效果。活动持续更新的相关报道，也极大地激发了河南籍网友的自豪感，优质内容传播的长尾效应得以持续释放。

现在，每次出差路过机场和高铁站，这个短片的旋律、舞蹈、故事、表演、色彩、灯光、特效，诸多细节，还有那些歌者手舞红旗泪湿眼角的镜头，都会在眼前闪回。深藏大众心间的热情，一旦被作品唤醒，就会得到回应和共鸣。

媒体融合创新表达的新方式，会越来越复杂，越来越与各种新技术新工艺新的艺术形式杂糅与结合。愿意探索的人，永远都会不知疲倦地自主学习，渴望成为“好把式”。

扫描二维码
一起看获奖视频短片

附录

附录 1　第二十八届中国新闻奖媒体融合奖项初评评选细则

第二十八届中国新闻奖媒体融合奖项初评委员会

（2018 年 7 月 8 日审议通过）

根据《中国新闻奖、长江韬奋奖评选办法》和《中国新闻奖媒体融合奖项评选办法》，结合本届评选会实际，制定本评选细则，经过本届初评委员会通过后施行。

一、评选原则

1. 坚持公平、公正、公开原则。

2. 坚持评选标准。

3. 坚持评选程序，在认真全面审看（听）所有参评材料、充分讨论评议的基础上，以无记名投票方式评选。

4. 在同等条件下，统筹兼顾中央媒体与地方媒体、发达地区与欠发达地区的参评作品，关注体现“走转改”精神、努力改进文风的作品。

二、总体要求

1. 实到评委超过全体评委人数 4/5，方可召开评选会。

2. 评选会由评委会主任或主任委托的副主任主持。

3. 评委中途离会不能参加投票的，按实到评委投票，离会评委不能委托其他评委代为投票。

4. 按设定数额投票，可少投，不能多投。如有多投的，多投选票计为废票。每轮投票结束，在规定得票范围内，按得票数从高到低依次取齐规定数额的参评作品。

5. 评委在评选会讨论时，除评选会主持人要求解释清楚的问题外，不得宣传、介绍、点评本推荐（报送）单位推荐（报送）的参评作品。如有违反，主持人要制止并给予批评。

6. 从所在单位（地区）没有参评作品的评委中产生 6 名监票人，负责监督评委投票和工作人员计票。

三、报送数额

本届中国新闻奖媒体融合奖项共设 50 个奖。其中一等奖 10 个，二等奖 15 个，三等奖 25 个。初评评委会按设奖数额的 200% 比例，即 100 件左右报送定评。

各项目报送作品数量，在小组完成对全部作品的审看、评议和第一轮投票后，由本届评委会主任会议根据各项目参评作品质量等情况统筹研究确定。

为调动更多新闻单位的积极性，推荐参加定评的全部作品中，每个报送单位的作品不超过5件。

四、评选程序

（一）审议参评作品资格

1. 根据《评选办法》规定，初评办公室要承担对初评参评作品的审核责任，按照“评选范围”“评选标准”“报送要求”等认真审核参评作品，并将符合条件的参评作品提交初评委员会进行评选。

2. 初评委员会听取并审议初评办公室关于参评作品和相关申报材料的审核处理情况等，确认参评作品资格。

（二）小组推荐程序

评委分3个小组审看（听）、评议、推荐各项目候选建议作品。

第1组负责推荐短视频、新媒体创意互动、新媒体品牌栏目的候选建议作品；

第2组负责推荐移动直播、新媒体报道界面的候选建议作品；

第3组负责推荐融合创新的候选建议作品。

各小组指定2位所在单位没有参评作品的评委担任监票人，负责监督小组评委投票和工作人员计票。

每小组在充分讨论、评议的基础上，以无记名投票方式按规定数额推荐出候选建议作品。

1. 淘汰各项目1/3参评作品。

短视频淘汰21件，移动直播淘汰9件，新媒体创意互动淘汰14件，新媒体品牌栏目淘汰10件，新媒体报道界面淘汰9件，融合创新淘汰

32 件。

淘汰作品按简单多数筛选，如最后 1 个名额出现 2 件并列作品，则 2 件作品都不淘汰；如最后 1 个名额出现并列作品超过 2 件，则对这些并列作品进行最多两轮票决，得赞成票多的作品淘汰。

2. 召开评委会主任会议。

统筹协调各小组作品筛选情况，确定需要统筹协调的原则和要求，确定各项目报送作品和推荐候选作品名额。

3. 推荐候选建议作品。

每个小组根据评委会主任会讨论情况，推荐候选建议作品。

如某项参评作品数额达不到候选建议作品数，可不受该比例限制，按照评选标准评出不超过候选建议作品数额的作品。评不出的，可以空缺。

候选建议作品须达到小组实到评委 1/2 赞成票。

如达到规定票数的作品多于该项目候选建议作品数，按得票顺序从高向低依次取齐。如最后 1 个名额出现并列作品（达到规定票数且票数相同，下同），则对这些并列作品再进行票决，得票多者入选。如票决后达到规定票数的作品仍出现并列，则全部入选。

如达到规定票数的作品少于该项目候选建议作品数，则按缺额数加 1 的数量（“1”是指补齐缺额数后，排在其后的首位落选作品，下同），从该项目落选作品中按得票顺序从高向低依次取齐后（如“缺额数加 1”出现并列作品，则全部进入票决，下同），对选取的作品再票决，达到规定票数者入选。如此轮票决后，达到规定票数的作品数仍少于该项目设定的候选建议作品数额，空缺数额不补。

各项目候选建议作品名单按投票轮次和得票数从高到低排序，出现并列的，按照作品质量讨论确定排序。

4. 确定候选作品。

召开评委会主任会议，确定候选作品或处理原则。

（三）评委会全体会议评选程序

1. 全体评委听取各小组报告本小组推荐候选作品情况，并进行充分讨论、评议。

2. 以无记名投票方式按规定数额推荐报送定评的作品。

报送定评的作品须达到全体实到评委 1/2 赞成票。

如达到规定票数的作品多于该项目报送名额，按得票顺序从高向低依次取齐。如最后 1 个名额出现并列作品（达到规定票数且票数相同，下同），则对这些并列作品再进行票决，得票多者入选。如票决后达到规定票数的作品仍出现并列，则全部入选。

如达到规定票数的作品少于该项目报送作品数，则按缺额数加 1 的数量（“1”是指补齐缺额数后，排在其后的首位落选作品，下同），从该项目落选作品中按得票顺序从高向低依次取齐后（如“缺额数加 1”出现并列作品，则全部进入票决，下同），对选取的作品再票决，达到规定票数者入选。如此轮票决后，达到规定票数的作品数仍少于该项目设定的候选建议作品数额，空缺数额不补。

3. 各项目报送作品名单按投票轮次和得票数从高到低排序，出现并列的，按照作品质量讨论确定排序。

五、评选后续工作和处罚办法

1. 初评办公室在中国记协网完整公示报送定评的作品名单及相关

作品的全部申报材料，接受网上评议，公示时间不少于5个工作日。不参加公示或作品相关材料无法公示的作品，取消报送。

2. 初评办公室对公示期间收到的举报进行认真核查，如作品有抄袭、虚假、失实，申报材料有造假、虚夸、篡改、伪造及未按规定程序推荐等违规问题，经查实，即撤销该作品入选资格，对相关推荐单位予以警告、通报批评等。

六、评选纪律

初评评委及初评办公室工作人员要严格执行《评选办法》和本《评选细则》，对评选会上的讨论、投票情况要注意保密，如发现评委有钱（物）票交易行为，就委托相关主管单位纪检监察部门介入调查。一经查实，即取消其评委资格并通报所在单位，今后不再聘其参与中国记协主办的各项评选活动。对违纪违规的工作人员给予相应处罚。

七、本《评选细则》经第二十八届中国新闻奖媒体融合奖项初评评委会通过后施行。未尽事宜委托评委会主任、副主任讨论决定，重大事项由全体评委讨论决定。

附录 2　第二十八届中国新闻奖媒体融合奖项获奖作品展示

序

融合发展是当今世界媒体发展的新趋势，是传媒领域一场重大而深刻的变革，对新闻媒体的采编流程、传播手段和产品形态等都产生了深刻影响。党的十八大以来，党中央十分重视媒体融合发展，作出一系列重要决策、提出一系列重大举措，推动媒体融合发展取得重大成就。

中国记协对媒体融合发展始终保持高度关注。2016年11月，新一届理事会和党组履职以来，把在中国新闻奖中增设媒体融合奖项，作为响应新闻界呼吁、改进中国新闻奖评选工作、深化中国记协改革的重要举措来抓。2017年下半年，中国记协正式提交在中国新闻奖中增设媒体融合奖项的申请，经有关部门批准，从第二十八届中国新闻奖开始增设“媒体融合奖项”共50个奖数。在新闻管理、行业协会、业界、学界等各方充分讨论、征求意见的基础上，中国记协制定了《中国新闻奖媒体融合奖项评选办法》，对评奖宗旨、评选项目及基本要求等作出详细规定。根据媒体融合发展的新趋势、新特点，分为短视频新闻、移动直播、新媒体创意互动、新媒体品牌栏目、新媒体报道界面、融合创新等6个评选项目。经过初评、审核、定评等环节，最终评选出特别奖1个，一等奖10个，二等奖15个，三等奖24个。这些获奖作品集中反映了媒体融合发展的新成果、新进展，有利于充分发挥优秀作品示范引领作用。

两会进行时

作品信息

作品类型：特别奖 · 移动直播

刊播单位：人民网法人微博

报送单位：中国记协新媒体专业委员会

主创人员：集体

作品时长：308分钟

首发日期：2017年3月15日

人民网 people.cn

作品简介

2017年3月15日是2017年两会胜利闭幕的日子，在这一天的直播节目中，既有前方记者的一线报道，又有后方演播室的高端访谈，还有会场花絮及创意微视频。《两会进行时》是2017年人民网视频直播优先、报道方式创新的重要体现，是媒体融合创新的一次实践，两会信息获得方式多样化，直播时长和观看人数都达到了新闻网站同类产品的顶峰。

手机端展示

使用手机扫描右侧二维码，即可观看本条作品的新媒体展示。

一 等 奖

柳州融水突围记 | 广西日报记者“失联”数十小时，在穿越40处塌方后发回灾区最新画面！

作品信息

作品类型：一等奖 · 短视频新闻
刊播单位：广西日报微信
报送单位：中国记协新媒体专业委员会
主创人员：集体
作品时长：9分01秒
首发日期：2017年8月14日

作品简介

2017年8月，广西北部迎来局地强降雨过程，柳州融水杆洞乡突发两次山洪，全乡群众被困多日，广西日报记者第一时间赶赴灾区一线，因灾情恶化一度“失联数十小时”，在风雨中用手机记录下了当地乡镇干部组织营救、自救的视频画面，第一时间让外界知晓灾区情况。广西日报紧急成立融媒体专项报道组，通过综合相关事件背景信息，融合图文音视等素材，运用网络语言将短视频编排成为一篇记者突围险境的冒险新闻故事。

手机端展示

使用手机扫描右侧二维码，即可观看本条作品的新媒体展示。

一等奖

公仆之路

作品信息

作品类型：一等奖 · 短视频新闻
刊播单位：央视影音
报送单位：中国记协新媒体专业委员会
主创人员：集体
作品时长：5分23秒
首发日期：2017年11月23日

作品简介

2017年11月23日，央视推出时政微视频《公仆之路》，以一镜到底的方式，用5分26秒完成48年的时空漫游，再现党和国家领导人习近平从黄土地到中南海，初心不变、始终如一、为民服务的公仆历程。作品用镜头带人们走进了习近平总书记履历中的历史现场，用梁家河窑洞里的一盏灯火、河北正定的街头问政、八闽大地上的访贫问苦等一个个画面，呈现了习近平总书记的人民哲学与公仆本色。

手机端展示

使用手机扫描右侧二维码，即可观看本条作品的新媒体展示。

一等奖

“天舟一号”发射任务VR全景直播

作品信息

作品类型：一等奖·移动直播
刊播单位：央视影音、腾讯视频
报送单位：中国记协新媒体专业委员会
主创人员：吴晓斌 王晓萌 吴双 孟夏兰 马桦 陈涛
作品时长：30分钟
首发日期：2017年4月20日

作品简介

2017年4月20日，我国首艘货运飞船“天舟一号”在中国文昌航天发射场执行飞行任务，这是我国空间站货物运输系统首次实用性亮相。为了让受众身临其境感受我国首单“太空快递”的运送过程和中国航天事业的发展，CCTV-1《中国相册》栏目联手央视网，对此次发射进行近距离VR直播，并开创了3个“首次”：首次航天领域VR直播、首次最近距离全程直播火箭发射、首次在VR直播中引入专业讲解员。

手机端展示

使用手机扫描右侧二维码，即可观看本条作品的新媒体展示。

一等奖

“军装照”H5

作品信息

作品类型：一等奖 · 新媒体创意互动
刊播单位：人民日报客户端
报送单位：中国记协新媒体专业委员会
主创人员：丁伟 余荣华 倪光辉 赵明琪 喻晓雪
首发日期：2017年7月29日

人民日报
PEOPLE'S DAILY

作品简介

为纪念建军90周年，人民日报客户端借助人脸识别、融合成像等技术，制作互动H5《快看！这是我的军装照》（简称“军装照”H5），帮助网友生成自己的虚拟“军装照”，共同表达对人民军队的喜爱之情。截至2017年8月7日，H5的浏览次数（PV）超过10亿，独立访客（UV）累计1.55亿。其中，仅8月1日建军节当天的浏览次数（PV）就达到了3.94亿，独立访客（UV）超过5700万。

手机端展示

使用手机扫描右侧二维码，即可观看本条作品的新媒体展示。

点赞十九大
中国强起来

作品信息

作品类型：一等奖·新媒体创意互动
刊播单位：新华社客户端
报送单位：中国记协新媒体专业委员会
主创人员：集体
首发日期：2017年10月12日

作品简介

在新华社党组总体部署和社领导亲自指挥下，新华社多部门分社合力研发推出了“点赞十九大、中国强起来”系列融媒互动报道产品，将优质创意权威内容、先进技术深度融合，集用户体验、互动、分享等多重功能于一体，紧扣十九大议程和关键节点，邀请十九大代表和百余名各行业知名人士为十九大录制祝福音频、引领诵读十九大报告。

手机端展示

使用手机扫描右侧二维码，即可观看本条作品的新媒体展示。

侠客岛

作品信息

作品类型：一等奖 · 新媒体品牌栏目

刊播单位：微信公众号

报送单位：中国记协新媒体专业委员会

主创人员：集体

创办日期：2014年2月18日

作品简介

作为人民日报海外版旗下新媒体品牌，“侠客岛”自2014年创办以来，牢固树立“四个意识”，坚持守正持中立场，以时政新闻解读为主业，在微信、微博、门户网站、主要资讯客户端等多个媒体平台落地。

手机端展示

使用手机扫描右侧二维码，即可观看本条作品的新媒体展示。

一等奖

国际锐评

作品信息

作品类型：一等奖·新媒体品牌栏目
刊播单位：微信平台
报送单位：中国记协新媒体专业委员会
主创人员：王姗姗 盛玉红 雷思海 鲁晓冬
魏东旭 许钦铎
创办日期：2015年6月1日

国际
锐评

作品简介

中国国际广播电台新闻中心于2015年6月1日上线微信公众号“国际锐评”（原名“环球锐评”，2018年4月10日按照上级主管部门指示更名）。该公众号以“国际视野、中国立场、民众关注”为定位，以国际政治、财经、军事、科技等题材为主要话题，打造时效强、观点锐、语言活、形态丰、互动多的原创国际时事评论，力争成为国家主流媒体在新媒体传播领域的一面旗帜。

手机端展示

使用手机扫描右侧二维码，即可观看本条作品的新媒体展示。

一等奖

长幅互动连环画 | 天渠：遵义老村支书黄大发36年引水修渠记

作品信息

作品类型：一等奖 · 新媒体报道界面

刊播单位：澎湃新闻

报送单位：中国记协新媒体专业委员会

主创人员：黄杨 王辰 李媛 官雪晖 姜昊珏
季国亮 蔺涛 顾一帆

创办日期：2017年4月23日

澎湃 THE PAPER

作品简介

H5还原了老支书黄大发从20多岁的毛头小伙到60岁的花甲老人，青春耗尽，“拿命去换”终于带领村民修通了万米水渠的故事。作品中细节画面和文字较多，例如，第一次修渠失败、一个字一个字认新华字典学习水利知识、挨家挨户走遍7个村民组、带头在腰间绑上绳子吊上悬崖、“为了水，我愿拿命来换”等。

手机端展示

使用手机扫描右侧二维码，即可观看本条作品的新媒体展示。

一等奖

领航

作品信息

作品类型：一等奖 · 融合创新
刊播单位：新华社客户端
报送单位：中国记协新媒体专业委员会
主创人员：集体
作品时长：8分40秒
首发日期：2017年10月17日

作品简介

《领航》是由新华社打造的迎接党的十九大的重磅政论微视频。短片以习近平总书记在参观《复兴之路》展览时引述的三句诗为脉络，将高屋建瓴的思想性、权威的新闻照片、精彩的实地拍摄和先进的三维特效融为一体，评述展现了党的十八大以来，以习近平同志为核心的党中央领航“中国号”巨轮破浪前行，将中国特色社会主义理论和实践不断推向新时代的光辉历程。

手机端展示

使用手机扫描右侧二维码，即可观看本条作品的新媒体展示。

一等奖

“央广主播的朋友圈”系列H5报道

作品信息

作品类型：一等奖 · 融合创新
刊播单位：“中国之声”微信公众号
报送单位：中国记协新媒体专业委员会
主创人员：夏文 王艺 马文佳 江晓晨 徐冰 马烨
首发日期：2017年3月2日

CNR
中央人民广播电台
中国之声

作品简介

“朋友圈”作品共4期，将视频抠像技术和朋友圈展现形式相结合，并集合广播的声音特点、图文视频的可视特点，在虚实融合方面，实现了多样创新突破。将一个围绕两会内容生成的虚构朋友圈和真实的央广主播相结合，打造成为拟真度极高的交互页面，提升了受众感知与亲和力。

手机端展示

使用手机扫描右侧二维码，即可观看本条作品的新媒体展示。

二等奖

网红店假排队调查

作品信息

作品类型：二等奖 · 短视频新闻
刊播单位：看看新闻网及手机客户端
报送单位：中国记协新媒体专业委员会
主创人员：集体
作品时长：5分50秒
首发日期：2017年6月6日

看看新闻

作品简介

2017年，沪上频频出现网红店大排长龙的场面，倒买倒卖的“黄牛”开出高价的新闻也屡见不鲜，更有网友爆料“黄牛”和网红店是狼狈为奸。这是供需不平衡还是恶意炒作？网红店背后是否有不可告人的秘密？记者团队精心策划，兵分多路，以顾客、“黄牛”、网红店店主等多重身份进行实地暗访，发现并记录了该领域的乱象，并进一步探究问题的根本。3个月的卧底，最终汇聚成了“网红店假排队调查”系列。选送作品为该系列第二集。

手机端展示

使用手机扫描右侧二维码，即可观看本条作品的新媒体展示。

二等奖

老外看中国：英国小哥细数两会关键词

作品信息

作品类型：二等奖 · 短视频新闻
刊播单位：China Daily 中国日报
报送单位：中国记协新媒体专业委员会
主创人员：柯荣谊 张霄 王儒 刘浩
苑庆攀 Greg Fountain
作品时长：4分20秒
首发日期：2017年3月3日

作品简介

该视频节目通过影视特技抠像技术，将方丹缩小后置于办公桌上，通过方丹与桌上物品互动的新颖形式，回顾过去几十年来全国两会的热词，简洁明快地梳理了中国社会经济发展的脉络，最终引出习近平总书记在十二届全国人大一次会议上关于“中国梦”和“人民”的论述，深刻阐明了“人民是历史的创造者”这一论点。

手机端展示

使用手机扫描右侧二维码，即可观看本条作品的新媒体展示。

二等奖

国台办主任张志军："台独"之路走到尽头就是统一

作品信息

作品类型：二等奖·短视频新闻
刊播单位：中国之声微博、新浪视频
报送单位：中国记协新媒体专业委员会
主创人员：林骏 杜传 吴桐 王磊
作品时长：1分05秒
首发日期：2017年3月6日

作品简介

该作品是2016年5月20日台湾民进党当局重新上台以来，大陆相关部门第一次就"台独"势力作出明确且坚定的重磅表态。该表态也为后来对台工作及对台宣传确定基调。2017年两会，3月6日晚，参加完台湾代表团分组审议后，张志军接受媒体采访时表示：希望台湾的各界能和大陆一起，共同筑起一个反对和遏制"台独"的"铜墙铁壁"，但"台独"之路走到尽头就是统一。

手机端展示

使用手机扫描右侧二维码，即可观看本条作品的新媒体展示。

二等奖

一句话，让山水美如诗

作品信息

作品类型：二等奖 · 短视频新闻

刊播单位：浙江新闻客户端

报送单位：中国记协新媒体专业委员会

主创人员：集体

作品时长：6分35秒

首发日期：2017年8月15日

作品简介

“一句话”指的是时任浙江省委书记习近平于2005年8月15日在湖州安吉余村调研时提出的“绿水青山就是金山银山”。作品片头通过山水画的对焦变化产生裸眼3D的效果。片中的转场部分采用了晕染效果实现水墨与实景的切换，做到“无缝对接”。8个地区的实景部分配合诗歌的形式，使用了竖式字幕，更具文艺感。片尾作了升华：“两山”理念已经成为美丽中国建设的方向和指针。

手机端展示

使用手机扫描右侧二维码，即可观看本条作品的新媒体展示。

二等奖

浙江一小时·急救|记者跟拍直升机到山区接病人

作品信息

作品类型：二等奖·移动直播
刊播单位：浙江新闻客户端
报送单位：中国记协新媒体专业委员会
主创人员：周莎莎 胡杨 周旭辉 柳蓬
倪雁强 张小斌 吴耀斌 姚瑶
作品时长：60分钟
首发日期：2017年1月9日

作品简介

“浙江一小时”系列视频直播是在浙报集团领导提出的“能直播的一定直播”理念指导下开设的一档直播栏目，它以记者第一视角体验和感受浙江经济社会高质量发展的现状，用户体验性很强。选送的这一期，关注浙江省空中急救网络，以记者亲历直播的形式见证浙江省打造的“一小时医疗圈”。整场直播非常完整客观地记录了一次空中医疗急救的全过程。

手机端展示

使用手机扫描右侧二维码，即可观看本条作品的新媒体展示。

二等奖

你收到的是 1927年8月1日发来的包裹

作品信息

作品类型：二等奖 · 新媒体创意互动
刊播单位：中国军网、军报记者微博、腾讯新闻客户端
报送单位：中国记协新媒体专业委员会
主创人员：宋明亮 戴斌 张笑 王佳林 杨子姜盼 潘婷 武晓晴
作品时长：3分53秒
首发日期：2017年7月27日

解放军报融媒体 中国军队的声音

作品简介

为纪念建军90周年，H5产品《你收到的是1927年8月1日发来的包裹》于2017年7月27日上线发布。围绕军报内容进行二次创新，与政工部、网络传播中心联手优化提升产品品质。该H5的文案主要依据是军报上登出的《波澜壮阔90年，难忘的90个第一》。该H5分为文字快闪与答题抽奖两部分，主打文字快闪和试穿军装的创意。

手机端展示

使用手机扫描右侧二维码，即可观看本条作品的新媒体展示。

二 等 奖

H5《铁血铸军魂》

作品信息

作品类型：二等奖 · 新媒体创意互动
刊播单位：央视新闻移动网
报送单位：中国记协新媒体专业委员会
主创人员：杨继红 唐怡 郑弘 杜丹
王家乐 梁震 曹艳云 关美璐
首发日期：2017年8月1日

作品简介

央视新闻移动网在中国人民解放军建军90周年之际，精心策划并制作推出拥有最新新媒体展现形式、互动功能的创意H5系列产品《铁血铸军魂》，产品包含《铸魂》《砺剑》《红色记忆》三大板块，与阅兵系列直播《沙场点兵》组成独家创意H5产品集。用户可通过自主切换，实现交互浏览。

手机端展示

使用手机扫描右侧二维码，即可观看本条作品的新媒体展示。

二等奖

新华社客户端“现场新闻”

栏目信息

栏目类型：二等奖 · 新媒体品牌栏目

发布平台：新华社客户端

报送单位：中国记协新媒体专业委员会

主创人员：蔡名照 刘思扬 陈凯星 冯瑛冰
齐慧杰 闫帅南 李响 孔唯千

更新周期：每天

创办日期：2016年1月1日

栏目简介

新华社客户端“现场新闻”作为一种崭新的新闻样式，是新华社重大创新产品，成为引领主流媒体推动媒体融合发展的现象级产品。“现场新闻”紧紧依托新华社报道优势和遍布全球的报道网络，遵循新媒体传播规律，大胆创新，精心策划选题，不断优化产品升级。“现场新闻”已经涌现出《37小时,骑摩托穿越粤桂,农民工老苏到家了》《动车时代 体验穿行在大凉山顶的扶贫慢火车》《两会上的“部长通道”》等一大批主题鲜明、形式多样的优秀报道产品。

手机端展示

使用手机扫描右侧二维码，即可观看本条作品的新媒体展示。

二等奖

湖湘英烈

栏目信息

作品类型：二等奖 · 新媒体品牌栏目
发布平台：新湖南客户端
报送单位：中国记协新媒体专业委员会
主创人员：颜斌 文风雏 赵雨杉 毛晓红
张权 朱晓华 吴名慧
更新周期：每周
创办日期：2015年8月15日

新湖南
HUNAN DAILY

栏目简介

在共和国的英烈中，有一个特别的群体叫“湖湘英烈”，“舍生取义，杀身成仁”是这个群体最为鲜明的特征。自近代旧民主主义革命以来，无数湖湘英烈为了民族独立、国家新生、人民幸福，敢于牺牲，慷慨赴死。新湖南客户端自2015年8月15日上线之日起，就开辟“湖湘英烈”专栏，作为特色频道“湘人”的骨干栏目，用图文、视频、H5等多媒体手段，讲述震撼人心的先烈故事，弘扬敢为人先的湖湘文化、彰显敢于牺牲的湖湘精神，激发湖南人民的自豪感和使命感。

手机端展示

使用手机扫描右侧二维码，即可观看本条作品的新媒体展示。

二 等奖

最奇妙的一日游
看砥砺奋进的浙江嘉善

作品信息

作品类型：二等奖 · 新媒体报道界面
刊播单位：浙江新闻客户端
报送单位：中国记协新媒体专业委员会
主创人员：集体
首发日期：2017年6月20日

浙江新闻
浙·就是我
I AM ZHEJIANG

作品简介

嘉善是全国唯一的县域科学发展示范点，也是习近平同志2008年确定的基层联系点。产品用虚拟人物结合实景影像的动态方式，设计了一条最美嘉善行程路线。漫画主人公带着表哥乘小船走亲戚，路过包括西塘古镇在内的5个地标，分别对应创新、协调、绿色、开放、共享的发展理念，彰显嘉善县不断推动嘉善县域科学发展示范点建设的生动实践。

手机端展示

使用手机扫描右侧二维码，即可观看本条作品的新媒体展示。

二 等奖

春风春雨度关东

作品信息

作品类型：二等奖 · 新媒体报道界面
刊播单位：辽宁日报新闻客户端
报送单位：中国记协新媒体专业委员会
主创人员：徐晓敬 杨东 王众心 张馨瑜 邓婷婷
首发日期：2017年10月19日

作品简介

辽宁振兴发展，习近平总书记一路关怀。在传统图片、文字的基础上，这款H5产品融入了视频、音频、背景音乐等新媒体传播手段，将习近平总书记两次参加辽宁代表团审议、到辽宁考察等重大事件，以时间轴的形式呈现在一个作品中，实现了新闻性、互动性、传播性的融合，成为传统媒体增强传播力、影响力的新载体。

手机端展示

使用手机扫描右侧二维码，即可观看本条作品的新媒体展示。

二 等奖

军报纪念建军90周年
特刊·阅兵专号：沙场点兵

作品信息

作品类型：二等奖·融媒创新
刊播单位：解放军报客户端
报送单位：中国记协新媒体专业委员会
主创人员：李景璇 乔梦 于美玉 康哲
　　　　　朱红 任爽
作品时长：7分53秒
首发日期：2017年7月31日

作品简介

“阅兵专号”作为解放军报建军90周年特刊的“点睛之笔”和“定音之作”，突出展示了在习主席带领下，人民军队强军兴军伟大征程中取得的辉煌成就。作品在充分运用军报独家新闻资源基础上进行了深度延拓，将音、视、画相结合，搭配极具感染力的背景音乐，使整个H5战味十足，真正让报纸动了起来、炫了起来。

手机端展示

使用手机扫描右侧二维码，即可观看本条作品的新媒体展示。

廖俊波系列融媒体

作品信息

作品类型：二等奖 · 融合创新
刊播单位：人民日报客户端
报送单位：中国记协新媒体专业委员会
主创人员：温红彦 姜洁 赵兵 吴储岐
史一棋 唐天奕 哲哲 魏贺
作品时长：平均3分钟左右
首发日期：2017年6月7日

作品简介

从6月7日至6月22日，人民日报一本政经工作室陆续推出3个系列共10个关于廖俊波先进事迹的创意短视频，分别是“看，他们画出了心中的廖俊波”“廖俊波，见字如面”“廖俊波的人生路”，通过采访廖俊波的生前同事、朋友、亲人，用画简笔画打比方、写信读信、回顾廖俊波人生路等方式，向受众介绍廖俊波生前的感人事迹。

手机端展示

使用手机扫描右侧二维码，即可观看本条作品的新媒体展示。

二等奖

“钢铁侠”VR直播：全国政协十二届五次会议新闻发布会

作品信息

作品类型：二等奖 · 融合创新

刊播单位：光明日报客户端

报送单位：中国记协新媒体专业委员会

主创人员：杨谷 高赛 刘炼 逯成业 于超然 王春晓

作品时长：16分钟

首发日期：2017年3月2日

作品简介

“钢铁侠”多信道直播云台是光明网打造的全媒体报道单兵设备，该云台集新闻信息采集、发布于一体，现场只需一名记者即可快速实现视频、全景、VR等内容的同步直播与录制，通过设备后台的云控制台、云存储及流媒体服务系统，记者还可以一键同步实现PC端、新闻客户端及H5页面等跨平台视频内容的分发与适配，让多种媒体产品在同一平台快速生产聚合。

手机端展示

使用手机扫描右侧二维码，即可观看本条作品的新媒体展示。

二等奖

总书记说四川话 你听过吗?

作品信息

作品类型：二等奖 · 融合创新
刊播单位：四川观察
报送单位：中国记协新媒体专业委员会
主创人员：高驰 岳学渊 宋小川 李景良
陈彦希 涂丁丁 段海钦
作品时长：3分24秒
首发日期：2017年10月18日

作品简介

如何在以习近平总书记为题材的众多新媒体产品中做出特色和影响力？十九大召开当天推出的原创视频《总书记说四川话 你听过吗?》，以2017年习近平总书记参加全国两会四川代表团审议时说的一句四川话——“祝四川人民的生活越来越安逸”为切入点和创意点，整合大量视频画面，生动鲜活地“说唱式”MTV中见人、见事、见主题，把党的十八大以来四川在芦山灾后重建、脱贫攻坚、农业供给侧结构性改革等诸多方面所取得的成就浓缩在3分24秒的原创歌曲之中。

手机端展示

使用手机扫描右侧二维码，即可观看本条作品的新媒体展示。

三等奖

绝壁舞者——捅山工，这是一个你闻所未闻的职业

作品信息

作品类型：三等奖 · 短视频新闻
刊播单位：共青团中央官方微信公众号
报送单位：中国记协新媒体专业委员会
主创人员：集体
作品时长：5分40秒
首发日期：2017年5月3日

作品简介

出生于1990年的张磊是郑州铁路局月山工务段的一名捅山工，走进太行山深处，他“行走”在悬崖峭壁间，充满惊险和艰辛，捅山工这样一份默默无闻的职业，在背后守护着无数人的生命安全，令人肃然起敬。在具体拍摄上，本片采用了高清升格降格拍摄，使用无人机航拍等设备全面展现了捅山工的作业环境。用户观看视频如身临其境，震撼人心。

手机端展示

使用手机扫描右侧二维码，即可观看本条作品的新媒体展示。

拉孜姑娘创业记

作品信息

作品类型：三等奖 · 短视频新闻
刊播单位：中国西藏之声网
报送单位：中国记协新媒体专业委员会
主创人员：邢兵帅 唐承扬 普穷
王君 侯晓燕 孙汝文
作品时长：4分29秒
首发日期：2017年7月15日

作品简介

通过短视频新闻与微纪录的形式讲述了在“双创”时代背景下，西藏自治区日喀则市拉孜县青年次央的创业故事。网站从选题策划、报道形式、后期制作到推广运营等方面进行了热烈讨论并制订了《拉孜姑娘创业记》细致方案。采访拍摄了勇敢自信的创业达人次央，欢乐朴实的藏族乡亲，激情活力的大学生“创客”，淳美的乡村自然人文景观等。

手机端展示

使用手机扫描右侧二维码，即可观看本条作品的新媒体展示。

28年的相守，终于迎来了这一天

作品信息

作品类型：三等奖 · 短视频新闻
刊播单位：中国邮政报官方微信
报送单位：中国记协新媒体专业委员会
主创人员：张巨睿 陈颢月 王勤东 毛志鹏 万多多
作品时长：7分00秒
首发日期：2017年9月28日

作品简介

作品一经推出，72小时内，被封面新闻、四川新闻网、川报观察、四川在线、同日见证等网络媒体纷纷转载，总阅读量突破10万。在社会上，特别是在四川当地引起极大的反响，引起了社会各界对雪线邮路的极大关注。同时绝大多数镜头均作为重要素材被新华社编发的《这位邮政人，惊动了新华社》摘用。

手机端展示

使用手机扫描右侧二维码，即可观看本条作品的新媒体展示。

三 等奖

中国3分钟之《回归20载“一国两制”为香港插上双翼》

作品信息

作品类型：三等奖 · 短视频新闻
刊播单位：中国网
报送单位：中国记协新媒体专业委员会
主创人员：集体
作品时长：4分39秒
首发日期：2017年6月30日

作品简介

《中国3分钟》力求通过刚柔并济的选题，及时表达中国观点，娓娓道来讲述中国故事，在国际舆论场上发出中国声音。《回归20载“一国两制”为香港插上双翼》时效性强、立意深刻、内容翔实，其评论有力地回应了国际关切，引起海外极大关注。该短视频在向海外受众介绍“一国两制”的同时，以事实说明该项中国基本国策为香港发展带来的切实推动，回应了外媒对“香港经济增速放缓”的关注，信息含量丰富，新闻价值大，为“一国两制”在海外提供了有力的舆论支持。

手机端展示

使用手机扫描右侧二维码，即可观看本条作品的新媒体展示。

修复时光

作品信息

作品类型：三等奖 · 短视频新闻
刊播单位："陕西头条"客户端
报送单位：中国记协新媒体专业委员会
主创人员：潘南冰 刘轩辰 梁欣 王慧 张珂 沈奕
首发日期：2017年12月27日
作品时长：3分43秒

作品简介

"胸怀大局、无私奉献、弘扬传统，艰苦创业"是"西迁精神"的内核。《修复时光》短视频讲述了92岁高龄的陈绍霖老先生在20世纪60年代响应国家"三线建设"号召，从上海"西迁"到西安市子午钟表厂工作，退休后仍坚持20多年为群众修表的故事。记者将积累了近7个小时的素材，凝聚成3分43秒的网络短视频，生动展现了陈绍霖老先生的坚守和奉献。

旗

作品信息

作品类型：三等奖 · 短视频新闻
刊播单位：大河（大河客户端）
报送单位：中国记协新媒体专业委员会
主创人员：集体
首发日期：2017年10月16日
作品时长：8分32秒

作品简介

微电影《旗》纪实反映了两场“国旗耀中原”大型快闪活动，并讲述了一心为民、为脱贫攻坚不遗余力的驻村第一书记，梦想做指挥家的小女孩，在郑州打拼的女白领，为国争光的武术运动员等四个人物因为两场快闪、一面旗帜、一首《歌唱祖国》而心灵相通的故事。视频中还展现了习近平总书记在庆祝香港回归20周年晚会上与大家一起合唱《歌唱祖国》及河南各地群众迎接十九大的喜悦景象。

清明时节捏面燕
忆故人寄相思

作品信息

作品类型：三等奖 · 短视频新闻
刊播单位：央视微博秒拍、央视微博、
央视新闻+客户端、掌上吕梁客户端
报送单位：中国记协新媒体专业委员会
主创人员：薛琨 郭月秀 杜建勇 张旭峰 张英英 曹莹
首发日期：2017年4月3日
作品时长：2分29秒

红色联盟

央视新闻

作品简介

在山西省吕梁市临县，清明节有捏"燕燕"的民俗，并且很有讲究和特色。清明节前，央视新闻移动网向矩阵号征集清明美食短视频。吕梁广播电视台总编辑与央视新闻移动网清明美食节目组派记者走进当地农村家庭，采访了捏面燕的传承人，详细了解其工艺、制作过程以及传承的意义。短视频由吕梁广播电视台精编后传央视新闻移动网统一包装，在央视新闻+客户端本台矩阵号首发。

手机端展示

使用手机扫描右侧二维码，即可观看本条作品的新媒体展示。

三等奖

超燃！俯瞰超级工程“川藏第一桥”159米隧道锚世界第一

作品信息

作品类型：三等奖 · 移动直播
刊播单位：封面新闻APP
报送单位：中国记协新媒体专业委员会
主创人员：李鹏 方埜 余行 崔燃 李智 邓景轩 李俊雅 胡瑶
首发日期：2017年5月24日
作品时长：1小时26分47秒

作品简介

2017年5月，雅康高速的施工正如火如荼。作为重大节点性工程的兴康特大桥，因建设技术难度大被誉为“川藏第一桥”。封面新闻在兴康特大桥建设现场，对川藏第一桥开启首次专题直播，前后方穿插联动，注重直播互动性，让上百万观看直播的网友身临其境。直播报道注重精心编导，通过专业细致的讲解，引来全国网友点赞。

手机端展示

使用手机扫描右侧二维码，即可观看本条作品的新媒体展示。

三等奖

红色追寻·足迹|上海：国之重器大揭秘

作品信息

作品类型：三等奖 · 移动直播

刊播单位：新华社客户端

报送单位：中国记协新媒体专业委员会

主创人员：集体

首发日期：2017年9月23日

作品时长：约60分钟

作品简介

新华社独家推出“迎接十九大”大型系列网络直播报道《红色追寻 · 足迹》。直播团队8天内跨越12000余公里，回访了习近平总书记2012年至2017年5年间进行国内考察的8个省市，通过8天8地8场连续直播生动、具象地宣介了习近平总书记治国理政重大理念，并以年轻人喜爱的互联网可视化方式直观呈现了党的十八大以来在诸多领域取得的巨大成就。

手机端展示

使用手机扫描右侧二维码，即可观看本条作品的新媒体展示。

三 等 奖

听，长江说！

作品信息

作品类型：三等奖 · 新媒体创意互动
刊播单位：长江云
报送单位：中国记协新媒体专业委员会
主创人员：曹曦晴 马丽 周密 王超 董延超 李昕 金若晗
首发日期：2017年1月21日

湖北广电

作品简介

2017年1月21日，湖北省第十二届人大五次会议通过《湖北省人民代表大会关于大力推进长江经济带生态保护和绿色发展的决定》，这是长江经济带地方人大第一件关于生态保护和绿色发展的决定。该作品以这一重大新闻为切入点，以习近平总书记讲话精神为总基调，运用拟人的手法，以长江为第一人称，将整个作品设计成一款答题游戏，展现了“共抓大保护，不搞大开发”的重大主题。

手机端展示

使用手机扫描右侧二维码，即可观看本条作品的新媒体展示。

国家公祭日
新媒体互动H5项目

作品信息

作品类型： 三等奖 · 新媒体创意互动
刊播单位： 江苏交通广播网官方微信
报送单位： 中国记协新媒体专业委员会
主创人员： 黄信 潘力 孙锴 张雷 耿佳 罗方 施展
首发日期： 2017年12月12日

作品简介

2017年12月13日，是南京大屠杀惨案发生80周年，也是第四个南京大屠杀死难者国家公祭日。江苏交通广播网以H5新媒体互动页面的形式，开展“不忘历史，祈祷和平”在线点亮蜡烛的互动创意上报中广联合会交通宣传委员会，得到了行业组织首肯。江苏交通广播网以朋友圈“在线点亮蜡烛”为形式的H5页面，在分享页面加入地点和参与人数。

三等奖

我为港珠澳大桥完成了“深海穿针”

作品信息

作品类型：三等奖 · 新媒体创意互动

刊播单位：珠海特报APP、珠海特区报微信公众号、珠海邻新闻微信公众号、珠海发布微信公众号

报送单位：中国记协新媒体专业委员会

主创人员：陈嘉平 金阁 伍洲

首发日期：2017年5月2日

作品简介

2017年5月2日，港珠澳大桥沉管隧道最终接头安装成功。为了记录这一世纪工程的关键战役，珠海特区报新媒体中心，运用H5技术，在最终接头下水前夕重磅推出《我为港珠澳大桥完成了“深海穿针”》小游戏，向世纪工程致敬。该游戏通过互动，模拟了最终接头等过程，让读者可以直观感受最终接头安装的严苛。弥补了平面及视频无法表现的细节。

手机端展示

使用手机扫描右侧二维码，即可观看本条作品的新媒体展示。

夜读

作品信息

作品类型：三等奖 · 新媒体品牌栏目
刊播单位：央视新闻客户端、央视新闻移动网、央视新闻微信公众号、央视新闻微博
报送单位：中国记协新媒体专业委员会
主创人员：集体
首发日期：2013年4月

作品简介

《夜读》系央视新闻新媒体品牌文化栏目，每晚10时许推送一期“走心”人文作品，以弘扬中华优秀传统文化、传递社会主义核心价值观、展现新时代真善美为创作初心，以时下新闻为切入点，以丰富多变的文艺作品揭示主题，主打央视主持人朗读，辅以相宜的配乐优选的配图，创作者竭力打磨确保品质。

手机端展示

使用手机扫描右侧二维码，即可观看本条作品的新媒体展示。

《三·联》原创栏目

作品信息

作品类型：三等奖 · 新媒体品牌栏目
刊播单位：羊城派移动客户端、金羊网、羊城晚报两微
报送单位：中国记协新媒体专业委员会
主创人员：孙璇 孙朝方 郑华如 鲁钇山 夏杨 钟传芳 谢杨柳
首发日期：2013年4月

作品简介

《三 · 联》原创栏目瞄准移动传播平台，坚持正确舆论导向、价值取向，注重用户意识，恪守“专业化生产、个性化表达”的内容生产准则。至2017年底，该栏目中的原创内容涉及数十个垂直领域，作者群包括羊城晚报专业记者编辑，以及各行业专业人士。该栏目精准定位于体味生活、倡导读书、开拓新知。

三 等 奖

经济日报财经早餐

作品信息

作品类型：三等奖 · 新媒体品牌栏目
刊播单位：经济日报微信公众号
报送单位：中国记协新媒体专业委员会
主创人员：陈发宝 乔申颖 王玥 王琳 李盛丹歌 万政 丁鑫
首发日期：2015年5月28日

作品简介

经济日报微信公众号“财经早餐”栏目创办于2015年5月28日，主要汇集24小时内重要新闻特别是财经资讯，是传统主流媒体中创办最早的早新闻资讯集纳栏目。该专栏分为“大事”“政策”“市场”“环球”“生活贴士”“经济课堂”“今日话题”等板块，每天早6点左右推送，涵盖30多条短新闻，包括一期语音早新闻，篇幅不超过2000字，力争抢占用户早间的第一阅读时间，让用户花最短的时间了解最新鲜的新闻资讯。

手机端展示

使用手机扫描右侧二维码，即可观看本条作品的新媒体展示。

三等奖

中国宁波网民生e点通

作品信息

作品类型：三等奖 · 新媒体品牌栏目
刊播单位：宁波日报报业集团甬派客户端
　　　　　中国宁波网
报送单位：中国记协新媒体专业委员会
主创人员：集体
首发日期：2013年9月26日

作品简介

为更好地体现新媒体语境下主流媒体的责任担当，回应新时代的受众新期待，宁波日报报业集团充分发挥自身公信力、影响力和传播力，以中国宁波网100余万注册网民、当地116个职能部门和重点民生企业、120余位专家志愿者为依托，采用报、网、端融合的方式，推出了“民生e点通”专栏。

手机端展示

使用手机扫描右侧二维码，即可观看本条作品的新媒体展示。

三 等奖

“下文”客户端互动式报道——以《下文@所有人：尝一尝第一份高铁外卖》为例

作品信息

作品类型：三等奖 · 新媒体报道界面

刊播单位：“下文”APP

报送单位：中国记协新媒体专业委员会

主创人员：集体

首发日期：2017年7月17日

作品简介

“下文”客户端是国内首款对话新闻客户端，是央广基于广播电台互动性强的优势基因，匹配新媒体用户互动化、人格化、碎片化阅读需求和习惯打造的全新产品，主打“对话新闻+人工智能+新闻社群”三大功能，在新闻客户端市场独树一帜。案例中的《下文@所有人：尝尝第一份高铁外卖》聚焦2017年7月17日推出的高铁外卖服务，切中民生关注点、界面清新科技范、对话新闻有颠覆、定制采访接地气，将新媒体形式创新与优质新闻内容、“走转改”精神融合。

手机端展示

使用手机扫描右侧二维码，即可观看本条作品的新媒体展示。

三 等奖

永远的“红色文艺轻骑兵”

作品信息

作品类型：三等奖·新媒体报道界面
刊播单位：正北方客户端
报送单位：中国记协新媒体专业委员会
主创人员：集体
首发日期：2017年12月15日

正北方网
www.northnews.cn

作品简介

2017年11月21日，习近平总书记给内蒙古苏尼特右旗乌兰牧骑队员们回信，勉励他们继续扎根基层、服务群众，努力创作更多接地气、传得开、留得下的优秀作品。为了更好地宣传习近平总书记对乌兰牧骑队员们的关怀，以及60年来乌兰牧骑的发展和取得的成绩，正北方网推出了系列新媒体产品，其中《永远的“红色文艺轻骑兵”》可圈可点，亮点突出。

手机端展示

使用手机扫描右侧二维码，即可观看本条作品的新媒体展示。

三 等奖

VR | 3D全景 “新时代湖北讲习所”

作品信息

作品类型：三等奖 · 新媒体报道界面
刊播单位：长江云
报送单位：中国记协新媒体专业委员会
主创人员：集体
首发日期：2017年12月1日

作品简介

2017年11月8日下午，湖北省委书记蒋超良带领省委常委，专程瞻仰武昌农民运动讲习所旧址，重温入党誓词，表示要办好“新时代湖北讲习所”。而今，“新时代湖北讲习所”不仅开到了全省各级党校、行政学院、干部培训学校、社会主义学院，还开到了田间地头、工矿车间、居民社区、学校军营等。为响应办好“新时代讲习所”的号召，为帮助党员干部群众学习习近平新时代中国特色社会主义思想，长江云迅速作出反应，组织项目专班，策划制作VR | 3D全景“新时代湖北讲习所”，打造一款便于随时随地观看、学习、传播的掌上大学校。

手机端展示

使用手机扫描右侧二维码，即可观看本条作品的新媒体展示。

“一带一路”睡前故事系列视频

作品信息

作品类型：三等奖 · 融合创新

刊播单位：China Daily 中国日报网、China Daily中国日报客户端等

报送单位：中国记协新媒体专业委员会

主创人员：柯荣谊 于熠镭 何娜 张霄 葛天琳 苑庆攀 Erik Nilsson

首发日期：2017年5月8日

作品简介

2017年“一带一路”国际合作高峰论坛首次举办，如何面向社交媒体海外受众阐释好“一带一路”倡议是中国日报新媒体中心在这次会议报道策划上的重点。经过多次头脑风暴和创意比稿，创作团队最终敲定以中国日报外籍记者艾瑞克为女儿每天讲述一个睡前故事的方式，以口语化的表达和充满创意的形式阐述“一带一路”倡议。

手机端展示

使用手机扫描右侧二维码，即可观看本条作品的新媒体展示。

“中国人权纪实·2017”中外媒体联合采访报道

作品信息

作品类型：三等奖·融合创新

刊播单位：法语、德语、西班牙语、意大利语、世界语、希腊语等国际在线、中华网外文网站、境外社交媒体平台、海外落地电台、合作媒体、微博微信客户端、人权纪实多种脸谱专页

报送单位：中国记协新媒体专业委员会

主创人员：集体

首发日期：2017年3月30日

作品简介

中国国际广播电台涉人权报道牵头单位西欧拉美地区广播中心组织全台各编播中心百余名多语种记者，深入宁夏、广西、陕西、江苏、青海、河北、贵州、四川、重庆、福建、江西、浙江、湖南、云南等十余个省份，从最接地气的百姓生活和社会风貌入手，提炼当地经济、政治、文化、社会、生态文明建设中的人权因素，讲好中国人权故事，宣介中国人权事业发展取得的成就，树立中国尊重和保障人权的良好国际形象。采访活动自2017年3月起至2017年11月结束。

手机端展示

使用手机扫描右侧二维码，即可观看本条作品的新媒体展示。

三 等奖

《奇迹：全球院士点赞中国》多语种微视频、文章、图书等全媒体产品

作品信息

作品类型：三等奖 · 融合创新

刊播单位：china matters在脸谱和优兔的账号、频道；外文局各语种品牌海外社交媒体账号；中国外文局融媒体中心在腾讯视频、今日头条、哔哩哔哩等平台的频道等

报送单位：中国记协新媒体专业委员会

主创人员：集体

首发日期：2017年10月13日

作品简介

党的十九大召开前夕，国际舆论普遍关注中国共产党在推动中国经济发展、从严治党、全球治理贡献等方面的措施与成效，其中既有积极的期待，也有疑虑与担忧。在此时机，中国外文局融媒体中心在国内外各新媒体平台推出《奇迹：全球院士点赞中国》系列微视频，并迅速辐射至报纸、网络、图书等传播介质，是一次基于党的十九大融合报道的跨媒体、跨机构、跨平台、跨语种、跨国界的全媒体专题国际传播实践尝试。

手机端展示

使用手机扫描右侧二维码，即可观看本条作品的新媒体展示。

三 等 奖

他在北京聊两会 却“嗨”爆了新疆朋友圈！

作品信息

作品类型：三等奖 · 融合创新
刊播单位：先锋961
报送单位：中国记协新媒体专业委员会
主创人员：孙建忠 崔同灏 夏尔福丁 · 玉山
田原 邵煊 翟晓雪
首发日期：2017年3月9日

作品简介

全国两会期间，新疆人民广播电台两会直播组在“新疆人民广播电台直播新疆”“新广行风热线”“先锋961”“新疆949交通广播”“阳光895”等微信公众平台上，以微信矩阵的方式重磅推出了两会融媒体产品“他在北京聊两会，却‘嗨’爆了新疆朋友圈！”制作团队精心策划，从主题创作、搭景布置、拍摄到后期制作完成仅用了两天时间，以最快的速度为广大网友呈现了一个融媒体作品。

手机端展示

使用手机扫描右侧二维码，即可观看本条作品的新媒体展示。

三等奖

南京“抗战家书”征集暨诵读“抗战家书”活动系列报道

作品信息

作品类型：三等奖 · 融合创新
刊播单位：南京日报微信公众号
报送单位：中国记协新媒体专业委员会
主创人员：集体
首发日期：2017年7月7日

南京日报

作品简介

2017年，是全民族抗战爆发80周年，也是侵华日军南京大屠杀惨案发生80周年。为铭记这段血与火、痛与泪的民族历史，弘扬抗战精神，在南京市委宣传部的指导下，南京日报南报网于2017年7—12月开展了南京“抗战家书”征集暨诵读“抗战家书”活动，并对活动进行了全媒体融合传播，制作了系列新媒体产品。

手机端展示

使用手机扫描右侧二维码，即可观看本条作品的新媒体展示。